U0664445

本书的中文译本得到英国外交部环境项目基金(EPF)的资助

森 林 认 证 手 册

（第二版）

Ruth Nussbaum 和 Markku Simula　著

王　虹　陆文明　凌　林　韩　峥　等译校

中 国 林 业 出 版 社

图书在版编目（CIP）数据

森林认证手册（第二版）/（美）纽斯邦姆（Nussbaum R.），（芬）赛缪拉（Simula M.） 著；王虹等 译. —北京：中国林业出版社，2009.12
书名原文：The Forest Certification Handbook
ISBN 978 - 7 - 5038 - 5524 - 5

Ⅰ. 森…　　Ⅱ. ①努…②西…③王…　　Ⅲ. 林业经济 - 质量管理体系 - 认证 - 手册
Ⅳ. F307. 26 - 62

中国版本图书馆 CIP 数据核字（2009）第 201426 号

First published by Earthscan in the UK and USA in 2005Copyright © ProForest，2005
All rights reserved

Chinese Edition Copyright © 中国林业出版社
本书中文简体版经 Ruth Nussbaum &Markku Simula 授权由中国林业出版社独家出版发行。
本书图片和文字的任何部分，事先未经出版者书面许可，不得以任何方式或任何手段转载或
刊登。

著作权合同登记号：图字：01 - 2009 - 5347

中国林业出版社·环境景观与园林园艺图书出版中心
责任编辑：　于界芬
电话:83229512　　传真:83227584

出版　中国林业出版社（100009　北京西城区刘海胡同 7 号）
E-mail　cfphz@ public. bta. net. cn　电话　83224477
网址　www. cfph. com. cn
发行　新华书店北京发行所
印刷　北京地质印刷厂
版次　2010 年 7 月第 1 版
印次　2010 年 7 月第 1 次
开本　787mm × 1092mm　1/16
印张　16
字数　410 千字
印数　1 ~ 3000 册

定价　48.00 元

译　序

自 1992 年联合国环境与发展大会以来,可持续发展的理念得到国际社会的广泛认同,森林可持续经营成为世界各国林业发展的一致目标。森林认证作为促进森林可持续经营一种有效的市场机制,逐步得到国际社会的认可和支持,在世界范围蓬勃发展。

森林认证包括两个方面,即森林经营的认证和产销监管链的认证。森林认证工作兼顾了森林资源培育和利用全过程的环境、社会和经济效益,具有推动森林可持续经营和促进林产品市场准入两个重要作用。正是由于有了产销监管链认证,使得消费者能够追踪到所购买林产品的原材料是否源自可持续经营的森林。

1993 年成立的森林管理委员会体系(FSC 体系)是世界上最早的全球性森林认证体系,它是以非政府组织为主、联手木材制造商和零售商发起的森林认证体系,是目前世界上影响最大、与市场结合最紧密的森林认证体系。

中国政府高度重视森林认证工作。早在 2001 年,国家林业局就成立了中国森林认证工作领导小组,并在局属科技发展中心成立了森林认证处,归口管理全国的森林认证工作。自 2001 年 5 月,在世界自然基金会、国家林业局和中国林科院等机构的共同推动下,成立了多利益方参与的森林认证工作组,开展了森林认证方面的研究、示范和宣传推广工作。截止 2009 年 9 月,共有 18 个森林经营单位 133 万多公顷的森林通过了 FSC 的森林经营认证,颁发 FSC 产销监管链认证证书 841 张。

森林认证是一个新生事物,国际发展历史只有 16 年,在中国也就 10 年时间,公众的认知度不高,即使是一般的林业工作者,对森林认证也缺乏深入的了解。英国 EARTHSCAN 出版社 2005 年出版的《森林认证手册》,全面介绍了森林认证的基本知识(包括标准、认证、认可、产品追踪)、现有全球性和国家森林认证体系、政策机制和成本效益等。该书两位著者均是国际著名森林认证专家。英国的 Ruth Nussbaum 女士曾是 FSC 授权的 SGS 森林认证公司的核心专家,目前是专门从事森林认证等技术咨询的益林咨询公司(ProForest)的总裁。芬兰的 Markku Simula 先生是国际热带木材组织首席森林认证咨询专家,也是芬兰 Indufor 林业咨询公司总裁。

《森林认证手册》是读者全面了解森林认证知识,开展森林认证实践的一本非常实用的工具书,适用于政策制定者、森林所有者、森林经营者、木材制造商、林产品采购商、环保组织、当地社区、专业技术人员、森林认证培训专家以及其他利益相关者阅读参考。我曾和主笔翻译的几位专家一起从事森林可持续经营的相关研究工作,了解译者对森林认证工作的热情和丰富经验,相信《森林认证手册》中文译本的出版将对推动中国森林可持续经营和森林认证进程发挥积极作用。

张守攻

2009 年 10 月 28 日

致　谢

感谢以下人士在本书的撰写过程中给予的支持、建议和前期工作的参与：Steve Bass, Rebecca Butterfield, Ishmael Dodoo, Richard Donovan, Richard Eba'a, Mike Garforth, Nilofer Ghaffar, Ian Gray, James Griffiths, Sophie Higman, Steve Jennings, Neil Judd, Simon Levy, Jussi Lounasvuori, Janne Löytömäki, Pedro Moura Costa, Hanna Nikinmaa, John Palmer, Hannah Scrase, Andry Rakotovololona and Tim Rayden。

还要感谢七个认证体系为本书提供的背景资料。

本出版物是英国国际发展部(DFID)为发展中国家资助的一个研究项目的成果，书中的观点不代表任何 DFID 的观点。

R6370E—林业研究项目

目　　录

译序

1　概述 ……………………………………………………………（1）
　1.1　获得认证 …………………………………………………（1）
　1.2　认证的理论 ………………………………………………（1）
　1.3　现有的森林认证体系 ……………………………………（2）
　1.4　与政策的联系及影响 ……………………………………（2）
　1.5　存在的问题和可能的解决方案 …………………………（2）
　1.6　认证的出现和发展 ………………………………………（3）
　1.7　认证和验证的扩展 ………………………………………（7）
　1.8　进展情况和待解决的问题 ………………………………（9）

第一篇　森林认证体系运作

2　什么是森林认证体系 …………………………………………（13）
　2.1　认证体系的要素 …………………………………………（13）
　2.2　国际标准化组织（ISO） …………………………………（13）
　2.3　体系的所有权和管理 ……………………………………（16）
　2.4　技术细节的重要性 ………………………………………（17）
3　森林标准 ………………………………………………………（19）
　3.1　森林经营标准 ……………………………………………（19）
　3.2　森林标准的制定过程 ……………………………………（20）
　3.3　标准内容 …………………………………………………（25）
　3.4　小规模森林经营企业和标准 ……………………………（28）
4　认　证 …………………………………………………………（30）
　4.1　确定标准是否被满足 ……………………………………（30）
　4.2　确保认证过程和决策中的可靠性 ………………………（40）
　4.3　小型林业企业认证 ………………………………………（43）
5　认　可 …………………………………………………………（44）
　5.1　认可机构的要求 …………………………………………（45）
　5.2　认证机构的必要条件 ……………………………………（49）
　5.3　认可的可信性 ……………………………………………（49）
6　产品的追踪和声明 ……………………………………………（52）
　6.1　产销监管链 ………………………………………………（52）

6.2　声明 ……………………………………………………………………………（53）

6.3　基于百分比的声明 …………………………………………………………（56）

6.4　产销监管链的认证 …………………………………………………………（62）

第二篇　森林认证实践

7　准备认证 ………………………………………………………………………（65）

7.1　是否认证 ……………………………………………………………………（65）

7.2　选择认证体系 ………………………………………………………………（67）

7.3　认证的方法:独立认证或联合认证 ………………………………………（67）

7.4　开始认证 ……………………………………………………………………（68）

8　森林认证:实施标准 …………………………………………………………（69）

8.1　理解标准 ……………………………………………………………………（69）

8.2　找出差距 ……………………………………………………………………（70）

8.3　计划和实施 …………………………………………………………………（71）

8.4　监测实施进度 ………………………………………………………………（73）

8.5　聘请审核员 …………………………………………………………………（74）

9　森林认证:获得认证 …………………………………………………………（75）

9.1　申请和提交建议书:选择认证机构 ………………………………………（76）

9.2　预评估:初步考察 …………………………………………………………（77）

9.3　清理不符合项,继续认证程序 ……………………………………………（77）

9.4　利益方咨询 …………………………………………………………………（78）

9.5　主评估 ………………………………………………………………………（79）

9.6　清理主要不符合项 …………………………………………………………（82）

9.7　报告和同行评审 ……………………………………………………………（82）

9.8　认证和监督 …………………………………………………………………（82）

10　森林认证:组成联合体 ……………………………………………………（84）

10.1　联合体经理和资源经理 …………………………………………………（84）

10.2　对联合体的要求 …………………………………………………………（85）

10.3　会员要求 …………………………………………………………………（86）

10.4　咨询和投诉 ………………………………………………………………（88）

10.5　监测联合体会员 …………………………………………………………（90）

10.6　联合体文件和记录 ………………………………………………………（91）

10.7　培训和信息 ………………………………………………………………（91）

10.8　产销监管链和声明 ………………………………………………………（92）

10.9　区域性认证 ………………………………………………………………（92）

11　产销监管链认证:体系的实施 ……………………………………………（94）

11.1　谁需要实施产销监管链 …………………………………………………（94）

11.2　产销监管链有哪些类型 …………………………………………………（94）

11.3　建立一套产销监管链体系 ………………………………………………（96）

11.4　产品来源:采购和进货 ………………………………………………… (96)

11.5　生产过程:实施内部控制 ……………………………………………… (99)

11.6　最终产品和销售 ……………………………………………………… (102)

11.7　管理声明和标签 ……………………………………………………… (103)

11.8　实施产销监管链体系 ………………………………………………… (103)

11.9　产销监管链案例研究 ………………………………………………… (104)

11.10　建立产销监管链联合体系 …………………………………………… (108)

12　产销监管链认证:获得认证和发表声明 …………………………………… (109)

12.1　准备 …………………………………………………………………… (109)

12.2　选择认证机构 ………………………………………………………… (109)

12.3　评估 …………………………………………………………………… (109)

12.4　发现和改正行动要求 ………………………………………………… (111)

12.5　认证决策和监督 ……………………………………………………… (111)

12.6　声明 …………………………………………………………………… (111)

第三篇　现有的森林认证体系

13　现有的森林认证体系 ……………………………………………………… (115)

13.1　体系的类型和应用范围 ……………………………………………… (115)

13.2　体系创立的时间 ……………………………………………………… (116)

13.3　所有权和管理 ………………………………………………………… (116)

13.4　标准 …………………………………………………………………… (117)

13.5　认证方式 ……………………………………………………………… (118)

13.6　认可制度 ……………………………………………………………… (119)

13.7　磋商和透明度的要求 ………………………………………………… (119)

13.8　针对小规模林场主的规定 …………………………………………… (120)

13.9　目前的情况 …………………………………………………………… (121)

13.10　声明的控制 …………………………………………………………… (121)

13.11　政治环境和展望 ……………………………………………………… (122)

13.12　各体系的信息获取 …………………………………………………… (123)

第四篇　森林认证:政策、进展和存在的问题

14　森林认证的政策及制度背景 ……………………………………………… (127)

14.1　作为政策工具的森林认证 …………………………………………… (127)

14.2　作为辅助政策工具的森林认证和森林可持续经营的标准与指标 …… (130)

14.3　森林认证与法律遵从的验证 ………………………………………… (134)

14.4　政府的作用 …………………………………………………………… (134)

15　开展森林认证的有利条件 ………………………………………………… (137)

15.1　工具介绍 ……………………………………………………………… (138)

15.2　施政和法律框架 ……………………………………………………… (138)

15.3　对负责任森林经营的理解以及实施的技术实力 ……………………（139）

15.4　标准制定和认证 ……………………………………………………（140）

15.5　理解施政、林业和认证之间的关系 ………………………………（142）

16　森林认证的影响、成本和效益 ………………………………………（145）

16.1　认证能带来什么 ……………………………………………………（145）

16.2　限制因素 ……………………………………………………………（146）

16.3　森林认证的影响 ……………………………………………………（147）

16.4　森林认证的经济成本和效益 ………………………………………（150）

17　森林认证的阶段性方法 ………………………………………………（152）

17.1　阶段性方法的必要性 ………………………………………………（152）

17.2　现行的模式和倡议 …………………………………………………（153）

17.3　开展森林认证的阶段性方法 ………………………………………（154）

17.4　在实践中实施阶段性认证 …………………………………………（157）

18　能力建设 ………………………………………………………………（160）

18.1　能力建设需要 ………………………………………………………（160）

18.2　人力资源 ……………………………………………………………（161）

18.3　机构和组织框架 ……………………………………………………（162）

18.4　信息系统 ……………………………………………………………（163）

19　小规模森林企业 ………………………………………………………（164）

19.1　标准的符合 …………………………………………………………（164）

19.2　认证的成本和复杂性 ………………………………………………（165）

20　森林认证体系的选择 …………………………………………………（168）

20.1　现行的森林认证评估体系 …………………………………………（168）

20.2　为森林认证体系评估制定标准 ……………………………………（169）

20.3　合法性临界值方法 …………………………………………………（174）

20.4　总结 …………………………………………………………………（175）

21　森林认证的新应用 ……………………………………………………（176）

21.1　碳汇 …………………………………………………………………（176）

21.2　其他环境服务 ………………………………………………………（178）

21.3　风险转移和获得资助的方法 ………………………………………（179）

21.4　其他部门的可持续认证 ……………………………………………（179）

附件1　现有体系综述 ………………………………………………………（181）

附件2　信息来源 ……………………………………………………………（236）

附件3　编译术语汇总 ………………………………………………………（240）

附件4　简写词和缩写词 ……………………………………………………（242）

1 概述

森林认证，从根本上说，是验证森林满足认证标准的过程。森林认证这一概念直截了当，并被广泛应用于木材工业的各个部门，对森林经营符合标准做独立的确认。这也就是为什么需要本书这样的手册。

首先，对认证的需求不断增长，越来越多的森林经营者、加工业者和采购商想了解如何进行认证或如何购买认证的产品。他们需要知道什么是森林认证以及如何应用它。

其次，尽管森林认证是一个通俗易懂的概念，但在林业部门已经成为一个有争议的问题，并且始终都是争论的议题。为了了解和参与这些讨论，任何人不管是森林所有者、森林经营者、加工业者、购买商、环保组织、当地社区、研究人员、培训人员、学生或其他权益相关者，都需要正确理解：什么是森林认证？它是如何运作的？目前存在的主要问题是什么？

第三，森林认证的应用范围在不断扩大。因此，新的使用者有必要更好地了解森林认证。对于处在政策辩论前沿的人们来说，更好地了解认证的潜力和局限性更是至关重要的。

因此，森林认证包含了多个方面，每个方面都和以下一个或多个方面相关：

(1)获得森林经营和产销监管链认证的实际操作过程；

(2)认证的基本理论以及森林认证体系的设计和职能；

(3)现有的森林认证体系的真实情况；

(4)政策的联系和影响；

(5)存在的问题和可能的解决方案。

上述这些内容本书均有涉及。它不是用来供人们整本阅读的，而是针对某一读者在某一时间能提供他/她所感兴趣的内容的一本参考书。因此，偶尔在章节之间会有一些概念或信息上的重复，主要是为了避免读者前后查找。

上面的五个方面都会给出详细的解释，并告知在本书哪些部分可以找到相关信息。

1.1 获得认证

获得认证的操作指南见第二部分，它不仅给森林经营者提供森林认证的信息，也提供给加工业者产销监管链认证方面的信息。目的是使他们能更好地了解森林认证并有战略性视野。然而本书没有提供理解和实施森林经营标准技术需求方面的指导，因为这些信息已经包括在我的同事撰写的《可持续林业手册》中。本书所涉及的内容如下：

(1)决定是否进行森林认证(第7章)。

(2)准备和进行森林经营认证(第8、9章)。

(3)准备和进行产销监管链认证(第11、12章)。

(4)森林或产销监管链的联合认证(第10、11章)。

1.2 认证的理论

对于想要了解森林认证基础理论的人来说应该阅读第一部分。对于参与讨论和实际开展

认证的人来说,充分地了解认证的基础理论是有用的,特别是参与评价不同认证体系的人。第一部分涵盖:

(1)什么是认证体系?标准、认证、认可和声明在整个架构中是如何构成的(第2章)?

(2)什么是国际标准化组织(ISO)?它为什么很重要(第2章)?

(3)为什么标准的设立过程如此重要?最终的标准应该是什么样的(第3章)?

(4)认证和认可是什么?什么使它们更有效和可信任(第4、5章)?

(5)产销监管链是什么?关于森林及其产品,能够/应该作出哪种类型的声明(第6章)?

1.3　现有的森林认证体系

现在有许多森林认证体系在应用,其中一些是国际层面的,还有一些是国家层面或区域层面的:

(1)其中一些重要的、发展完善的体系为本书提供了相关的背景材料,具体见附件1。

(2)不同体系的综述见本书的第三部分(第13章)。

(3)评估哪种认证体系是可接受的、适当的,这样复杂的问题见第20章。

1.4　与政策的联系及影响

认证已经对确定和驱动政策层面的辩论议题以及对管理架构带来了影响。这对于政府部门、捐资方和投资者特别重要。同时一系列正面或负面的影响已在认证开展了10年后显现出来。因此本手册将讨论:

(1)在本章中介绍森林认证的起源。

(2)森林认证的应用范围在第21章将给出更加详细的论述。

(3)第14章将讨论政策和施政影响。

(4)第16章将讨论认证的影响,而开展认证的有利条件将在第15章阐述,第15章还提供了衡量影响的分析工具。

1.5　存在的问题和可能的解决方案

认证始终是一个快速发展和变化的主题,问题不断,解决的方案也不断。本书讨论了大多数重要的问题,包括:

(1)阶段性认证的需求和发展(第17章);

(2)小规模林场主面临的问题和障碍(第19章);

(3)能力建设的进一步需求(第18章);

(4)评估和选择适合的认证体系的机制(第20章);

一个重要的问题是技术语言的使用。认证已经有很长的历史了,在过去50年,国际标准化组织(见第2章)已经对其应用进行规范化并不断完善。如今,世界上几乎每一个行业都在使用认证。因此许多技术程序和相关的技术语言也已经成型。尽管主要的术语在开始的时候并不总是易于理解,但了解他们非常重要,因为它们被广泛地应用在各种认证中,不仅是森林认证。

本章除概括性地介绍了本手册的其他章节外,重点阐述三个主题:

(1)概要性地回顾森林认证的起源及其在过去10年的发展历程,目的是为那些新加入讨论的人士提供一个完整的信息，也为那些过去长期参与的人士提供参考。

（2）在这里也将讨论认证的各种应用，从最初以市场驱动为目的，到现在涵盖更加广泛的目的。

（3）最后，指出余下的问题，并在后面的章节中进一步讨论。

1.6 认证的出现和发展

认证最初是为验证一组所需要的特性能否实现而产生的，如技术指标、安全性或产品的质量。在这方面它提供了非常有效的工具，现在正在被整个产业界所广泛使用。

随着购买者和消费者的关注点从技术和安全的需求转向更广泛的对环境、社会或产品加工过程的信任，认证随之发展。认证现在已经适用于如有机农业、公平贸易、社会责任等领域，森林认证的发展也反映了这一变化趋势。正如下面将要讨论的内容一样，对毁林问题的日益关注导致了对森林管理和森林产品的环境信任情况进行验证的工具的需求。

1.6.1 国际社会对森林的关注日益增加

20 世纪 80 年代，随着国际社会对森林采伐的速度和规模剧增的关注，森林问题开始出现在国际政策的议事议程中。国际社会提出了一系列倡议活动，试图解决这一问题。

许多环境非政府组织（NGOs）重点开展一些提高公众意识和联合抵制（特别是针对热带木材）的活动，尝试着减少对这些森林的压力。

捐助方支持的活动过去主要是针对项目水平开展的一些措施，现在增加了对能力建设活动的支持和采取更加综合的途径，如国家森林项目。作为一个可能的解决方案，在各种国际论坛上国际社会探讨达成一项国际森林公约的可能性，期望通过国际行动对森林采伐问题做出更多的政治承诺。

1.6.1.1 1992 年联合国环境与发展大会

联合国环境与发展大会（UNCED）使森林问题的争论达到最高点，指出了国际社会应采取必要行动的三个因素（Maini，2001）：

（1）无法忍受的毁林速度和相关的环境、经济和社会效益的损失；

（2）世界上许多在森林及其附近生活的居民和原住居民，其生计、文化和权利受到了极大的威胁；

（3）满足对林产品需求的不断增加。

联合国环境与发展大会就一组统领性的森林规则达成共识，尽管是概括性的，但为后续行动提供了一个基本框架。1995 ~ 1997 年政府间森林问题工作组（IPF），及其后续行动1997 ~ 2000 年政府间森林论坛（IFF），就国际政策问题继续进行商讨。之后设立了联合国森林论坛（UNFF），来继续实施前面的行动和建议，进一步探讨相关的问题。虽然这些争论更加积极并推动了森林可持续经营（SFM）的政治承诺，但是他们对森林经营实施情况的改善所作的贡献依然有限。

2002 年约翰内斯堡地球峰会虽然没有将森林作为全球的优先领域，但是在它的议程中明确了认可和重视森林在消除贫困、保护生物多样性和保护水资源方面的重要作用。

自联合国环境与发展大会之后，又召开了一系列的研讨会、专家组会议和大会，旨在国际、国家和地方水平就可持续森林经营的森林政策和实践方式达成一致意见。或许这些会议的最重要结果是已经制定出一系列的标准和指标(C&I),每一组标准和指标适合不同的地理范围,目的是明确国家层面的森林经营方案,使得政府能够监测和报告森林的状况(见第15章)。

1.6.1.2 国际热带木材组织(ITTO)的作用

林产品贸易作为毁林的一个主要因素一直成为国际论坛的热门话题。现在人们认识全球贸易对毁林的直接影响是有限的,因为只有一定比例的采伐后的工业用原木且以不同的形式进入了国际贸易。尽管如此,商业性采伐是森林受到干扰和破坏的重要因素之一,或是直接因不良森林经营带来影响,或是间接地使非林业用户获得利用森林资源的机会。因此,关键是如何通过贸易促进可持续的森林经营。

自1987年国际热带木材组织成立以来,这个问题受到其关注。ITTO在1990年达成共识的目标2000,要求所有的热带木材贸易来自可持续经营的森林。目标2000是ITTO的战略重点,尽管目前还没有实现,但制定了一系列工具和行动帮助实现这一目标。一个主要的工具是《热带天然林可持续经营的标准和指标》(ITTO,1998)以及一系列指南。这是一项开创性的工作,它为后面第14章讨论有关9大区域的标准指标进程发挥了重要的作用。

ITTO积极参与和讨论有关认证方面的问题(框图1.1)。起初,当许多木材消费国强调认证对促进良好森林经营的积极作用时,许多热带木材生产国则把认证当成是市场准入的潜在限制因素。ITTO目前的政策是支持自愿认证,并把其作为改进良好森林经营的工具,而不对任何具体的认证体系或方法表示支持。

框图1.1 ITTO 和森林认证

(1)对进口热带木材的禁止和联合抵制经常成为国际热带木材理事会(1988~1992)争论的焦点。

(2)伦敦环境经济中心(LEEC)对热带林可持续经营的经济方面开展了研究(1992),研究强调需要采取激励措施,建议开展国家认证,然而目前国家认证还没有实现。

(3)首个森林认证状况的全球性研究项目诞生,它是在1994~1995年的工作组会议上讨论通过的,对认证的概念做了进一步澄清,确定了需要解决的相关问题和拟采取的行动,认为对认证进展情况的监测也是十分必要的。

(4)1996年,开始准备和实施第二个全球性的研究"转型中的森林认证",重点是总结6个国家取得的经验,研究热带木材认证的市场。另外,监测、经验共享和信息传播也被作为一个重要的方面。

(5)1998年,第三个全球性研究课题"无法确定的挑战"开始实施,用来监测认证的进展情况,该课题重点关注木材生产国能力建设的行动需求。

(6)印度尼西亚政府提出制定LEI项目的建议,经过几次的修改后被批准和实施。

(7)国际热带木材组织标准与指标的审核框架(ITTO C&I)被制定,用来提高当地审核员/评估员的能力(1999~2001)。

(8)2001年,启动认证体系的同等性和可比性的研究,并组织召开了国际研讨会。

(9)开发了培训材料包,组织区域型的培训班开展标准和指标的审核培训(2002~2003)。

1.6.1.3 非法采伐和森林施政

最近对非法采伐和非法木材贸易的关注日益增加，非法采伐对发展中国家大范围的环境破坏以及对依靠森林产品为生的贫困农村社区的影响具有不可推卸的责任。根据世界银行的报告统计，非法采伐导致发展中国家政府每年的税收损失在 100 亿~150 亿欧元。

非法采伐问题是 1998 年八国集团（G8）峰会关注的问题，从而导致八国外长共同发表《森林问题行动计划》。欧盟采取的行动是 FLEGT《森林法实施、施政和贸易》。欧盟 FLEGT 行动计划于 2003 批准通过，计划采取措施提高已具备市场雏形的发展中国家的能力来控制非法采伐，从而减少这些国家与欧盟的非法木材贸易。

同时，森林工业部门也认识到控制非法采伐和贸易的重要性，采纳认证有关的政策，不使用非法来源的任何木材和纤维的公司数量在增加，特别是跨国公司以及贸易和工业联合会。所有这些对森林认证都具有重要意义（更多有关非法采伐的信息可从 www. illegal-logging. info 获得）。

1.6.2 认证的出现

20 世纪 80 年代，发达国家的公众对森林减少，特别是对热带森林破坏的严重性非常关注。由于对政府推动的进程感到不满，非政府组织开始采取一系列的行动抵制木材贸易，认为这是唯一能够产生影响的方式。所采取的行动包括各种宣传活动，向贸易商和零售商示威，倡议全面禁止使用热带木材。

逐渐地，他们认识到这种方法过于简单化，因为对当地居民没有任何价值的森林极可能被转换为其他用途，而并非被保护。因此需要一个积极的工具，通过创造一种市场价值，使其能够和负责任的森林经营联系起来。

同时，通过一系列活动的开展，一些主要的零售商已经认识到：他们一点都不了解他们所使用的木材及纸产品的来源，也没有对其购买政策采取任何措施，来减少对环境和社会造成的影响。因此他们看到了这个工具的价值，能够提供直接的、可靠的方式，来分辨其木材及纸制品的来源，确保其来自有利于社会和环境的、管理良好的森林。这为森林经营认证和相关的产品标签的出现奠定了基础。

最初尝试着利用已有的体制和制度发展认证。1989 年，在英国政府的支持下地球之友（FoE，Friends of the Earth）和其他一些非政府组织，建议 ITTO 开展项目来研究为热带木材制定标签的可能性，标明这些产品是来自可持续经营的森林。然而，一些木材生产国对此表示关注，认为非政府组织会呼吁联合抵制没有标签的木材，因此这一设想被放弃了。但关于这一问题的讨论在 ITTO 没有停止（Poore，2003），1992 年开展了一项主要的研究，结论是热带木材贸易不是毁林的主要原因（LEEC，1992），但是强调要采取积极的激励措施，提出以国家认证的方式促进可持续生产的木材贸易。然而，由于一系列原因这项成果没有得到支持，这一想法也被放弃了（框图 1.1）。

因此，当贸易联盟、非政府组织和其他团体决定建立一个体系来辨别市场上环境友好的产品时，是在美国西海岸最早出现了森林认证。经过一段萌芽期，第一个森林认证体系——森林管理委员会（Forest Stewardship Council，FSC，见第 13 章）于 1993 年召开成立大会，参会代表来自经济、社会和环境等广泛的利益群体，表现出了极高的热情。但是，由于政府和一些重要的主流林业企业没有参与，对后续发展造成了影响。

1.6.3 体系的增长

直到 1997 年，FSC 还是世界上惟一的、可操作的认证体系，也是政策讨论和认证推动的焦点。没有 FSC 的努力，认证不可能对森林标准设立、森林经营遵从标准的审核以及标签认证产品在国际市场上的地位带来如此重大的影响(Elliott，1999)。FSC 的重要价值和在国际舞台的知名度体现在四个方面(Baharuddin and Simula，1998)：

(1)非政府组织强有力的支持；

(2)缺少可行的替代措施；

(3)外部资金支持；

(4)该机构人员的素质和敬业。

然而，就像上面讨论的那样，私有林主和在全球森林工业产品舞台上的主要角色没有参与到 FSC 中，并把 FSC 看做是一个真实存在的或潜在的威胁。这有多方面的原因，有些原因更加直接些：

(1)许多热带木材生产者担心认证会成为市场准入的新壁垒，特别是在欧洲和北美。

(2)部分林产品工业界，担心 FSC 会受到非政府组织的强烈影响，如果 FSC 认证被市场广泛采纳，会带来全球性的垄断，进而对整个工业带来极大的影响。

(3)在欧洲，小规模私有林主担心，因为 FSC 不能适用于小企业，认证将削弱他们管理自己森林的权力，也会导致成本的增加和官僚主义。

(4)来自森林所有者和经营者的阻力是他们不赞成其他权益相关者享有同等的权力来参与定义"什么是良好经营的森林"。

(5)一些政府担心，多种权益相关者参与和 FSC 要求的国家森林经营标准的国际认可将破坏国家对自然资源经营的主权。

最初，不支持 FSC 的利益群体的反应是完全反对认证。然而在全球经济背景下，独立验证作为商业规则已被广泛接受，因此这种做法不是一个完全行得通的方法。因此一系列其他体系开始出现，更加强调认证在国家层面的特点。这些体系主要是由那些对 FSC 途径不满意甚至完全反对的利益群体来推动开展的。

这些活动最早的一个是由森林工业部门提出的，它通过制定一个文件来确定林业所需的业绩要求，从而与 ISO 14001 的环境管理体系的标准(见第 3 章)相联系。ISO 专门成立了一个技术委员会(TC207)来开展这项工作。然而遇到了其他工业部门很大的阻力，反对任何体系在其发展的初期阶段将国际认可绩效与 ISO 14001 以任何形式相联系。因此，尽管在 ISO 14001(ISO，1998)框架下制定出来关于设立林业部门的业绩需求，也仅仅是作为指南使用。然而，后果之一是很多 NGO 强烈反对 ISO 14001，认为它试图建立一套体系替代 FSC。

与 ISO 的工作同时进行的是，一些国家开始出现国家层面的认证体系，涉及多种森林类型，包括印度尼西亚、加拿大、芬兰、巴西、美国和其他一些国家。这些体系有不同的利益群体，采用了不同的方式。第 13 章有详细的论述。

1.6.4 相互认可

这些国家体系的出现都面临着一个问题，即被出口市场广泛接受的问题。欧洲和北美的零售商对认证给予了极大的推动，他们主要关注三个重要的方面：

（1）非政府组织的支持：认证通常被当做是一种品牌保护的措施，因此所采用的任何认证体系都应该是通过非政府组织的活动来支持的，这一点是至关重要的；

（2）全球性：大的零售商是在全球范围内采购的，采用一种全球性的体系，如 FSC 会使采购变得更容易，而非评价不同国家所采取的体系的优缺点，来让消费者了解不同国家的环境标签；

（3）充足的供应：许多公司承诺只采购认证的产品，因此各种类型和来源的木材和纤维的充足供应问题也十分重要。

FSC 已经成立，适应全球的特点，并得到大多数重要非政府组织的支持。然而在一些地区，其进展还是很缓慢的，导致了供应不足。因此购买者接受其他体系变得重要起来。同时一些国家体系开始考虑相互认可的概念，以提供全球覆盖和促进被市场接受的可信性。

因此，提出了一系列倡议来尝试着制定标准，评价各体系被接受的可能性（第 20 章会有进一步的讨论），作为所有体系相互认可的基础。然而这些不同的倡议就像体系本身一样，面临着同样的困难，就是这一问题的政治特性。利益群体企图支持其自己的体系和自己的评估标准，而对其他利益群体制定的标准提出批评。结果，尽管开展了一系列的会议和研讨，就认证体系相互认可的总体性框架最终未能达成一致意见。

然而，1997 年，欧洲的一些国家倡议决定建立泛欧森林认证体系（PEFC），对各国的认证体系采取相互认可的机制。2003 年末，泛欧森林认证体系决定扩大其地理范围，成为评估和认可森林认证体系的全球性框架，并将其更名为森林认证体系认可计划（首字母组合 PEFC 未变），该体系目前成为国家间体系互认的、非常有效的全球性框架。

1.7 认证和验证的扩展

尽管市场需求是森林认证的原始驱动力，但市场很快就发现存在一系列多种类型的服务于各种目的森林认证/验证（框图 1.2）。森林经营者（包括私营和公共部门）不断被敦促就森林经营向受益方提供可靠的证明。因此，认证成为对公众、政府、财政部门或其他利益群体的各种关注的一种回应，而不仅仅是只对市场角色的回应。自 FSC 成立以来的过去 10 年里，一系列不同森林类型的认证开始出现，尽管本手册重点关注的是面向市场的森林认证体系，考虑到其他一些方法或正在制定的方法也是十分重要的，我们将在此进行简要回顾。

框图 1.2　森林认证和验证

认证概念的核心是满足验证的要求，确保标准的每一项要求能够被满足。因此"验证"一词也被用于描述该过程。尽管验证有时可以和认证相互替换，但认证和验证在使用上还是略有不同。

（1）验证通常是指一组要求已经被满足的任何检查过程；

（2）认证是指一个可信任的认证机构针对一些具体的标准要求是否满足而开展的验证。

本书重点放在认证概念上，但一些概念和具体操作方法也适用于验证。

1.7.1 自愿以市场为导向的认证体系

正如上面所述，以市场为导向的认证最初的目的是作为一种工具，允许林产品企业和零售商采购源自良好经营的森林的木材和纤维。它得到了环境和社会非政府组织以及许多发展机构的广泛支持,因为它使得市场力量能够贡献于全球森林经营状况的改善。这一方法也得到了一些生产者的支持,认为它能为进入环境意识较高的市场提供更多的机会,或者来自良好经营的森林的产品可以获得更高的价格。

1.7.2 针对具体的森林经营要求的认证

无论是在市场框架下还是在非市场框架下,认证/验证可以被广泛使用,以确保具体的森林经营要求被执行,这既可以通过现有的认证体系来实现,也可以通过针对用户确定的要求进行的验证来实现。这些用户包括:

(1)投资者和捐助方:无论是私营部门还是捐助机构都面临同样的压力,即他们不能对经营差的林业进行投资。因此许多机构在其投资政策中要求有一定水平的森林经营绩效,认证或验证是确认能够满足这些政策的可信赖方式。

(2)政府:政府面临着一系列不同的情况,需要确定特定的要求被满足。例如,检查特许权的持有者是否拥有许可协议,监测参与式林业协议的实施,确保赠款的有效使用,或者评价保护原住居民和当地社区权利的政策实施情况。认证提供了一个独立的、可信赖的机制,来检验特定的需求被采纳。认证的另一个可能的用途是检验林业企业依法经营。涉及这一点,通常它是和下面要讨论的强制性认证紧密联系的。

(3)权益相关者和雇员:企业责任是许多负责任的公司开展良好经营的基本要求,企业可以通过认证向权益相关方和雇员证明负责任地使用和经营其资源。

(4)采购方:许多机构,无论是公共的,还是私营部门都承诺拒绝非法采伐或其他来源不可接受的木材或纸制品。对它们而言,独立认证或合法验证的重要性日益增加,特别是随着国际进展如欧盟 FLEGT 的发展可以帮助这些机构兑现所做出的承诺。

1.7.3 合法性验证

正如上面所讨论的那样,合法性验证可能成为日益重要的一项服务,因为绝大部分的林产品企业、零售商以及政府都试图拒绝供应链中的非法来源木材。

1.7.4 强制性认证/验证

政府具有能够使森林认证制度化的可能,使其在某种程度上变成强制性的。例如,在特许权被授予或者委托当地社区管理国有森林的地方,成功认证并继续维持这种经营状况可以作为继续获得资源使用许可的前提。强制性认证可以采用两种方式进行:

(1)制定政府的强制性认证体系:目前只有一个国家即俄罗斯颁布了这样的法律[1],目的是强化有关规则的执行力度。然而俄罗斯也在发展自愿认证,强制性认证的发展前景目前还不确定。

(2)通过现有的自愿认证体系的强制要求来实现:这种方式正在一些国家尝试,如玻利维亚。

1.7.5 环境服务

认证也可被用于验证环境服务的各种遵循条件或条款,例如碳汇、生物多样性保护、流域保护等。这种类型的认证是基于业绩的，也将成为面向市场，因为认证可以帮助将环境服务转换成商品（例如第 21 章描述的碳汇）。

1.7.6 国际承诺

最后，认证可以用于验证一个国家或一个机构遵守国际承诺的情况（例如，京都议定书规定的减排目标、碳汇的变化）。

在所有这些潜在的用途中，基于市场的自愿认证仍然是最广泛采用的，但是认证和验证的其他用途也变得越来越重要，可能在未来几年变得更加重要。

1.8 进展情况和待解决的问题

1.8.1 进展情况

自 10 年前认证开始酝酿至今，认证已经取得了巨大的进展，千万公顷的森林被认证，数千的木材和纸产品印上了标志和标签。它在森林管理和森林的环境和社会效益方面也取得了实质性的进展，有关这些方面将在第 15 章详细探讨。然而，关于森林认证仍有很多尚未解决的问题，因此在林业部门认证仍是一个极具争议性的话题。总体来说，问题有两类：

（1）政治问题：这些问题是由于不同利益群体的利益和核心价值的取向不同产生的。

（2）技术问题：这些问题是由于特定条件或不同角色自身的限制因素产生的。

1.8.2 政治问题

两个最重要的政治问题是：单纯对认证的反对和不同认证体系及其支持者间正在发生的矛盾冲突。

1.8.2.1 反对认证

如果认证事实上成为国际木材和纤维产品贸易的基本要求，就会涉及重要的经济利益。不同国家利用认证的角度不同。例如，热带国家把认证当成是进入市场的障碍，因为他们运用认证的能力与发达国家相比是非常有限的。另外，就像上面讨论过的一样，认证使不同利益方的权利平衡发生变化，而通常使那些最具森林影响力的群体不愿意将权力拱手相让。但是，随着认证需求的日益增加和所使用的范围和获得利益的扩大，对认证本身的反对程度在下降（见第 14 章）。例如国家标准的制定并非必须和某一认证体系相关联的做法似乎能够证明这一点。

1.8.2.2 体系间的不断竞争

尽管一些权益相关者觉得避免垄断性的森林认证是有用的，但许多购买者还是喜欢在产品贸易的过程中采用一个体系和一种标识。此外，正在使用认证的金融机构、捐资机构和其他机构也常常希望唯一的方案，因为他们没有时间、专业人员和资源在不同体系间进行选择。

但是，这在短期内是不太可能实现的，体系间达成协议、限制竞争在短时间内是不可能实现的，原因有几点：首先，人们逐渐认识到，森林认证体系上仍存在的分歧，来源于不同的参与者和支持者在深层次的核心价值上存在着实质性的差异（Cashore，2004）。与森林经营的标准相联系时尤其如此，因为标准设定的基本作用是界定森林应当如何经营，以及为了定义森林经营，明确利益群体就森林如何利用存在冲突时的解决方案。因此，很难寻找到共同点以便达成共识。

此外，特别是对于 FSC 和 PEFC 这两个国际性的认证体系，没有激励措施来减少它们之间的竞争，因为：

(1)他们在市场中的地位是竞争的，他们在建立市场份额中的商业性成功是与他们的未来资源联系在一起的。

(2)在一些市场领域，FSC 已经具有很强的可见度，被一些有影响力的非政府组织认为更可信赖。因此，任何 FSC 和 PEFC 的联系都可能使 PEFC 受益。

因此，森林认证体系用户仍需继续在不同的认证体系间选择。这需要制定一个可接受的机制来评价认证体系并决定哪些体系是最可信的。这些将要在第 20 章进一步讨论。

1.8.3　技术方面的问题

最紧迫的技术问题是小规模的私营林场主/企业所面临的障碍，以及在许多发展中或经济转型国家认证的发展速度缓慢。

1.8.3.1　小规模的私营林场主/企业所面临的问题

小规模的私营林场主/企业所面临的困难在认证开始阶段就已经认识到了，这也是 PEFC 发展的一个主要驱动力。但是，尽管在某些情况下有些机制是相当成功的，然而全球范围内小规模林业企业千差万别，也就意味着仍然面临着很多困难。这些将在第 18 章讨论。

1.8.3.2　缓慢的进展以及对阶段性方法的需要

认证最初是作为联合抵制和禁止热带木材使用的一种替代方法。但是，全球大约 90% 认证的森林位于发达国家，主要受益者是温带森林的拥有者及林产工业企业。对于发展中国家的生产者获得认证所面临的困难市场认知很慢(Eba'a Atyi and Simula，2002)。

一个可能的解决方案最近开始出现，即阶段性方法，这些内容将在第 18 章详细讨论。

注释：

1. 俄罗斯的强制性认证体系还没有开始运作，因为相关法令还没有颁布。

（王虹　韩峥　译校）

第一篇

森林认证体系运作

2 什么是森林认证体系

本章介绍了森林认证体系的主要特征，第3~6章会详细介绍其中的四个重要要素，即：标准、认证、认可和声明。

2.1 认证体系的要素

认证作为一种工具提供了独立的验证，以证明其满足了一系列的既定要求。认证已经被广泛应用到很多领域。因此，对于什么能采取认证，什么不能，已经有可以参考的经验了，尤其是那些以市场为导向的认证体系，在实践中表明它们是运转良好、可被接受的方法。

总之，所有的认证体系包括林业认证体系，通常都由三部分组成：

(1)标准：标准是开展认证评估时必须被满足和遵从的要求。标准是由标准制定机构制定的。标准在第3章有详细介绍。

(2)认证：认证是验证标准是否得到满足的过程，通常由认证机构来执行(又称"注册机构"，尤其是在北美地区)。认证在第4章有详细介绍。

(3)认可：认可是确保执行认证的机构是合格的，能够得到可信的、一致结果的机制，有时也叫做"认证机构的确认"。认可在第5章有详细介绍。

为了强调每一个要素在认证体系中的重要性，它们通常是被同时提及，就犹如三角形的三个边，共同组成了认证体系(图2.1)。

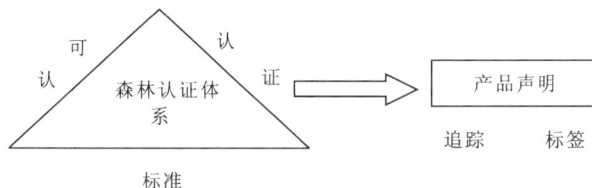

图2.1 一个可信的包括产品声明等核心要素的森林认证体系

另外，如果打算以这个体系作为基础来识别产品是否来自认证的森林或发表产品声明，那么就需要建立一个控制机制。该机制要求是：

(1)追踪：原料从森林到最终产品可能经过很多生产环节，这样就必须有一个机制来追踪它，从认证的森林到生产过程中的每个环节，就是确保声明的产品或产品生产线所用材料是来自认证的森林。这个过程就是通常所说的产销监管链。

(2)声明和标签：这是确保所有关于一片森林、一个产品、任何标签的声明是清楚的、可信的和诚实的。通常要求那些提出声明和使用标签的人要遵从一系列的规则。

产品追踪和标签将在第6章详细讨论。

在认证中各种不同的机构所开展的活动和结果可概括为图2.2中的内容。

2.2 国际标准化组织(ISO)

在标准和认证领域，森林认证是一个新生的事物；但成千上万的其他体系在许多部门已

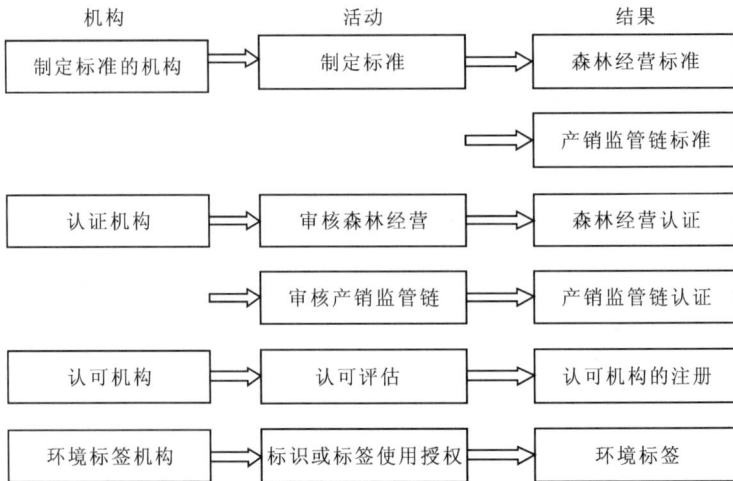

机构　　　　　　　　活动　　　　　　　　结果

制定标准的机构 → 制定标准 ⟹ 森林经营标准

⟹ 产销监管链标准

认证机构 ⟹ 审核森林经营 ⟹ 森林经营认证

⟹ 审核产销监管链 ⟹ 产销监管链认证

认可机构 ⟹ 认可评估 ⟹ 认可机构的注册

环境标签机构 → 标识或标签使用授权 ⟹ 环境标签

图2.2　面向市场的森林认证体系所包含的要素

经存在。认证领域一个非常重要的组织就是国际标准化组织,通常称为 ISO。[1]

　　ISO 是一个非政府组织,是一个由来自 140 多个国家的国家标准化机构组成的网络,大国、小国、工业化的、发展中的,遍及世界的各个地区。每个国家可以有一位成员,由位于瑞士日内瓦的中心秘书处负责总体协调(框图 2.1)。

　　国家标准机构的组织结构因成员组成不同而不同。某些是政府部门的一部分或至少由政府来任命,其他由国家工业协会的合作伙伴成立的标准机构具有非常强大的私营部门的背景。

　　自 1947 年成立以来,ISO 已经颁布了 14300 多套标准,大多数标准都是十分精确的技术文件,如银行卡的尺寸或应用在设备上的绘图符号的规定等。这些标准影响日常生活的诸多方面,但工业界之外的人却大多不熟悉。近年来,该组织已经颁布了更多的通用标准,例如质量和环境管理体系标准 ISO 9000 和 ISO 14001,任何机构都可以申请这些标准,它们已经众所周知。

框图2.1　ISO 的结构和功能

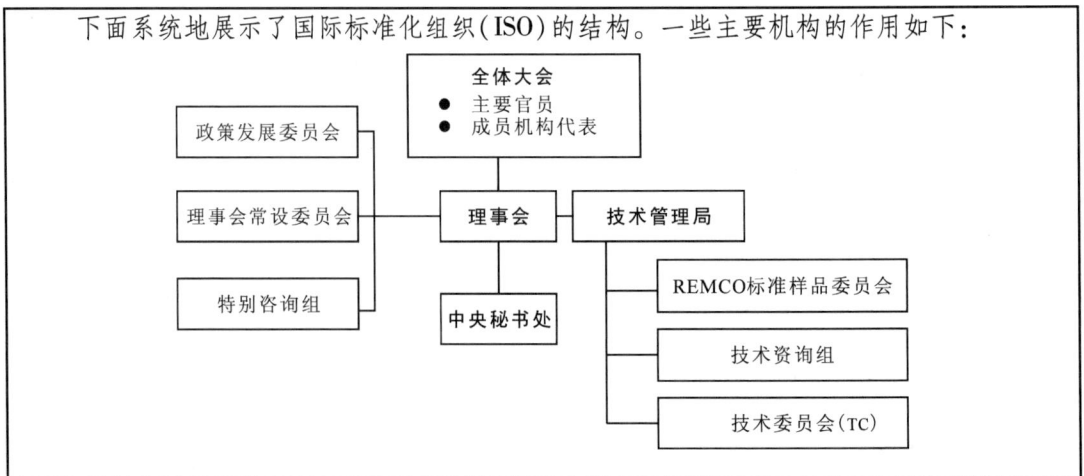

　　下面系统地展示了国际标准化组织(ISO)的结构。一些主要机构的作用如下:

全体大会
● 主要官员
● 成员机构代表

政策发展委员会

理事会常设委员会 — 理事会 　技术管理局

特别咨询组

中央秘书处

REMCO标准样品委员会

技术资讯组

技术委员会(TC)

（续）

全体大会

ISO 会员机构在每年一次的全体大会上进行战略性的决策。

理事会

ISO 的运作由 ISO 理事会管理，理事会由主要官员和选举产生的 18 个成员机构组成。ISO 理事会每年召开三次会议，理事会成员是轮换制以确保 ISO 会员的代表性。

中央秘书处

ISO 的中央秘书处设在瑞士日内瓦，为 ISO 的会员提供行政和技术支持，协调和下放标准的制定项目并负责出版项目成果。它由秘书长管理，秘书长是固定职员。秘书长向主席汇报，主席是在标准化或商业领域里著名的人士，每 2 年选举一次主席。

技术委员会

ISO 标准由技术委员会制定。技术委员会由那些需要标准并能将标准付诸应用的工业、技术和商业领域的专家组成。这些专家可能与相关知识领域的人在一起，如政府机构代表、测试实验室、消费者协会、环境组织等。这些专家由相关的 ISO 国家会员机构选出，作为国家代表参加。在参与专家工作时，这些代表不仅要提供本组织的观点，还要提供其他利益方的观点。根据 ISO 的规定，希望成员机构能够考虑对标准制定感兴趣的各利益方的观点，为技术委员会提供一个统一的、各国达成共识的立场。

来源：ISO 网站，(www. iso. org)，2004 年 1 月。

同协调和管理许多适用于不同工业部门的国际标准一样，ISO 也制定了许多指南，协助认证体系的建立。该指南(框图 2.2)提供以下方面的指导：

(1)标准制定和应用；

(2)认证机构和认证；

(3)认可；

(4)声明。

ISO 指南的制定都是以几十年的经验为基础的，提供良好的基线要求，这些将在接下来的 4 个章节里详细讨论。ISO 指南也是很重要的，因为 ISO 与世界贸易组织(WTO)合作，确保认证满足 WTO 的要求，而不至于成为贸易的技术壁垒。

框图 2.2　ISO 建立和运行认证体系指南

ISO 指南 59：1994 标准化良好实践准则；

ISO 指南 61：1996 认证(注册)机构评估和认可的通用要求，指南 61 已经被发行 ISO 17001 2005 所替代，即合格评定公正性——原则和要求；

ISO 指南 62：1996 执行质量体系评估和认证(注册)机构的通用要求；

ISO 指南 65：1996 执行产品认证制度的机构的通用要求；

ISO 指南 66：1999 执行环境管理体系(EMS)评估和认证(注册)机构的通用要求；

ISO 14011：1996 环境审核指南——审核程序；环境管理体系(EMS)审核；

ISO 14012：1996 环境审核指南——环境评审员的资格标准；

（续）

ISO 14020：2000 环境标志和声明——通用原则； ISO 14021：1999 环境标志和声明——环境主张自声明(环境标志类型 II)； ISO 14024：1999 环境标志和声明(环境标志类型 I)——原则和程序； ISO/TR 14025：2000 环境标志和声明(环境声明类型 III)。

总之，认证体系应该遵从 ISO 指南的上述四个方面。这个指南对概括可信度和效果的最基本要求是绝对有帮助的。但是，我们也应该记住 ISO 指南只是一个总体框架，目的是在尽可能广的范围内得以应用。它通常不会为单独的体系提供很详细的指导，也不会涵盖某一特定领域的所有重要问题，如林业。

您可以从 ISO 网站(www. iso. org)得到更多关于 ISO 的信息和 ISO 指南。

2.3 体系的所有权和管理

谁拥有和控制森林认证体系和它的管理结构是非常重要的，因为它有可能对体系的技术方面、体系所要达到的目的以及不同的利益相关者对体系的理解等都有可能产生影响。尤其还有可能影响到：

(1)体系中不同要素的制定和执行方式(重要性将在第 3~6 章详细讨论)；

(2)体系的运行，包括日常和中长期的运行；日积月累它有可能对体系的运转产生巨大的影响；

(3)不同的利益相关者对体系的理解。

事实上，在过去的十几年中关于森林认证争论和矛盾的焦点就集中在主要的利益群体对不同体系的所有权和管理的理解上，参与讨论的大部分人对被争论体系的技术内容理解得非常有限。

下面来讨论几种规范所有权和管理的方法。

2.3.1 传统方法

从全球来看，最常见的认证体系的所有权和管理总体架构是通过不同的机构对体系的不同要素的控制来实现的：

(1)标准：大多数的国际标准是由 ISO 制定和维护的，它有制定标准的方法和详细指南。

(2)认证：多数认证机构都是专门做认证的商业公司，它们可以是国际性的或国家级的。

(3)认可：多数 ISO 标准的认可是基于 ISO 提供的指南，由国家认可机构完成和维护。

(4)声明控制：总的来说，这是基于 ISO 提供的指南，国家认可机构认可过程的又一组成部分。

这就是 ISO 9000、ISO 14001 和成百上千的 ISO 和国家产品质量和安全标准被采纳的方法。这种模式有一些绝对的优势：

(1)管理和所有权明晰；

(2)标准制定机构、认可认证机构和执行认证评估机构的职责是完全分开的，这样就增加了独立性，避免了冲突；

（3）每一个机构在各自的专业领域里都有见长，有成熟的工作模式，这些确保了质量和一致性。

然而，由于标准的应用正由传统的产品质量、产品安全和管理系统转向环境和社会表现等领域，它已经明显地显现出一些不足之处：

（1）ISO 和国家标准机构由工业和政府利益方控制，由于传统上他们曾经是关注标准制定类型的群体。其他群体如环境和社会非政府组织也慢慢地介入，但总的来说，他们尚未具有平等的代表性和影响。

（2）尽管 ISO 模式是强势的、有价值的，但它也可能缺乏弹性，缺乏必要的速度来倡导标准中所考虑的社会和环境问题。

2.3.2　"专家"方法

为使标准制定过程更具有灵活性和专业性来应对社会和环境问题的复杂性，最近比较普遍的一种做法是由一个国际组织在某一专业领域制定和维护一个认证体系。例如，国际社会责任标准 SA 8000 由社会责任国际（SAI）制定，同时公平贸易标签组织（FLO）制定了很多商品公平贸易的国际标准。在这种模式中，有几种认可和认证的执行方法。FLO 有一个认证单位根据它自己的标准来承担认证工作，而 SAI 则作为一个认可组织，认可认证机构依据 SA 8000 的标准来承担认证工作。

2.3.3　森林认证体系的管理

森林认证标准的制定反映了正在发展变化的标准制定过程，体现了不同的所有权和管理架构。

为了制定和开展森林认证体系，专门建立了一些机构，如森林管理委员会（FSC）、森林认证体系认可计划（PEFC）、可持续林业倡议（SFI）和印度尼西亚生态标签基金（LEI）。

其他体系运用了现有的国家标准程序，如由加拿大标准董事会和加拿大国家认可机构批准的认证机构共同制定的加拿大可持续林业标准。

无论采用哪种方法，当审视一个认证体系的管理时，重要的问题就是看谁影响和控制标准的制定、执行和修改，以及对认证和认可的要求。

2.4　技术细节的重要性

认证是一个非常精确的技术过程，某一特殊体系执行的不同技术细节可以对实际产出带来巨大影响。因此，尽管对认证体系的主要要素有普遍共识（见 2.1 节），并且几乎所有的体系都包含这些要素，但是哪一些认证体系可以被接受仍然存在很大的争议。这是因为每个体系在运作中，每一个要素的细节设计都存在着差异。

　　例如，两个标准都是解决健康和安全的。一个标准要求所有的操作者要接受足够的培训并提供安全设备；另一个则要求实施安全的工作措施。只有后者确保了认证机构必须检查所有的操作员，确信他们在每一个认证作业的操作过程中是安全的。两个认证过程都要求协商。一个要求协商必须包括当地所有的利益方；而另一个则要求认证机构应该把即将进行的认证在网站上公布，并咨询与之联络的人。只有前一种方法才能确保不能上网的当地土著居民能有效参与。

显而易见，基于一个标准的森林认证体系被普遍认为是不够的，用处不大；同样的，采用一个认证过程的体系是不可靠的，很容易出错，这个认证体系也是没有意义的。无论如何，应该从不同层面来考虑什么是"可接受的"体系。

为了能够真正地理解和讨论认证，理解认证体系中每个要素的设计细节和体系运作方式设计的内涵是必要的。第 3 章至第 6 章对标准、认证、认可和声明进行了详细的分析。第 20 章讨论了如何评估认证体系。

注释：

1. 由于在不同的语言中"国际标准化组织"有不同的缩写（英文是 ISO，法语是 ONI 即 Organisation Internationale de Normalisation），最后决定用一个起源于希腊的词 isos，意思是"平等"来表示。所以，无论是哪个国家、哪种语言，这个组织的缩写名称都是 ISO。

（董珂 译　王虹 校）

3 森林标准

3.1 森林经营标准

正如第 2 章所讨论的，标准规定了一个想要获得认证的机构所必须满足的要求，这些要求作为认证评估的依据。国际标准化组织（ISO）对标准的定义是：

> 标准是由一个公认的机构制定和批准的文件。它对活动或活动的结果规定了规则、准则或特征值，供共同和反复使用，以实现在预定领域内的最佳秩序和效益（ISO/IEC 指南 2：1996，定义 3.2）。

标准的内容是森林认证体系的基础，因为标准为认证体系确定森林经营水平提供了基础。只有在认证的森林中那些标准所要求的要素才能够得以保证。

对于森林企业来说有两种类型的标准较为适用，即体系标准和绩效标准。

3.1.1 标准的类型：体系和绩效

3.1.1.1 体系标准

管理体系或进程标准详细说明了在组织内部必须具备的管理系统，以确保他们所管理的质量、环境，甚至是社会表现的一致性。因此，与管理要素相关的管理系统要求必须到位，比管理产出或结果要求更为重要。众所周知的管理体系标准是质量标准 ISO 9000 和环境管理体系（EMS）标准 ISO 14001。ISO 14001 也可以作为森林经营单位的环境标准。

体系标准有一些突出的优势：第一，它们适用于所有的部门或行业。因此，ISO 14001 也同样适用于森林企业、纸浆厂或家具厂，尤其适用于综合性公司。第二，体系标准是极有效的工具，来帮助机构系统地理解他们的表现，而且保证其持续的改进。由于他们描述了通用系统，而不是具体的绩效要求，因此各种类型和规模的森林经营机构都可以采用体系标准。另外，体系标准认证提供了对机构改进的承诺，尽管这种承诺是在改进的过程中。

然而，体系标准并没有明确绩效所必须达到的最低水平。相反，体系标准却要求森林经营单位设定他们自己的绩效目标，然后用管理体系确保他们实现目标。这就意味着虽然两个森林企业都通过了同样的体系标准认证，但他们在森林经营活动中却有着完全不同的绩效水平。这一点在 ISO 14001 标准介绍中强调了，即：

> 值得注意的是，国际标准并没有设定超出承诺之外的环境绩效的绝对要求，以及在政策方面去遵从适用的法律、法规和持续的改进。因此，两个组织进行类似的活动却有不同的环境绩效，可能都满足要求（EN ISO 14001：1996 环境管理体系——使用指南的详解）。

因此，基于体系标准并没有提供任何"产品质量保证"，因此这类标准一般没有产品标签。

3.1.1.2 绩效标准

绩效标准是描述所必须达到的绩效水平或结果，却不必描述如何做。因此，它们不要求一个机构必须有特定的管理体系，但是明确规定了认证的森林所必须达到的最低绩效水平。

这种方法的优点是它对认证的森林满足特定水平的经营提供了保证。由于绩效标准提供了这样的"质量保证"，因此普遍用它作为产品标识的基础。

体系标准适用于一个特殊的森林组织(一个公司，一个林场主，一个林场主协会)，而绩效标准适用于一个森林经营单位(一处面积明确的森林)和那片森林的管理质量。有很多术语描述管理质量，包括"负责任的森林管理"，"良好的经营"和"可持续森林经营"。[1]

两种类型标准的比较见框图3.1，具体体现在：

(1)优势不同；

(2)有潜在的互补性，但不能相互替代。

管理体系标准对于提供一个管理框架是非常有用的，在此框架范围内的改进能够被认可并实现；但是它们在森林的实际管理中并没有提供任何保证。这种保证仅在绩效标准中提供，因此产品标识一直与绩效标准联系在一起。

实践中，ISO 14001是适用于林业的主要管理体系标准。所有的森林认证体系制定标准都包含了一定程度上的绩效要求，尽管大多数也包括一些体系要求。

框图3.1　森林经营的体系和绩效标准的比较

	体系标准	绩效标准
保证森林中的最低管理水平	否	是
认可管理中正在进行的改进	是	否
管理框架	是	否
适用于所有类型森林	是*	否
产品标签	否	是
*实践中，体系标准的繁文琐节是小规模森林企业和那些没有受过教育的森林所有者与经营者的严重障碍。		

因此，这章其余的部分将重点集中在绩效标准和林业标准的制定上。标准的两个要素我们必须考虑：

(1)制定标准的过程；

(2)标准制定的内容。

下面将逐一讨论。

3.2　森林标准的制定过程

标准的制定过程通常是相对耗时和复杂的。框图3.2勾画了一个ISO标准制定的一般过程。基于这个经验，ISO制定了很多有关标准制定的指南，尤其是指南59，即《标准化良好实践准则》(框图3.3)。它为一个认证体系所期望的标准制定和应用的最低要求提供了一个被广泛接受的基础。

由于对环境和社会方面的要求，与这类标准制定相关的一些具体问题的经验也在增加。国际社会和环境认可及标签联盟应用这些经验制定了《设置社会和环境标准的良好实践准则》（ISEAL，2004）。它采纳了指南 59 的多数条款，也增加了一些其他值得考虑的方面，如关于解决复杂的社会和环境问题的标准的制定。

框图3.2　ISO 标准是如何制定的

> 对标准的制定要求通常是由某个产业部门提出来的，产业部门向国家成员机构表达这个要求。该国家机构再向国际标准化组织（ISO）统一提出新的工作任务请求。一旦这个制定国际标准的需求被认可并且被正式批准，标准制定就进入第一个阶段，即：确定未来标准的技术范围。这个阶段通常是由各国在该领域的技术专家组成的工作组执行。
>
> 国家技术委员会专家代表团召开会议，通过研讨、辩论和讨论，对初步协议达成共识。然后形成国际标准的初稿发给 ISO 成员征求意见并投票。很多成员通过其公共评论程序，使利益群体和公众了解并得到这份标准初稿。ISO 成员再将收到的反馈意见汇总，形成他们对标准初稿的立场。如果投票结果为多数赞成，这个最终修改稿就作为最终国际标准初稿（FDIS）发给 ISO 的会员。如果投票结果为绝对赞成，这个文件就作为国际标准出版。通过的条件是 2/3 积极参与标准制定过程的 ISO 会员同意，并且所有参与投票的会员 75% 同意。
>
> 一年当中每一个工作日，平均有 11 个 ISO 会议在世界的某地举行。在两次会议之间，专家们通过信件继续标准制定的工作。他们普遍用电子方式联系，有些技术机构已经完全电子化办公，这就加速了标准的制定并减少了差旅费用。
>
> *来源：ISO 网站（www. iso. org），2004 年1 月。*

标准的制定和内容还要考虑世界贸易组织（WTO）的要求，因为世界贸易组织建立了国际贸易规则并定义了构成技术贸易壁垒（TBT）内容。指南 59 目前正在被修订以确保它符合世界贸易组织（WTO）关于技术贸易壁垒（TBTs）的规则。在这期间，任何人建立认证体系都需要了解 WTO 的要求（GTZ，2000；Fern，2003）。

ISO 的标准制定过程提供了一个有用的起点，然而，有一些问题在基于绩效的森林标准的制定中尤为复杂，因此，给标准的制定过程提出了更多的要求。

3.2.1　森林绩效标准的挑战

与其他领域的标准相比，森林绩效标准制定较为复杂，主要有三个原因：

（1）信息不完整：很多标准都是要基于精确的真实信息才能制定完成的。

　　　例如：规定摩托车头盔最低强度要求的标准是基于科学和技术数据之上完成的。只有这样精确地定义，才能保证在意外事件中头盔有足够强度来保证安全。

然而，我们却没有所有的必要信息来详细了解和模拟森林发挥其功能的方式，或者采取干预措施后的反应。信息缺失产生很多不足。

因此，我们只能将标准建立在能获得的最佳信息上，当存在不确定因素时人为决定怎么处理。另外，森林经营是个适应性过程，对它的认知是通过经验不断地积累，在起草和更新标准中需要充分考虑到这一点。

框图 3.3　ISO 标准制定指南

　　ISO/IEC 指南 59 - 1994，标准化良好实践准则，其中的一些主要要求如下：

过程

　　以达成共识的原则为基础的书面程序应该统一用于标准制定的方法(4.1 款；见本书第 4 章关于实践中"达成共识"的讨论)

透明度

　　按要求，标准制定过程应该被利益群体所了解(4.1 款)。

争议和投诉

　　标准制定程序应该包括确认的、现实的并且易于行使的投诉机制，以公平地处理任何实质的和程序上的投诉(4.2 款)。

批准

　　标准的正式批准应该以达成共识的证据为基础(4.5 款)。

促进国际贸易

　　对错误引导消费者和其他用户有关产品、过程或服务使用的标准不应被写入(5.4 款)。

参与

　　在各层次的标准制定过程中，应该使各利益相关者和组织在整个过程中有实质性地和直接地参与。

等级框架

　　除上述之外，世界贸易组织(WTO)的一个重要要求就是要在国际、区域和国家标准之间存在一个等级框架。林业标准等级框架的应用在 1997 年的 *Tropenbos Discussion Paper* 里有系统阐述(Lammerts van Bueren，1997)。

　　(2)需求冲突："可持续森林经营"的定义是多样的，但共同的前提是它包含了经济、环境和社会平衡的要求。然而，同时达到这些要求通常是不可能的，而且有时会产生矛盾。

　　　例如：在同一片森林里要同时满足砍伐树木的经济要求和保持原始林的环境要求是不可能的。类似的还有，以保护为目的开展野生动物保护，同时还要满足社会需求而允许打猎补贴生计是不可能的。

　　因此，标准制定过程不得不处理需求冲突。

　　(3) 可变性：森林标准不得不应对高度多样化的全世界森林。而大多数其他标准却可以适用于各个地方。

　　　例如，无论在哪里，确保佩戴人安全的摩托车头盔强度要求都是一样的，因此，摩托车头盔安全标准可以在任何国家直接应用。

　　然而，森林的生物、气候、土壤和社会经济内容却明显不同，甚至是在一个国家内也完全不同。所以，森林认证体系需要包括一个机制，以确保标准的使用能适用该地区的特定生态、环境和经济条件。

　　基于以上原因，所有的标准制定都必须采用以下方法：

（1）可获得的关于森林的最佳科技信息和知识，了解森林的各种功能和经营措施产生的影响；

（2）如何解决信息缺口和如何平衡对森林的不同需求的有关决策（图3.1）。

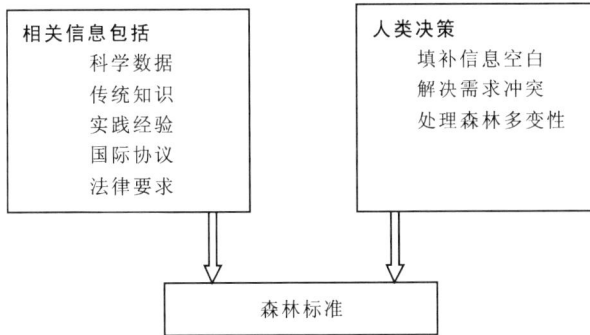

图 3.1   制定林业标准需要两方面的投入

满足这两个方面的要求所采用的方法将对标准定稿产生重要的影响。因此，森林经营标准的制定过程是非常重要的，因为它对最终标准的内容有重要的影响。

这将取决于两件事：谁参与标准制定过程和标准制定小组如何开展工作。下面对这两个问题进行讨论。

3.2.2   标准制定过程

由于标准制定过程相当复杂，许多国家的林业标准制定过程都需要几年时间才能完成。一般的程序如图3.2所示。[2] 在标准制定过程中有两个重要的问题：

（1）谁参与标准制定小组和咨询程序。

（2）标准制定小组如何对标准进行决策。

下面对这两个问题进行讨论。

3.2.2.1   谁来制定标准

标准通常由标准制定小组或技术委员会来制定。小组成员从受到影响的所有利益方和团体中推选出的专家组成。

专家的任务是为标准制定提供"可获得的最佳信息和知识"。专家的范围越广泛，所有相关信息进入标准制定过程中的可能性就越大。因此，一套森林经营标准的制定，专家应该涵盖广泛的领域，包括科学家、林业工作者、生态学家和野生动植物专家、原住居民、政府部门和其他人员。他们的投入应该确保所有有关的科学、技术和经验贡献于标准的制定过程。

尽管判定谁对标准提供的技术投入是有用的，相对更直截了当些，但决定谁应该贡献于"决策"过程则相对更加复杂。每个人或团体所做贡献的类型将反映他们的政治、经济、社会和环境动机，因此，弥补和平衡不同团体的参与变得很重要。参与的人和团体越广泛，对决策的投入也就越大。

例如，在标准中是否应该保护至少5%到10%的森林经营面积的讨论，可能环保非政府组织（NGOs）趋向于10%，而工业部门则宁愿5%。如果标准制定小组中不包括工业界的代表，就没有人来争取这5%；如果这个小组由工业界控制，这10%可能也就不被考虑了。

```
┌─────────────────────────────────────────┐
│           设立标准制定工作组              │
└─────────────────────────────────────────┘
                    ⇩
┌─────────────────────────────────────────┐
│          制定或通过规则和程序             │
└─────────────────────────────────────────┘
                    ⇩
┌─────────────────────────────────────────┐
│ 识别负责任林业的要素,在此基础上结合国际性的标准 │
│ 和指标,如ITTO标准、赫尔辛基进程、蒙特利尔进程或 │
│ FSC的原则和标准                          │
└─────────────────────────────────────────┘
                    ⇩
┌─────────────────────────────────────────┐
│ 起草标准初稿,可以采取多种方式:           │
│ ● 标准制定工作组提出初稿;                │
│ ● 分委员会起草不同的内容;                │
│ ● 由1~2名代表起草,然后由标准制定委员会评  │
│   审和编辑                               │
└─────────────────────────────────────────┘
                    ⇩
┌─────────────────────────────────────────┐
│ 咨询所有的利益方,对标准初稿提出建议,可以采取 │
│ 会议、权益相关者研讨会、向公众张贴海报或直接咨 │
│ 询关键团体等形式                         │
└─────────────────────────────────────────┘
                    ⇩
┌─────────────────────────────────────────┐
│ 标准制定工作组审议各方的意见并提出修改稿   │
└─────────────────────────────────────────┘
                    ⇩
┌─────────────────────────────────────────┐
│ 外业测试:通过森林经营者和认证机构实际应用,检查 │
│ 标准的实际使用情况,这一步是非常重要的     │
└─────────────────────────────────────────┘
                    ⇩
┌─────────────────────────────────────────┐
│                 修订                     │
└─────────────────────────────────────────┘
                    ⇩
┌─────────────────────────────────────────┐
│             咨询、修订、定稿             │
└─────────────────────────────────────────┘
```

这个过程可能需要在几个月甚至几年的时间里重复多次

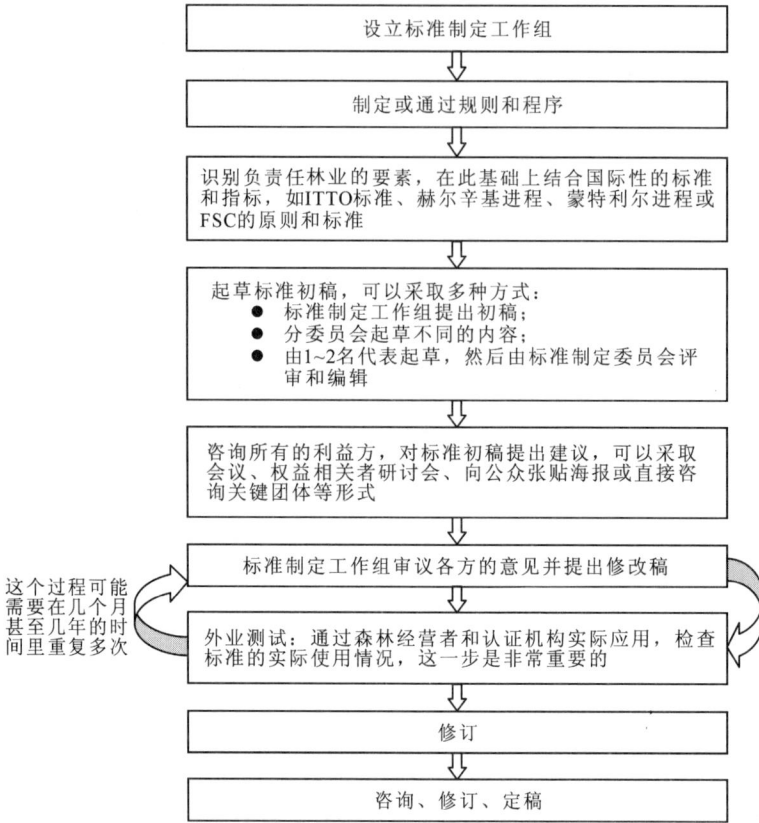

图3.2 典型的国家森林认证标准制定过程

值得一提的是,"向所有利益群体开放"和"所有利益群体实际参与"是两个截然不同的过程。在很多情况下,一些重要的群体,如原住居民或农村社区,可能被"邀请",但无法了解会议信息,或没有条件出行来参加会议。另外,他们的代表也有可能不理解相关的问题而不能为标准制定过程提供有效的贡献,除非对他们提供一些主动的帮助。标准终稿反映的是实际参与的利益方的利益,而不是被邀请的利益方的利益。

3.2.2.2 标准制定小组是如何工作的

不仅是很多参与标准制定的机构或咨询过程会影响标准的最终内容,工作组的工作方式也会影响它。因此,工作组有一套清晰的、有文字记录的操作规则是至关重要的,用它来解决如何进行决策,如何召开会议并记录,如何向工作组成员和公众提供材料,以及如何解决问题和争议等。

决策过程对确定标准的内容尤为重要。决策可以是由一个单独的利益方完成,也可以是基于多方共识的基础上的。

当决策由某一群体或利益方控制或严重影响时,最终的标准就有可能反映了他们的观点,尽管其他的利益群体也参与了这个过程。过去,政府就经常用这种方法制定森林经营方面的政策,采取邀请的方式提供建议和意见,但是最终决定采纳什么(不采纳什么)仍然取决于林业部门。

对于森林标准，现在人们认识到决策的权利由所有参与标准制定过程的利益方分享的重要性。达到这个目标有多种方式，最普遍的是通过投票和达成共识的方式。

当运用投票方式时，谨慎定义和控制投票小组的组成尤为重要，目的是确保没有一个群体操控投票数量和选举权利。ISO 倾向于运用投票方式，它规定了投票程序，目的是确保决策的广泛支持，并且避免某一个利益群体的主导（框图 3.2）。然而，对于森林经营标准，通常社会、经济和环境群体意见明显不同。如果允许三个利益方中的某一个提出反对时，标准也获得通过，这种多数票通过的方式就会有问题。

当标准制定小组以达成共识为工作基础时，这个问题就可以避免。ISO 认识到"共识，需要解决重大分歧，是制定被广泛应用和接受的国际标准的基本程序原则和必要条件"（ISO，1995）。

采用一个真正的以共识为基础的方法，决策只能在标准制定小组成员间没有重大和实质性的冲突下做出。这个方法运作的结果就是一个标准得到了参与制定过程的每一位成员的支持。但是，现实中，这种工作方法也给小组每个成员否决的权利，只要一个人或一个组织记录为不同意（说明是坚决的和实质的）就足以阻止进程。

3.3 标准内容

一套标准所规定的内容决定了认证体系在实践中所传递的信息。因此，标准的内容是至关重要的。在制定或评估标准时需要考虑三个主要的因素：

（1）绩效要求：标准的内容/要求确定了森林经营为实现认证必须达到的水平，也就是认证体系在森林实践中传递的信息。

（2）措辞：标准是技术文件，表述应该清晰准确，确保能够在实施和审核过程中保持一致性。

（3）适用性：森林在类型、位置和规模上有很大的不同，因此，在应用认证体系的地区，森林标准要与所有的森林类型和当地状况相适应。

下面将详细介绍。

3.3.1 绩效要求

标准包含的要求是决定认证体系传递信息的基础。

对"体系标准"而言，这种要求在国际上有很多协议，ISO 14001 提供了一个工作范例。

对"绩效标准"而言，这种要求就不太清楚了，没有一套在全球可被接受的详细要求。然而，近几年，许多国际进程在确定负责任的森林经营必须考虑的问题方面取得了重大进展，因此，这些问题需要在绩效标准中加以考虑。

这个进程可以追溯到《布伦特兰报告》（WCED，1987）中关于"可持续发展"的讨论，但随后通过联合国环境和发展大会（UNCED）及有关进程（Grayson，1995），和国际热带木材组织（ITTO）及其他区域性的共同努力，制定了一套森林可持续经营的标准。最重要的几套可持续或负责任的森林经营国际原则、标准或指南将在第 14 章进一步讨论。多种分析表明（Nussbaum 等，1996；Higman 等，2004；CICI，2003），这些文件在有关问题上的观点是相当一致的。

然而，尽管国际倡议和负责任的森林经营定义之间有着极大的一致性，也仍有一些不同。另外,现有的标准大多是概括性的,或是为国家水平上的监测而设计的,而不是针对森林经营单位水平的实施,在标准解释上留有很大的空间。因此,没有一套良好森林经营的详细标准被普遍接受。不过,根据一个或多个国际进程的要求,把需要考虑的几个主要问题总结罗列是可能的(框图3.4)。

任何制定或评估标准的人都必须考虑框图中列出的每一项要求,在标准中包含这些内容,或说明忽略的理由。

除了框图3.4中列出的这些要求以外,许多标准要求森林经营者解决的另外一个问题就是确保对利益方进行广泛咨询。这在框图3.5中进行了讨论。

3.3.2 如何起草标准

ISO/IEC 指南第3部分:国际标准结构和起草规则,陈述了 ISO 指南中关于标准结构和起草的内容。这个指南是很有用的,不过它只针对那些 ISO 体系内标准中的部分内容,因此,它也许不能完全解决所有的关于森林标准的问题。

框图3.4 定义负责任或可持续森林经营的林业标准的主要要求

> 森林经营的详细要求还没有达成一致,对于负责任或可持续森林经营没有统一的定义。然而,在宏观水平上却有广泛的共识,它需要解决法律、技术、环境和社会问题。但在每一个广泛的领域里,需要具体解决什么问题也缺乏一致意见。下面总结罗列了在一个或多个国际倡议中提出的主要要求。
>
> **法律要求**
> (1)资源权利:清晰定义资源的权利,并且没有对他人的权利造成威胁;
> (2)作业合法:完全履行国际和本国相关的法律;
> (3)对未授权行为的控制,尤其是对那些威胁森林完整性的行为。
>
> **技术要求**
> (1)经营方案,包括森林经营的短期和长期计划;
> (2)森林调查和资源评估;
> (3)适当的造林,确保可持续生产;
> (4)经济可行:除非经济上可行,否则森林经营不能长期可持续;
> (5)森林作业和作业计划;
> (6)森林状况和经营措施的监测;
> (7)足以确保标准的要求得以满足的培训和能力建设;
> (8)森林保护,包括病虫害防治、火灾控制和其他自然灾害;
> (9)控制、减少和正确使用化学药品和生物防治;
> (10)正确设计和调整人工林的结构。
>
> **环境要求**
> (1)环境资源及影响的全面评估和对于减轻负面影响的合理方案;
> (2)保护环境,包括对特别重要的特征和价值进行判定和良好管理;
> (3)垃圾处理,包括尽可能减少、重新利用和循环使用垃圾。
>
> **社会要求**
> (1)雇工和合同工的健康和安全;

（续）

（2）工人权利，包括公平工资，组织和控制童工及奴隶的权利；很多标准遵从国际劳工组织的要求；

（3）社会影响评估和与权益相关者（例如：当地社区和利益群体）的互动，包括咨询和争议处理的妥当机制；

（4）承认和保护森林使用者（包括依赖于森林的人们和当地社区）的权利和需求；

（5）鼓励和支持就业和当地社区发展。

大家对标准有一个一致的认识，标准被认为是精确的技术文件，应该能够被清楚地理解、实施和审核。另外，对森林经营标准而言，它也应该有充分的灵活性，允许森林经营者通过最合适的和具有成本效益的方式达到负责任的经营。

3.3.2.1 精确、准确和明确

正如第4章所讨论的，审核员的工作就是收集证据来证明是否达到了标准的要求。很明显，如果标准不清楚或不明确，审核员就难以重复和客观地开展他们的工作，森林经营者也很难实施标准，导致潜在的混淆和资源浪费。

3.3.2.2 灵活性

尽管标准需要清晰，但也需要有一定的灵活性以应对森林生态系统和森林所有者与经营者在经营目标上的不同。正如在第1章中讨论过的，森林在生态、气候、地理和规模上都存在不同，同时森林所有者和经营者的经营措施也不同，另外他们工作中所面对的社会、文化和经济环境也不同。因此，森林经营标准必须允许森林经营者采用一定范围内的多种经营方式实现一定的绩效标准要求。

框图3.5 参与和咨询的益处和要求

有一种要求对森林经营者来说经常是新的，但这种要求作为森林认证标准的组成部分变得越来越重要，这就是参与和咨询。有几个已经确定了森林认证标准范围的国际进程就这一问题专门做出了要求。

使当地社区居民和其他利益方通过某种方式参与森林经营规划和决策的机制要求，有多种益处。它可以：

（1）降低森林经营活动对外部可能产生的不可接受的或负面的影响；

（2）为管理森林经营活动的社会影响奠定基础；

（3）有助于平衡社会、经济和环境需要之间的矛盾；

（4）增强公平和权利，有利于可持续发展。

传统上，许多林业企业已经采用这种方法，通过宣传单、小册子或（越来越多的）网站介绍企业的有关信息。这种方式通常是非常有用的，它既不是咨询也不是参与。

咨询包括积极地恳求对所提供的信息及所做的计划提出反馈意见。这包括从一个渴望收到反馈意见的特别意愿，到一种收到和处理反馈意见的系统方法。通常情况下，森林经营单位的规模越大，对邻近森林和社区的潜在或实际的影响就越大，需要有一种正规的咨询方法的可能性也就越大。

对回复反馈意见以及把接收到的观点纳入到经营规划和实践中的关注越多，实施参与程序的可能性就越大。参与要求有一个程序，使外部人员能够参与到森林经营过程，特别是决策过程中。

森林经营单位可以采取的咨询和/或鼓励参与的方法将在第4章进一步讨论。

3.3.3 适用性

正如我们前面所讨论的,森林认证标准应该足够准确和详细以便为审核提供一个合理的基础。同时,全球范围内的森林经营规模、类型以及地理位置有很大的差别,甚至在许多国家内部也有很大差别。这就意味着要想简单地制定一套适用于全球所有森林的标准,并达到足够详细和准确是不可能的。即使在国家水平上,许多国家的森林类型也非常丰富,这就使得制定一套统一的标准面临很大的挑战。有多种方法可以解决这一问题:

(1)标准的适用范围应该限定于特定的森林类型;具体而详细的标准使森林经营者能够清楚地知道如何实施标准,使认证机构的审核员能够容易地进行审核。例如,一套限定适用于某个国家的杨树人工林的标准,由于它只适用于一种类型的森林,因此,可以对其进行充分地细化。基于这类标准的认证体系也只适用于这种森林类型。

(2)标准的适用范围应该包括有限的森林类型,并包含标准解释的指南。这些标准或许对审核员来说已经足够详细,但仍然存在针对被认证森林的某些要求需要进行适当的解释。这通常是适用于森林类型十分有限的国家标准所采取的方法,例如,适用于马来西亚天然林经营的英国森林保护计划(UKWAS)标准(英国森林保护计划指导委员会,2000)和马来西亚木材认证委员会(MTCC)标准。在森林类型丰富的国家,可能需要有几套"国家"标准,因为一套标准难以应付差异较大的森林类型。例如,巴西的森林类型跨度从南方的温带人工林到北方的热带雨林。

(3)可以设计一个能够产生多套标准链接的体系,这些标准能够适用于任何类型的森林。有两种方法可以做到这一点:

✓ 单一体系方法,在某一水平上制定一套适用于任何森林类型的国际通用标准,以及制定和批准更加详细的国家或地区标准解释的指南。如果使用这种方法,就有必要对国际标准以及国家或地区标准解释的制定程序进行合理性评估。这是森林管理委员会(FSC)采用的方法。

✓ 相互认可的方法,国家或地区标准制定后,确定一套系统来评估这些标准是否具有兼容性。在这种情况下,用来评估标准相互认可的这套系统将非常重要。尤其要明确相互认可的要求,以确保所有参与的体系都能满足一个可接受的最低标准。这是森林认证认可计划体系(PEFC)采用的方法。

(4)从理论上讲,这些方法都应该提供一种有效的方法来处理标准之间的冲突,这种方法要足够具体以便于实施和审核,同时又要保持适用于丰富的森林类型。

对任何想要创立一种国际认证标准的体系来说,要确保满足 WTO 指南,并避免产生不必要的贸易壁垒(Vallejo and Hauselmann,2000)。

3.4 小规模森林经营企业和标准

大量分析表明,标准可能是小规模森林经营单位获得认证的一个重要的壁垒(Nussbaum等,2001;Higman 等,2002)。

主要问题在于:

(1)相关性:某些标准要求并不是与所有的情况都有关,却适用于小规模森林所有者,而且经营者经常不清楚如何达到标准的要求。这大概是无法避免的,因为标准通常是为适用于不同森林经营规模而制定的。但是，需要认识到，对小规模森林经营者而言，他们使用标准有一定的难度，需要有一个单独的指南。

（2）适用性：某些标准要求对小规模森林经营单位不适用或不可行。这些要求可能与森林的景观价值有关，单个的小规模森林经营单位是不能达到这个要求的。对小规模森林经营单位的经营规划和文件的要求很详细，这增加了经营者的负担，而且对其提高森林经营水平意义不大。对小规模森林经营单位来说，可持续采伐量也难以达到。

（3）长度和语言：标准文件通常冗长。标准要求常常频繁地用复杂的技术语言来描述。森林经营者不能清楚地了解标准的具体要求是什么，在实施标准之前需要对其进行解释。某些标准要求在不同地方重复阐述，增加了标准的长度。标准的长度和语言对使用者造成了一定的障碍，因为时间是有限的，也会把某些没有接受过正规林业技能培训和较低文化水平的人排除在外。小规模森林经营单位的所有者，很少有专业的林业人员，特别是在发展中国家，他们兼顾森林经营和其他的工作。同大中型规模的森林经营单位的经营者相比，他们更容易被标准的语言排除在外。因此，标准的长度和语言对小规模森林经营者的影响更大。

如果不解决这些问题，认证体系就可能对小规模森林经营单位造成歧视。为了避免这个问题，重要的是在体系内要有一套机制来减低障碍，例如：

（1）针对小规模森林经营单位进行标准解释的指南；

（2）制定针对小规模森林经营的简化版，对标准进行合理的简化（但不降低要求）；

（3）某些类型的联合认证体系为小规模森林经营单位的森林类型和规模设计了专门的标准。

注释：

1. 森林认证标准（或任何其他标准）名称中使用"可持续"术语时有一个问题，它们都想把名称与某个声明相联系。这是因为 ISO 指南指出："现在还没有一种明确的方法来衡量可持续性或评定其绩效。因此，不应做出任何可持续性声明"（ISO14021，第5.6条）。在对标准进行讨论时，使用"森林可持续经营"（SFM）是可以接受的，但在与认证有关的声明中应该避免使用这种措辞。

2. 本书没有提供参与标准制定程序方面的实践指南，但这类指南可以在从以下网站获得：制定森林管理标准指南（Scrase and Lindhe，2001，www. taigarescue. org），或世界银行—世界自然基金会联盟，能力建设探路者工具包（www. piec. org/pathfinder）。

（董珂译　王虹校）

4 认 证

认证是确认森林及其管理符合某一特殊标准的一个手段。认证过程基于从被评估机构及被评估的森林收集到的客观证据来验证标准的每一项要求都已达到。证书一经颁发，只要是可靠的，它可以被林业机构用来向消费者、投资者、管理者、权益相关者或其他有关方面证实森林的管理符合相关标准。

认证（或确认）可分为两部分（图4.1），它们是：验证是否达到标准要求的技术过程，并由此决定是否颁发证书；确保过程可信性和结果真实性的方法，也就是证书的可信度。

实际上，正如框图4.1所总结的那样，这两部分密切相关，都是构成认证过程的有机组成部分。下面对每一部分进行详细讨论，而林业机构的观点将在第9章阐述。

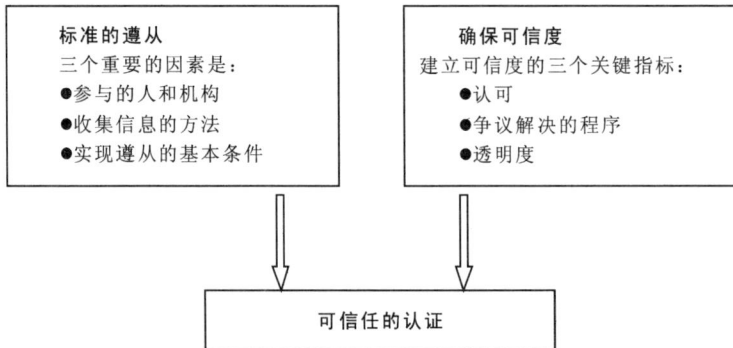

图4.1 建立和实施可靠的认证过程的重要因素

4.1 确定标准是否被满足

认证的技术过程包括两部分：首先，收集证据验证是否达到标准的要求；其次，由此决定是否发行证书。以上均受参与人员的影响。因此认证过程的总体有效性取决于：

(1)人员：负责管理和执行认证的个人或组织。

(2)验证过程：用来收集信息以确定是否达到标准要求的方法。

(3)决议：主要根据是否与标准相一致来做决定的程序，以及随着时间的变化怎样维持决定。

下面将会对以上这些方面进行详细讨论。

4.1.1 负责认证的机构和审核员

认证过程的有效性以及认证决议的可靠性将由以下决定：

(1)负责全面执行认证过程并做出最终决议的组织：认证机构。

(2)实际执行评估并收集认证决议所需信息的人员：审核小组或评估小组。

以下将详细讨论这两者。

框图 4.1 认证过程

实施认证的具体方法根据认证体系的不同而变化。然而，以下要点陈述了大多数认证体系的主要步骤。认证过程将在第 9 章详细阐述。

对于联合认证的森林所有者而言，程序会有所不同，因为只有群体的管理者要通过认证过程。

申请和提议

对于所有的自愿认证，第一阶段都是有兴趣进行森林认证的森林经营者或团体向认证机构提出申请，且认证机构准备了建议书。

预评估和确定范围

认证机构一般对认证申请者作一个简单的初步考察，主要有三个目的：

(1) 确保申请者了解认证的要求；

(2) 为主评估做计划；

(3) 确定申请者当前经营与标准要求的主要差距。

弥补差距

申请者解决当前经营和认证要求的差距，直至他们确信自身的经营已经符合标准的要求。

主评估

主评估是确定是否符合标准的主要时机，将在第 9 章详细讨论。它通常由评估小组实施，评估小组的工作就是收集能够证明是否符合标准要求的客观证据。客观证据的收集主要包括文件评审、实地考察和咨询。当发现与标准有不符合之处时，一般要提出矫正要求，并由申请者进行矫正，以达到完全符合标准。

报告和认证决议

评估小组并不就某一森林是否被认证做出决议，而是根据评估结果出示一份报告，报告展示评估的结果和对认证提出建议。

根据报告，由工作组或委员会做出认证决议。为减少腐败，工作组或委员会都不直接参与评估。在送交最终审议委员会之前，报告将由专家(同行专家)再次评议，对认证过程和结果进行独立反馈。

认可机构要能够随时获取报告。报告的部分内容或全部内容是对外公开的，以便权益相关者能随时获取认证信息。

监督

认证过程相当重要的一部分就是对被认证森林进行实时的监督，监督有两个目的：

(1) 时刻保持与标准相一致，确保业绩达到标准要求的水平；

(2) 根据矫正要求需要改进的地方，监督其进展情况。

4.1.1.1 认证机构

认证机构，或者被称为注册机构(尤其在北美)。大多数认证机构是商业公司，有一些是大型国际组织，还有一些是小型国有公司；但是也有一些认证机构是非营利性组织，比如研究机构或者是非政府组织。一些认证机构认证几个甚至上百个不同的标准，而其他的机构只在某一领域从事认证。

以上任何一种模式都能很好地运行。一个认证机构最需要考虑的就是它必须与被评估的组织完全独立,以确保真实的第三方审核。

对某一标准进行评估或认证有三种途径:

(1)第一方评估是由组织自身执行,经常被称为内部审计。

(2)第二方评估是由与被评估组织有某种联系的其他组织执行。一个常见的例子就是供应商审计,一个公司对其供应商进行审计。

(3)第三方评估是由与被评估组织没有任何联系的组织执行。

第一方和第二方审计对公司内部以及公司之间的交流非常有用,但是,它们不是认证过程。许多组织都有内部审计程序,并且,事实上,它也是 ISO 9000 和 ISO 14001 系统标准的要求。然而,很明显,第一方和第二方评估不是独立的,因此,可信的认证体系是第三方的评估。

国际标准化组织出台了一系列的文件,判定了建立和运行认证机构的程序(框图 4.2)。随着标准化的发展,这些规定在多年经验的基础上得到了进一步的发展,并为认可机构和认证过程提供了基础。

框图 4.2   国际标准化组织(ISO)对认证机构的要求(ISO 指南 62 和指南 65)

有两个 ISO 指南对运行认证体系的认证机构做出要求。指南 62 主要针对那些基于系统的标准而提出的要求,而指南 65 主要是针对那些基于产品(或绩效)的标准而提出的要求。两个都与林业相关,一些主要要求总结如下:

组织

总体要求包括:不得歧视认证申请者;不得妨碍或阻止进行认证的权利;任何申请者都有权享有服务;没有不适当的财政或其他要求。(指南 62,条款 2.1.1;指南 65,条款 4.1)。

具体要求包括:公正;认证决议与认证评估的责任分离;决议不受商业或财政压力的影响;确保相关机构的活动不得影响机密性、客观性和公正性;不能向认证申请者提供咨询服务和为他们提供解决认证方面的障碍所需方法的建议。(指南 62,条款 2.1.2;指南 65,条款 4.2)。

质量体系

这包括能够记录和运转一种有效的质量系统以适合执行工作的类型、范围、数量所必备的条件。质量管理系统必须包括认证机构人员的录用、选择和培训程序及对其业绩进行监督;处理不符合项、确保矫正和预防措施的有效性;执行认证/注册过程的程序,包括颁发证书的条件、认证文件的保留和收回;监督和再评估程序;处理申诉、抱怨和争端的程序(指南 62,条款 2.1.4;指南 65,条款 4.5)。

认证条件

认证条件包括明确指出准予、维持、延长认证所需的条件,以及在什么条件下将会收回或暂停认证;记录并在被要求的情况下公开认证评估、监督、再评估的程序,以及找出不符合的地方和矫正行动的需求(指南 62,条款 2.1.5;指南 65,条款 4.8.1)。

（续）

> **人员能力**
>
> 　　包括认证机构人员能力所需的最低的标准，包括认证机构人员相关资格、培训和认可机构人员的信息需予以保留；规定审核员和技术专家要符合的最低标准；规定基于能力、培训、资格和经验来选择审核员、技术专家的程序；确保审核小组具有相关的和适当的技能(指南62，条款2.2；指南65，条款6)。
>
> 　　*来源：ISO 指南62：执行质量体系评估和认证注册机构的通用要求。ISO 65：执行产品认证制度的机构的通用要求。*

　　认证机构的质量和独立性对整个过程的技术成功和可信性而言都至关重要，以至于大多数认证体系都需要通过一个称作认可的过程来完成"认证者的认证"。本章将对此进一步讨论，并在第5章详细讨论。

　　上述途径的一个特例就是由认证体系执行认证评估，认证体系并不总是直接执行认证活动，因为这经常被证明是效率低的，也在整体上减少了体系的独立性。但是，体系刚刚建立且需要得到经验和客户时，也会采用直接认证。在这种情况下，对认证机构的所有要求和限制必须被执行。

4.1.1.2　评估小组

　　为确定与标准的一致性，评估小组负责收集和分析信息的大部分技术过程。因此，小组的能力是认证过程有效性的基础。这种重要性反映在国际标准化组织(ISO)为评估小组成员提供的具体指南中(框图4.3)。这些指南是概括性的，因为它被用于各种类型的认证，但是包括了进一步制定针对部门所需的指南的要求。

　　评估小组具有一系列重要功能(接下来将对每一功能进行进一步讨论)，它的组成结构必须确保其能充分执行各项功能：

　　(1)标准的解释：对于被评估的森林经营单位的具体状况，标准总是有各种不同程度的解释。

　　(2)收集客观证据：为了充分找出和收集客观证据，包括收集多少才能够做出决定，小组成员必须具有足够的专业技能。

　　(3)识别并为不一致性(不遵从)设定权重：小组必须能够识别与标准的不一致性，区别这些不一致性的主次关系。

　　为执行这些不同的功能，至少需要两类人员：

　　(1)审核员：小组必须包括一名有能力的审核员，能了解怎样审核以及解释标准。大多数认证体系对审核员的培训有特殊要求，这通常包括理论和实践方面的双重培训：

　　①审核员在培训课上进行理论培训；

　　②实践培训是通过评估观察，以及在其他有经验的审核员的监督下来实施评估。

　　(2)行业专家：小组必须包括一名有足够技能的行业专家，能够：

　　①对标准所需条件/要求进行适当解释并作出准确的判断；

　　②评估是否满足标准的要求。

　　这些专业技术可由那些同时也是部门专家的审核员来提供，也可由审核员和部门专家共同提供。任何一种情况下，在评估森林经营是否符合标准的问题上，小组成员必须保证由具有法律、技术、环境和社会问题方面知识背景的人员组成。

4.1.2 决定标准所需条件是否被满足:审核的方法

认证决议必须有清晰的、严格的、客观的证据来支持,证明符合标准要求。很多因素都会影响到收集和应用客观证据所用的方法是否适当:

(1)寻找的客观证据的类型;

(2)用来选择实际检验对象的取样方法;

(3)系统执行与产出证据之间的平衡;

(4)解释标准的方法;

(5)识别及处理不符合项。

这些将在下面分别讨论。

框图 4.3 ISO 对评估小组人员的要求

关于 ISO 对认证机构人员的要求(ISO 指南 62),认证机构应:

(1)确定相关人员能力的最低标准以保证评估和认证的有效进行(条款 2.2.1.1)。

(2)保留认证机构人员相关资格、培训及经验方面的信息(条款 2.2.1.2)。

(3)为认证人员提供清晰的文件指示,说明其任务和责任(条款 2.2.1.3)。

(4)确定审核员和技术专家在能力上应具有的最低标准(条款 2.2.2.1)。

(5)具有基于能力、培训、资格和经验基础上选择审核员和技术专家的程序(条款 2.2.3.1)。

(6)确保审核小组的技能是适合的(条款 2.2.3.2),包括:

✓ 熟悉应用的法律条款、认证程序以及认证条件;

✓ 对评估方法和评估文件有全面的了解;

✓ 对获取认证的具体活动具有一定的技术知识;

✓ 对进行一个可信的评估具有足够程度的理解;

✓ 能够有效地进行沟通;

✓ 不受任何导致偏爱和歧视因素的影响。

4.1.2.1 客观证据的类型

执行认证评估的评估小组的主要工作就是收集证据(必须清晰且尽可能客观),来确定标准的每一个条件是否得到满足。客观证据有四种可能的形式:文件,森林观测资料,对管理者和工人的访谈,以及从外部团体获得的证据。

(1)文件:文件提供 3 种信息:

①当某些标准明确需要特定的文件时(例如书面的经营方案),我们可以通过直接查找核对文件来找出符合标准的客观证据。

②当标准要求执行某经营行为时,文件显示曾为经营行为作过计划(例如作业程序),这也为提供所需的客观证据做出了贡献,尽管需要通过实地调查或者访谈的形式进一步查证,以确保在实践上与标准要求相一致。

③当标准需要收集和分析有关的信息(例如,森林调查和生长及产量数据,这些构成了

计算可持续生产的基础；事故记录确认安全措施的有效运行；鸟类数量的记录用来监测对生物多样性的影响），文件以记录的形式提供了已经做过的事情的信息。

（2）森林观测资料：信息最基本的来源之一是森林本身。实地调查提供关于当前活动和操作的信息。此外，森林评估的一个唯一特点就是森林总是清晰地显示出事件发生很久以后生物和非生物干扰的影响。因此，如果伐木工人没能留下河边的资源，接下来几年进入该地点的任何人都会发现这一点。对森林进行实地考察能够用于：

①收集证据，证明所制定的计划和程序在实践中是否被执行；

②通过检查数据中样本的正确性来核对所收集数据的准确性；

③核对实地操作者的真正表现，收集与健康、安全、环保、培训相一致的客观证据；[1]

④收集证明森林的状态是否符合标准要求的客观证据，比如说：河岸地区是否完好无损？森林是否进行了疏伐？预防对道路侵蚀的措施是否恰当有效？

（3）管理者和工人：访谈是证据的第三个重要来源，尽管由于人们有时并不总是说出事实，收集的信息也可能前后不一致而使情况变得复杂。然而，有几类信息能够提供客观证据，如：

①如果为满足标准，人们必须知道一些信息，那么他们不知道这些，说明不符合标准的要求；而知道这些信息是证明符合标准的一步；

②如果对同一个问题，不同的人在不同的场合给出相同的答案（例如，在发生意外时做什么），那么这种累积的信息可作为客观证据。

（4）外部团体：客观证据也能从森林组织外部的人员那里收集。这种类型的信息有两种主要用途：

①如果标准需要与社区进行交流（例如，咨询、参与森林活动或睦邻友好方针），那么这一要求是否被贯彻执行的信息需要从对社区人员的提问中收集。

②评估总是在很短的时间内进行（几天，最多是一周）；因此，如果有季节性的或短暂的问题，在评估期间可能不会发觉。然而，如果问题很严重，就很容易在询问的过程中被当地居民或组织提出来。

4.1.2.2 取样

不管从哪个来源收集客观证据，评估小组不可能检查到所有方面（除非是面积最小的森林）。因此，小组成员要采用从群体（或森林）中抽取一定比例样本的调查方法，这是森林认证实践中通常采用的方法。

抽样是一种有效的方法，因为从群体中随机选取样本，若这个群体足够大的话，这些样本在整体上将是群体的一个合理有效的代表。例如：如果这个"群体"是采伐地点，那么考察足够数量的、随机选取的采伐迹地将会很好显示出所有地点的采伐情况。因此，为取得有代表性样本，我们要考虑两个因素：样本与整体的比例和选取样本的方法。

（1）样本的大小：所取样本的数量越多，其结果就越接近整体。然而，如图4.2（a）所示，到达某一值以后，再增加个体的数量，对整体的准确性提高不大。与此同时，如图4.2（b）所示，每增加一个样本其成本是直线上升的，所以过量的样本将会导致投资报酬迅速递减。

因此，样本的大小应在统计有效性的需要和成本之间达成平衡。一般情况下，整个群体内部差异性越大，为确保结果的可靠性，就要选取更多的样本；同时，反过来，若差异性很小，只需很少的样本数量就能很充分地描述出整体的情况。

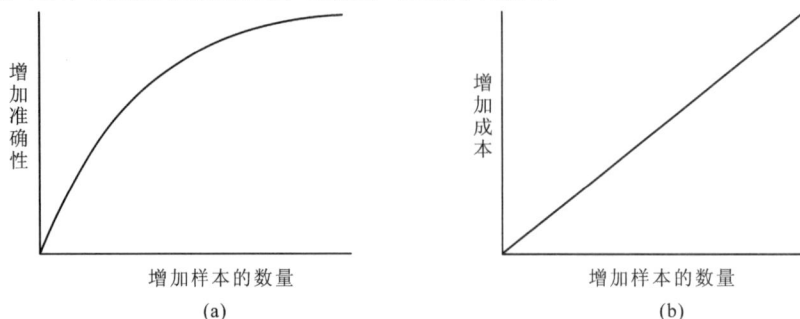

图4.2 样本数量的增加对(a)评估结果的正确性和(b)评估成本的影响

（2）选取样本：统计理论一般是基于这样一种假设：样本的选取是随机的，没有任何偏见。选取上的任何偏见可能会降低结果对整体真实情况的反映，因此由这样的样本所得出的结论是不能被广泛接受的。避免这种偏见的一个办法就是采用完全随机抽样的方法。在实践中，审核时抽样很少能够完全随机，但是，不带偏见取样是非常重要的。主观或是定向的抽样容易导致显著的偏见，以至于会破坏审核结果的统计有效性。

举例来说，如果允许被评估的组织自己抽样(例如，查看有关文件或是访问采伐地点)，它几乎一定会选择最好的情况，并且，排除任何与标准不一致的因素，给予一种符合标准的错误印象。

尽管独立认证机构自己取样，若其在选取样本时采用很主观的方法也是很危险的。

例如，审核员可能为了一天调查的次数多而选取最近的地点。然而，很有可能这些周边地点也是经营者经常参观的，因此也是经营最好的。如果情况是这样的话，那么审核员所获取的信息就是不准确的。在任何一种情况下，如果只抽查附近的地点，审核员不具有适当的统计基础来将其统计结果延展到整个森林。

另一方面，如果应用完全随机的方法进行抽样，可能会出现这样的情况，即调查的前两个地点难以到达以至于可能就没时间调查其他地点了，或者所有随机选取的样本只在被评估面积的一半之中，或者是没有样本在一些权益相关者要求核查的面积内。

因此，一般认为比较合理的方法是运用分层的形式或是定向抽样以确保足够的覆盖率，再加上随机选取的方法。事实上，在某种情况下，为查清抱怨或者是可能存在问题的地方，是一种不错的方法。然而，采用这种方法应该有充分的理由，并且统计结果的可靠性是为人所了解的。

4.1.2.3 证据的评估

基于体系的评估和基于绩效评估间的主要不同，就是如何平衡在4.1.2.1节中所提到的四种可能途径中的每一种所收集到的客观证据。两种标准类型的评估过程的第一步是相似的：

（1）评估小组必须评估被审核的森林机构打算做什么，怎么做等。这些主要是通过核对文件和采访员工来完成的。基于收集到的信息，评估小组需要确定所做的计划是否充分满足标准的条件。

(2)这时有必要来收集客观证据来证实计划已被执行了。这就需要通过实地考察森林，调查作业开展的情况和位置，核对文件记录，与内部和外部权益相关者讨论来实现。

到这里，对体系标准的评估已经是完全的；但是对于绩效标准而言还有最后一步要做，即采取适当的行动，也就是说，标准所要求的绩效水平是通过所采取的行动来实现的。这就意味着基于森林当前的真实状态，从文件和人员那里收集充分的客观证据，以证明当前绩效水平达到了标准的要求。

例如，标准要求所有员工安全地工作：

(1)计划就要为每一位员工提供安全的设备和半天的有关安全工作的培训。

(2)实现这一目标就要建立这样一种机制：设备从哪里购买？谁来授课？授课过程中应涵盖什么主题？

(3)执行情况能够通过已购买的设备和被培训的员工来得到核实(比如，从培训记录、签名表以及员工之间的讨论)。

到目前为止，这些看起来足够了。然而，对于绩效标准，评估小组还需要确定：是否所有的员工进行安全操作，换句话说，是否充分地付诸行动。如果设备未被使用，或者培训课程效果不好，员工仍在进行不安全操作，那么这种行为未达到标准的要求。

因此，确保基于当前森林的真实状态，从相关文件和人员收集到充分的客观证据，以便能够确定所有这些与标准是否一致，这对基于绩效的标准评估是非常重要的。因此，验证绩效标准的一致性比验证体系标准的一致性需要在野外(包括咨询)花费更多的时间。

4.1.2.4 标准的解释

已应用的标准解释有 3 种：

(1)不确切的必要条件：不包括某一森林类型特有的标准，所有的森林标准都包括一些需要在认证评估时进行解释的必要条件。

例如：标准要求文件的"最适"水平。必须基于森林经营单位和森林经营组织的大小和复杂性，来决定对每个森林而言什么是"最适"水平。

(2)满足标准的方法：绩效标准趋于指定需要实现什么，而不是定义怎么实现它。因此，必须确定某一组织为满足某一特殊条件所采取的特殊途径是否恰当。有信息证明该途径在实践中正被应用是最理想的；但是，在某种情况下，这需要几年的时间，这么长时间的延期认证也是不现实的。

例如：标准要求稀有物种要受到保护。审核小组需要确定那些物种是否确实是稀有物种以及保护它们的计划是否恰当。通常是规划需要花一定的时间才能对物种数量产生影响，最终显示该计划是否有效。

(3)平衡相冲突的条件：几乎所有的森林组织都处于如何平衡各种标准要求的局面。必须确定针对不同要求所作的折中选择是否恰当。

例如，标准要求尽量减少化学药品的使用以及保护区要受到保护。为控制外来物种对保护区的威胁，增加中期对除草剂的使用是否恰当？标准要求保持一些本土风俗活动并保护野生动物，那么是否允许本地居民继续打猎？尽管这对野生动物会产生不利影响。

对标准解读的质量取决于所面临问题的复杂性、审核小组人员的知识和专业技术,以及获取额外技术支持的程度和通过咨询获得的信息反馈。大体上,问题越复杂,就会体现出专业技术和观点投入的重要性。

4.1.2.5 不一致性和校正要求

在现实世界中,完美几乎是不存在的,评估组几乎总会找出与标准的一个或几个条件不一致的证据。处理这些的正常方法就是通过发出校正要求(CSR),列出不符合标准的具体内容以及对所要采取行动的要求。

经验表明,不一致性的严重程度差异很大。有一些非常严重的在颁发证书前是需要解决的。

> 例如,如果审核小组考察了20个采伐地点,并发现有18个采伐地点对河岸保护的标记是不完善的,这是一个很严重的问题,在认证继续之前要解决。然而,若审核小组考察20个点并发现只有一个点标记不完全,尽管这是一个不符合项,但是问题不那么严重,因为这并不说明整个系统有问题。

在授予认证之前要求每一个轻微不符合项都予以解决,这将会显著加大审核耗费的时间和成本。因此,假如问题在合理的(已经同意的)时间框架内被解决,那么较小的不符合项是不应阻碍认证的,这一点在实践中已被广泛接受。

在实际执行时,必须有一种机制能够区分不符合项的严重与否。这主要是通过对主要与次要不符合项的分类来实现的:

(1)主要不符合项源于与标准必要条件的完全不符,或是源于在执行计划或规程时所产生的体制障碍。

(2)次要不符合项源于与标准条件不完全符合,或源于在执行计划和规程时孤立的、非体制性的障碍。

主要不符合项的例子包括:

(1)经营天然热带林的公司,没有书面的采伐经营规程,且没有运用低影响的采伐技术。

(2)经营人工林的社区组织,违反《国家人工林采伐规范》,在河流周边地区照常使用化学除草剂和杀虫剂。

(3)在实施方案中,联合认证的成员不采取措施以保护或提高生物多样性。

次要不符合项的例子包括:

(1)经营天然热带雨林的公司,承包人之一被发现没有全面实施公司的经营规程以降低采伐的影响。

(2)经营人工林的社区组织,两名员工不知道除草剂的施用地点应与河道保持一定的距离。

(3)在实施方案中,十分之一的联合认证成员没有按经营计划实施生物多样性保护措施。

很明显,主要和次要不符合项有时很难划分;因此,审核员要受过良好培训,并且对如何应对这种情况有明确的指导方针是很重要的。

若被确定为主要不符合项,则必须在授予证书之前进行解决;若被定为次要不符合项,则可以授予证书,前提是次要不符合项在双方协商的时间内得到处理。需要认证机构对此进行核查,并作为其监督工作的一部分(参看"诉讼程序和解决方案")。

4.1.3 做出和维持认证决定

做出认证决定必须建立在与标准相符合的基础上,且只有在继续符合标准的前提下认证才能保持。实现这一点需要两个主要环节:

(1)决策:需要有一套完整的机制来完成最终决策,从而颁发认证证书。

(2)监督:认证机构需要一套机制对已经被认证的森林继续进行监控,以保证其仍符合标准,这个流程通常被称作监督。

这两个问题都将在下面进行讨论。

4.1.3.1 决策程序

ISO 发布的认证决策指导方针提供了非常完善的基础。强调决策必须建立在客观证据基础上,而且最终认证必须总是由被评估者无关的个人或组织决定(ISO 指南62,条款2.1.2)。制定这个要求是为使评估者所受到的恐吓、贿赂或其他不适当因素影响的风险最小化。

与其他的要求相结合也有利于决策过程的进行,例如最终报告同行评审的要求,或由某个专门的审议小组做出最终决策。以下几条都有助于提高认证的独立性:

(1)收集到的客观证据很充分;

(2)关于证据的解释很合理;

(3)符合标准。

同行评审,是指一个或更多的独立专家对认证小组提出的认证报告和建议进行检查的过程。这种方法在最终认证决策小组对所审议的特定森林类型和地区没有相关经验时尤为重要。在这种情况下,同行评审为最终决策小组起到"部门专家"的作用。

4.1.3.2 监督

认证过程在颁发证书时并没有完成,认证是一个持续的过程。颁发证书的认证机构需要保证在整个证书有效期内(通常3~5年),该组织始终符合标准。

这个过程通常被称作监督。如果监督没有执行,各机构可能在获得认证证书后,立即违反规定运作,却声称他们的认证在之后的5年内继续有效。然而,如果监督能有规律地进行,当有些机构不依照标准运作时,认证证书可以被收回。

除了对是否仍然遵从标准进行通常的检查之外,在监督审核时,还有很多其他项目需要持续地监测:

表 4.1 认证决策中建立可信度的机制

透明度	认可	投诉程序和解决
认证过程和决策由独立机构进行系统检查,以保证认证决策的合理性	如果相关的方面关注认证过程和结果中特定的问题,他们能够得到答复	相关方面能得到充分的信息,来判断该认证过程和决定是否合理

(1)任何明显的微小修改行动请求都必须被监测,以确保他们在达成共识的期限内完成(否则他们就等同于主要的矫正行动要求,如果问题不能解决,证书将被收回);

(2)发现新问题,而且提出新的整改请求;

(3)任何法律或认证标准的变动(通常至少每5年修订一次)必须贯彻执行;

(4)任何与认证组织相关的、来自权益相关者的意见和投诉必须予以处理;

(5)任何林业机构或林区的变动都必须被监测。

因此,认证过程必须包括定期的监测和监督访问,包括对这些频繁访问的指导、参与的人员以及监督审核的办法。同时,如果被认证的机构不能遵从标准时,也需要有暂停和收回证书的机制。

4.2 确保认证过程和决策中的可靠性

显然,认证过程和决策中的可靠性有赖于4.1节中提到的各个步骤的贯彻执行。其中一个最重要的机制就是认可。除了认可之外,完善的投诉机制和合理的透明度也是确保可靠性和可信性的一些手段(表4.1)。

4.2.1 认可

认可是国际上接受的原则,用来确定认证机构是否可信、独立和运作正常。认可能够避免一个组织轻易地决定要成为一个认证机构并颁发证书,而不考虑他们的资历和能力。认可的目的在于确保所有的认证机构在一定水准上运作,使认证的方式具有一致性,更重要的是,不同的认证机构所得出的结论一致。

因此,认可是"认证机构的认证"过程。认可对于认证过程的可信度如此重要,以至于被认为是认证体系的三个要素之一,这些将在第5章中详细讨论。

框图4.4 解决认证过程或认证结果的投诉

> 1. 认证机构指派的人员应负责处理投诉和指导投诉,使所有客户和权益相关者都能采用。
>
> 2. 接到的投诉应传达给负责投诉的人员,并记录在记事簿或日志中。之后应交给合适的人员以供调查。
>
> 3. 投诉者应被告知调查正在进行,过程如何(包括时间)和负责人。如果投诉人是权益相关者,很重要的一点是,需要向他们阐明在被告知尽可能多的结果时,他们不能得知关于客户的机密信息。必要的情况下,应从投诉者那里获得更多的信息。
>
> 4. 调查完成后,结果应该与必需的行动建议一起备案,并应该在认证机构内部以及与外部的投诉人之间交流。如果投诉人是利益相关者,机密信息不应包含在内。
>
> 5. 如果投诉者对结果不满意,则需要一个上诉机制。应为此建立完善的流程,备有证明文件,任何投诉者都可以使用。上诉应由认证机构中的上诉审议小组处理,这个独立的上诉审议小组由认证机构或认证系统本身指定。

4.2.2 投诉程序和解决

尽管认可非常重要,人们认识到仍然需要提供一个机制来处理对认证决策的反对意见,反对意见可能来自被评估的组织或第三方。

仅对投诉做书面记录通常是不够的。ISO 指南明确指出了认证机构"应该具有解决投诉、上诉和争议的规定和程序"（ISO 指南 6.2，条款 2.1.2），并为这些程序的建立提供了指导。

森林认证的第一个 10 年的经验表明，森林认证中的投诉非常普遍，与其他行业的认证相似，认证机构（和，直至认可机构）不能充分回复投诉，会导致整个体系可信度的降低。因此，拥有有效的处理和解决投诉和争议的机制尤为重要。框图 4.4 展示了投诉流程的大致情况。

4.2.3　认证过程的透明度

关于技术标准，例如产品安全性和质量等，通常依赖于认可和一整套投诉机制来制定，以提供认证的可信性。然而，随着更为复杂的标准的出现，除了技术上的要求外，也出现了社会和生态方面的要求，人们意识到，要实现认证的可靠性需要使感兴趣的群体能直接获取有关认证评估过程和结果的信息。这样他们就可以自己判断是否能够接受认证结果。但是，这就相应引发了一系列新的问题，其中最重要的有：

（1）机密性：森林管理者和企业需要能保证敏感信息的保密性。

（2）成本：增加透明度需要在审核方面花费更多的时间和资源，所以这将有一定的支出。

二者都需要在更高透明度的利益基础上取得平衡。很多机制都能保证透明度，包括认证机构提供信息、咨询和参与、提供公众可用的信息等。这些都将在下面进行讨论。

4.2.3.1　认证机构信息

认证机构信息很重要，因为它能帮助相关当事人来确认该组织的诚信度和独立性。ISO 指南 62 为信息供给提供了指导方针（框图 4.5）。

框图 4.5　ISO 关于认证机构提供信息的指导方针

> ISO 指南 62，条款 2.1.7.1 中，列举了认证机构需要提供、更新和根据需要提供以下信息：
>
> （1）关于整个产品认证系统的书面陈述，包括对于证书的承认、更新、保持、扩充、延缓和收回的各项规定；
>
> （2）关于评估程序和认证程序的信息；
>
> （3）关于该机构如何获得财政支持的描述，以及关于向申请者和受认可产品的厂商收取的费用等常规信息；
>
> （4）关于申请者和受认证产品的厂商拥有的权利和义务的描述；
>
> （5）关于争议、投诉和上诉的处理过程；
>
> （6）获得认证的产品以及生产商的目录。

4.2.3.2　咨询和参与

咨询和参与包含在认证体系的各个步骤中，这使得在各个步骤中如何正确运用咨询和参与变得复杂起来。框图 4.6 简略描述了咨询和参与在整个体系中所起的作用。下面将论述咨询和参与在认证过程中的作用。

认证是一个技术性的过程，所以咨询通常被认为比参与更合适，因为后者可能会妨碍过程的独立性。而咨询能起到一系列重要的作用，这些作用都在前面几章中阐述过，具体

包括:

(1)通过与被咨询者交流提供有关遵从和不遵从标准要求的客观证据(参见"客观证据的类型");

(2)关于受评估组织的基本信息(参见"客观证据的类型");

(3)对于那些审核员也不太清楚的问题进行识别(参见"客观证据的类型");

(4)对于被认证的机构所遵照的标准予以解释(参见"客观证据的类型");

(5)对最终决策可信度的贡献(参见"认证决策的制定和维持")。

咨询的效果差异很大。影响其效力的两个重要因素是:

(1)咨询人员的多样性和代表性:对于大多数认证流程来说,都有着很大范围潜在的咨询者,包括政府、工厂、当地社团、当地居民、环境和社会非政府组织、贸易联盟和工人。样本越有代表性,咨询流程可能越有效。然而,这也意味着更多的成本;因此,需要对所选择的策略有一个清楚的判断。

(2)咨询方法:有很多种咨询的方法,包括写信、发电子邮件、打电话和私人或公众会面。不同的情况需要采取不同的手段,所以不存在单一的正确方式。但是考虑合适的咨询途径是很重要的。

例如,利用写信的方式进行咨询,在文化程度较低的社区得不到良好的效果,而采取面对面地讨论就比较合适。在林业部门管理者出席的会议上,当地居民可能会感到不安,不愿意在这样的场合讨论细节,而更愿意与评估组单独会面。

既然有这么多可能咨询方式,而选择正确的手段要视情况而定,那么认证机构拥有以下清晰的选择程序就显得非常重要:

(1)可能的咨询方式;

(2)对于特定的情况,能够确定最合适的一种方法或几种方法。

对审核员进行适当的培训也很重要。

框图4.6 认证体系中的咨询和参与

参与和咨询的需要和重要性已经在森林认证中得到了广泛的讨论(Ervin,1996;世界森林与可持续发展委员会,1996;Prabhu 和 Colfer,1999;Higman 等,2004)。尽管如此,却经常搞不清楚认证体系中何时需要参与和咨询。这个框图概述了认证体系各主要组成部分中与咨询和参与相关的内容。更详细的内容可参见引用的章节。

在标准的制定过程中(参见第3章,3.1节),认证体系:	(1)提供技术信息。 (2)为决定如何清理不符合项提供支持。 (3)为决定如何平衡利益冲突提供支持。 (4)确保标准获得支持。
为满足林业机构执行标准的要求(参见第3章,第3.2节),认证体系:	(1)提供当地机构和权益相关者交流的基础。 (2)提高公平性和赋权,有助于可持续发展。 (3)有助于对社会影响的管理。 (4)在平衡社会、经济和环境的需求冲突中提供支持,这些责任需要林业管理者来承担。

（续）

作为认证过程的一部分（参见第4章，第4.1节），认证体系：	（1）为受评估的机构所遵循的标准提供解释。 （2）为评估小组提供有关被评估机构的信息。 （3）与被咨询者交流提供有关是否符合标准要求的客观证据。 （4）为最终决策的可信度做贡献。
作为认可过程的一部分（参见第5章），认证体系：	（1）为认可机构提供与认证机构相关的信息和客观证据。 （2）为认可过程的可信度做贡献。

4.2.3.3 公开的可用信息

最后，提供公众可用信息能够提高透明度。透明度水平取决于信息的数量和质量。评估中能提供的信息量变化幅度很大，可以从最小的、只公布被认证森林的名称、大小和位置，到发布评估的全部结果。这两种极端情况都存在缺陷。

仅提供森林大小和位置的实际信息对提高透明度起不到什么帮助，尽管这样做成本很低。发布全部结果做到完全公开成本很高，费时而且可能会泄露机密信息。

总体来讲，排除机密信息，剔除不必要的细节，然后提供有关结果的部分信息，这样才能大大提高透明度，而且明显地减少成本。

在决定公开多少信息时，有两个关键因素需要考虑：

（1）机密性：大多数组织都有一些需要保密的信息，如个人隐私，或商业机密。尽管这些信息将被评估小组所知并写入详尽的报告中，但要求被认证的组织公开这些信息通常被认为是不合理的。因此，通常不公布全部结果。

（2）成本：公共报告中所包含的信息越多，编写和散发的支出就越大。而且，公共报告必须更加准确地编写，才能够确保被人们完全理解，因此必须剔除缩写词和当地的或公司内部的行话。当森林面积较小时，支出也会成为一个特殊的问题，但应提供全方位的信息。

因此，有必要决定能公布多少信息而不破坏可信度和增加额外支出。就这一问题有一个清晰的指导方针很重要，它能够决定多少信息必须被公布，以及相关群体如何能得到信息。

4.3 小型林业企业认证

对于小型林业企业（SFEs）认证的障碍分析表明，认证过程的复杂性和成本是认证的最大障碍（Nussbaum 等，2001）。

然而，分析结果也表明，有很多方法来减少这些障碍，其中最重要的一种方法被称作联合认证。如果设计合理、运作有效，它就能为小型林业企业的认证提供一种可信和成本有效的机制。联合认证将在第10章详细讨论。

注释：

1. 认证过程不应包括收集原始监测资料，例如生长和产量、水的流量或鸟类、动物的数量等。这些数据可能是需要的，但必须由林业管理者收集，或以他们的名义收集。评估组的任务是检查和确认数据，而不是收集数据。这一点很重要，因为评估期通常很短，无法完成任何主要数据的收集。因此，如果这些数据不存在，应被视为不能证明符合标准，而林业管理者应当被要求去收集这些数据。

（刘晓东 译 王虹 校）

5 认 可

认可是这样的一个过程，它能提供确保认证机构有足够的能力，符合体系的所有要求，并且它的评估和决策有效和合理，并与其他使用同一标准的认证机构所得到的结果一致。实际上它就是"认证机构的认证"，但经常与认证本身相混淆。

更正式的概念是国际标准化组织(ISO)关于认可的定义："权威机构正式承认某组织或个人有能力完成某些任务的过程"(ISO 1996a)。

认可通常被认为是可信认证的必要组成部分。如果没有认可机制，任何组织都能自称为认证机构并发放证书。认可避免了这种情况的发生，如果运作良好，就能确保被认可的认证机构一律高标准工作。这也随之赋予了被认可的认证机构所颁发证书的价值。如果认可标准不高，也就破坏了证书的价值。

一项对于国际质量标准 ISO 9000 的应用所作的分析提供了一个突出的例子，说明高标准认可的重要性。和大多数 ISO 标准一样，认可是国家认可机构的责任，而且几乎全部这样的机构都提供 ISO 认可。然而，不同的国家认可机构的认可能力千差万别。其结果是，一些国家认可机构做出的 ISO 9000 认证不被大部分市场所接受。这些国家通常到国外更有认可能力的认可机构取得认证。

因为认可机构非常重要，认可机构通常在证书上与认证机构的名称和标识一同体现。

传统上，对绝大多数国际标准认证服务的认可通常由国家认可机构进行。然而，随着国际贸易的增长和全球化的发展，许多认证机构都提供国际化认证服务，需要被他们工作的国家所认可。在不同国家进行采购和销售的公司也需要依靠在这些国家的认可服务。这个问题有三种途径能够解决：

(1)认可服务的国际性标准：ISO 已经制定了评估和对认证机构进行认可的国际性标准：ISO/IEC 指南 61(ISO，1996b)。与这个标准相符合就确保认可服务满足了相同的基本要求。指南 61 将被修订的指南 ISO 17011 所取代。

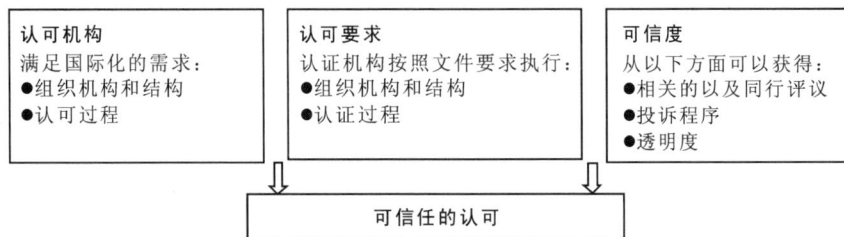

认可机构 满足国际化的需求： ●组织机构和结构 ●认可过程	认可要求 认证机构按照文件要求执行： ●组织机构和结构 ●认证过程	可信度 从以下方面可以获得： ●相关的以及同行评议 ●投诉程序 ●透明度

可信任的认可

图 5.1　认可体系的组成

(2)国家认可机构间的相互认可：国家认可机构可以在国际上得到相互认可。例如，在全球水平上，有国际认可论坛；在区域水平上，有欧洲认可机构。这些机构允许认证机构在获得认可的情况下，能在多个国家开展工作，同时，这也保证了多个国家的认可机构都使用同样的标准。

（3）国际机构提供的国际范畴的认可：认可也可能由国际性认可机构提供。这些国际性机构通常都只负责某个领域，例如国际有机农业运动联盟（IFOAM，2001）和社会责任国际组织 SA 8000（SAI，2004）。这些国际性认可组织中很多都是国际社会环境认证和标签联盟（ISEAL）的成员。

为了阐述认证体系的认可要素，需要说明认可的三个要素（图5.1），分别在下面作了详细讨论：

（1）认可机构的要求：包括认可机构内部的管理指南以及包括对认证机构业绩的持续监督的认可流程。

（2）认证机构规则：认可机构必须就认证机构内部组织，以及认证机构的认证过程做出全面要求。当认可范围中包含了特别复杂的活动时，这些要求尤为重要，比如在森林经营认证时就是如此。

（3）可信性：由于认可的目的是保证认证的可信度，认可机构自身的可信性就非常关键。认可机构可以通过履行认可机构的规则和为认证机构（以上提到的）制定全面的规定来获得可信性，也可能通过与其他机构的合作、建立适当的投诉机制和使自身的活动透明化来提高自身的可信度。

5.1 认可机构的要求

认可机构的要求分为两类，分别在下面说明。第一类是关于认可机构内部组织的要求。这些要求需要符合国际认可标准，来确保认可机构有能力完成认可评估工作。第二类是认可如何实现的，即认可过程。这些要求对于确保认可结果的一致性和可靠性是非常必要的。

框图5.1　评估和认证/注册机构认可所需的关键条件

> 以下是国际标准组织（ISO）有关认可机构组织结构的关键条件概述，从 ISO 指南 61 中摘出。
>
> ***非歧视和可获得性（条款2.1.1.1，2.1.1.2）***
>
> 认可机构的政策和程序必须是非歧视性的，而且他们的服务必须是对所有的申请者都是可获得的，只要这些申请者的活动属于他们所声明的工作范畴即可，而不需考虑申请机构的大小或已经获得认可的机构数量。
>
> ***公正性（条款2.1.2.a，2.1.2.2.e，2.1.1.f）***
>
> 认可机构需要公平运作，而且需要具有证明文件的组织来保证他们的公正性。这个组织必须确保所有感兴趣的团体都能参与有关认可体系内容和功能方面的政策和规则的制定。由其他不参与评估的一个人或几个人来做认可决议。
>
> ***利益冲突（条款2.1.2.1，2.1.2.m，2.1.2.o）***
>
> 认可机构需要有一些政策和程序来区分认可以及他们所从事的其他活动。认可机构以及他们的工作人员应避免受商业、金融和其他能影响到认证过程的因素干扰。相关机构的活动不应影响认证过程的机密性、客观性和公正性。特别是，认可机构不能直接或

（续）

间接地提供已认可其他机构履行的服务、就获得或维持认可做咨询服务，或设计、执行和维持认证体系的服务。

来源：应参考原始文献，来了解完整需求(ISO，1996b)。

5.1.1 认可机构组织

国际认可的标准 ISO/IEC 指南 61(ISO，1996b)有一个关于认可机构的基本要求。框图 5.1 概述了认可机构组织的要求和其运作。这些要求被广泛接受，认为其提供了任何一个部门包括林业部门实施认可方案的合理基础。

5.1.2 认可过程

如同认证过程是基于已制定的评估和决策的规则，认可也是遵循着一个规定的步骤。在实践中，认可步骤与认证步骤很相近，如框图 5.2 所示。

与认证相同，正如在第 4 章中详细讨论过的，认可过程的有效性取决于参与的人员、为确保遵从认可要求而收集信息的方式以及最终的决策。服务范畴是认可的另一个重要问题。这些问题讨论如下。

框图5.2　认可流程

申请　由认证机构向认可机构提出。需要签订一个协议，指明认可申请的范围，以及满足哪些条款和条件的申请者才被评估、授予和维持认可状态。

评价　认可机构对认证机构的组织、系统、流程、认证评估以及决策进行评价。评价小组收集客观证据来证明认可要求是否达到。最后，评价小组与提出申请的认证机构进行封闭式的会议，公布分析结果。

报告　认可机构准备一份评价报告。一份交给认证机构申请者，要求他对报告提出意见。报告阐明评价小组了解到的所有不符合项，并提出改正要求。

处理不符合项　提出申请的认证机构可能被要求在认可批准前完成整改。或者，如果不符合项较少，并在规定时间内完成改正要求，就可以认可。

认可决议　认可决议建立在报告和按要求改正的结果(如果适用)基础上。认可决议必须由一个人或多个人做出，但这些人不是之前参加评估的人员。

监督　认可之后，认可机构继续监督认证机构，以确保认可之前提出的改正要求都已满足，并始终与认可要求相符合，完成后续的改正要求。

5.1.2.1 认可机构工作人员的能力

认可评价的主要目的在于确定认证机构是否有能力依照某种认证标准进行评估。认可评估小组必须能够确定认证机构是否在一个有效组织的机制中和全面的管理系统中运作，是否任用有能力的评估小组，这决定了认证决策的合理性和可重复性。

像在第 3 章和第 4 章中所讨论的，森林认证标准和森林认证过程相对复杂。认可审核员和做出认可决定的工作人员应对此有着充分的了解，以确保对认证机构的评估可靠和一致。

为了满足 ISO 指南 61 条款 2.2(ISO 1996b)的要求，提供森林认证认可的机构应该做到：确定评估和认可人员在森林经营和森林认证方面的最低能力要求，有一套程序来保证其工作人员具有相应的能力，包括录用、培训和继续职业发展。

认可机构的审核员应符合 ISO 关于审计质量体系指导方针第一部分(ISO 10011 – 1：ISO，1990)的要求，和 ISO 关于审计质量体系指导方针第二部分的要求(ISO 10011 – 2：ISO 1991)，他们应该具有较全面的认可活动方面的技术知识，以及足够的理解程度来做出值得信任的评价(ISO/IEC 指南 61，条款 2.2)。

认可机构个人的最低胜任能力依赖于标准本身。与绩效标准认证的认可对比，按照体系标准对森林认证机构的评估需要工作人员具备不同种类的最低胜任能力。框图 5.3 列出了英国认可机构 UKAS(英国皇家认可服务局)所用的标准，该标准用于选择技术专家按照英国森林标准 UKWAS(英国森林保护计划)，对提供认证的机构进行评价。

5.1.2.2　认可评价方法

正如认证评价那样，认可机构在一个认可评价中收集客观证据的方法与其评估结果有着重要的关系。如框图 5.1 中所述，ISO 指南 61 要求认可机构详细说明他们的评价工作和认可程序(见条款 2.1.7.1)。这些应该包括评价小组获得客观证据的方式。

评价小组可从多种渠道收集客观证据。认可评价通常从对认证机构文件的评价开始，来确认所有必要的体系和文件都已到位。然而，其本身不能向认可机构表明一个体系是否在实际运转，也不能说明一个认证机构是否进行了适当的评估。

因此，认可机构通常包含机构评价，由认证机构所评估的组织或机构来评价，来了解工作流程是否正常运行，从而为实践中认证机构的系统是否运行正常提供客观的证据。

不仅如此，一些认可机构还邀请了外界对申请认证机构进行评论。由于在认证过程中使用咨询方法，增加了认可机构了解认证机构的信息来源，有利于发现可能影响认可的一些具体的问题。

5.1.2.3　认可的地理范围

最后一个问题是认可活动的地理范围。正如第 1 章讨论的那样，认可工作通常由国家认可机构来完成，他们为在自己国家工作的认证机构提供认可。

然而，随着贸易全球化的增长，对全球性方法有了相应的需求。这不仅指标准，还包括认可。造成以上情况有很多原因：

(1)许多国际贸易公司如果评估每个国家的认可服务(由于管辖范围不同，这是必需的)遭遇额外的官僚行为，他们宁愿选择一到两个国内的或者国际的认可服务，要求经过认可后发放所有的其他证书(通常由同一认证机构完成)。

(2)许多认证机构在全球开展工作，这样一来，在多个国家寻求和获得同一标准的认可会明显增加成本。由于成本要转嫁到客户手中，最终对被认证的组织来说，认证会变得非常昂贵。

(3)随着标准数量的增加，对于许多小国家和发展中国家，国家的认可服务跟不上新发展的认可服务的需求，而且很多国家不提供这样的服务。在这些国家中，认证机构和要求认证的组织处于不利地位，除非他们能够通过一个现有的认可服务机构来寻求认可和认证。

有三种途径可为认可服务提供广阔的地理范围：

(1)国家认可机构能相互认可彼此的认可结果，这样被一个认可机构认可的认证机构就可以被其他认可机构承认(见5.3.1部分)。

框图5.3　按照 UKWAS 要求对提供认证的机构进行评价的 UKAS 技术专家选择的标准

以下要求是英国皇家认证服务(UKAS)提出的,它描述了愿意参照英国森林标准 UKWAS(英国森林保护计划),负责对认证机构进行评价的认证职员所需的技术要求。有关森林经营和森林认证知识、技术和经验的标准被列出。通用标准没有列入但可从原始文件中获得(UKAS,2001)。

森林认证体系的知识

相关人员应该能够做到:

(1)解释第三方验证的意义和为什么它在国际森林产业市场上变得重要。

(2)描述森林管理委员会(FSC)和森林认证认可计划(PEFC)的主要组成和不同,并描述英国森林保护计划与它们之间的关系。

(3)描述认证机构和认可机构的关系,以及英国皇家认证服务在森林认证认可计划中的作用。

熟悉国际森林可持续经营规则的进展相关人员应该能够做到:

(1)概述1990年以来推动森林可持续经营发展的主要事件和进程。

(2)概述泛欧体系的标准和指标。

熟悉 UKWAS 运作的英国政策和法律规定相关人员应该能够做到

(1)描述英国林业制度上的安排。

(2)描述主要地区与林业相关的法律法规。

(3)概述英国林业标准,以及相关的指导方针和森林实践指南。

熟悉英国森林标准的应用

相关人员应该有一定的近期森林经营的工作经验,对如何解释英国森林标准中有关培育的、环境的和社会的因素具有必要的判断。

理解和解释英国森林保护计划认证标准的要求

相关人员能够概述该标准每个部分的主要要求,识别需要解释的问题和所建议的实际解决方案,并提出证据:

(1)积极参与英国森林保护计划标准的制定;

(2)在重新设计林业体系以符合英国森林保护计划的标准需求方面有积极参与的依据;

(3)主持过英国森林经营的第三方评价;

(4)至少参与三个森林经营的第三方评价。

专业标准

相关人员应该有特许林业工作者协会的成员资格和至少5年的工作经验,能对如何解释英国林业标准中培育的、环境的和社会方面的内容做出必要的判断;或者研究生学位或林业本科证书,至少10年工作经验,以胜任上述工作。

(2)一个被国家机构所认可的认证机构能够在更广阔的地域工作。这必须得到该认可机构的同意,因为它必须确保认可程序能够覆盖更广阔的范围。这个方法被许多国家的国际认证机构和认可机构普遍采用，如支持自己国家认可国际化的美国、瑞士、英国和日本。

（3）认可机构可以是国际化的。这种情况下，认可机构必须有一套体系和程序来确保它的认可适用于被认可的认证机构开展工作的所有国家。

5.2 认证机构的必要条件

认可机构主要任务是确立全面的认证机构组织结构和认证过程。为此，它必须明确地确定所需的必要条件：

（1）认证机构的组织和结构；

（2）采用的认证过程。

这些在第 4 章中有详细的论述。作为认可基础，所有的必要条件和讨论的问题都需要有认可机构的记录。这可以通过认可机构内部文件或认证体系外部文件的形式来实现，但由认可机构使用。

5.3 认可的可信性

正如本章刚开始讨论的，认可的可信性是非常现实而且重要的问题。如果对某一个认可机构产生不可靠的感觉，那么会使其所有发布的认证贬值。

因此，正如认证那样，认可评价和决策应该对感兴趣的和受影响的团体有信用，这是非常重要的。除了在 ISO/IEC 指南 61（ISO，1996b）中陈述的能力、独立和诚信的条件，还有很多获得可信度的方法，包括加盟国际机构、同行评议、申诉程序以及透明度，这些将在下面分别讨论。

5.3.1 加盟国际机构和同行评议

为认可机构提供可信性的方法之一是加盟一个可靠的国际组织。两个这样的组织（框图 5.4），分别是欧洲认可组织（EA，2001）和国际认可论坛（IAF，2001）。它们为国家公认的认可机构提供成员资格。EA 仅对来自欧盟（EU）和欧洲自由贸易协会（EFTA）[1] 的成员国家或者候选国家开放，而 IAF 是国际范围的。IAF 也为认可机构的区域性联合体提供成员资格，而这些联合体的目标包括维持地区多边认可合约，承认成员组织认可的同等性（IAF，2001）。

像 EA 和 IAF 这样的组织的目标是确保通过多边合约，使所有成员达到一致的质量标准。对申请者的评价是基于其他认可机构的同行评价，这些机构已是成员，这样，它既有承担评价工作的技术能力，又有强大的利益驱动来维护标准。

EA 和 IAF 不接受国际认可组织。因此，一些从事社会和环境标准的国际认可组织形成了社会环境认可标签联盟（ISEAL）。ISEAL 联盟的目标是获得国际的认可和其程序的合法性，以提高各成员组织的质量和专业性，维护国际性认可组织的共同利益（ISEAL Alliance 2000）。

国际性认可组织能够设立自己的定期同行评审体系，由另一个国际性认可机构或者一个可信的国家认可机构来进行。

5.3.2 投诉程序

面对下述问题有异议或争议时，有一套处理问题的机制很重要：

(1)关于认可决策来自申请的认证机构或者第三方的异议和申诉；

(2)一个被认可的认证机构的业绩，特别是有关其认证决策的投诉。

ISO/IEC 指南 61 要求认可机构有政策和程序，来解决来自申请者、认证机构，或者与认可处理以及相关问题有关团体的投诉、上诉和争议（条款 2.1.2.p）。与认证机构一样，该机制的目的是为了解决投诉和争议，而不是简单地记录和回复，这一点很重要。

框图5.4　国际认可组织

> **欧洲认可组织的目标**
>
> 　　欧洲认可组织的目标包括在欧洲范围内达成一个统一的认可方法；达成公认的普遍接受的证书；建立和维持各国承认的认可体系的可信度；支持认可标准的顺利实施(EA,2001)。
>
> **国际认可论坛宪章**
>
> 　　国际认可论坛(IAF)宪章表明：
>
> 　　国际认可论坛合作组织是一个国际性的组织协会，这些组织同意在世界范围内，为了实现共同的贸易促进目标而协作。我们是一个重要的世界论坛，目的为了实施一致性的评估而制定原则和付诸实践，并使评估能够达到为市场所接受的可信度。我们通过对机构进行认可来开展工作，这些机构可以认证或注册经营体系、产品、人员和/或检查。
>
> 　　我们推动世界范围内对由 IAF 成员认可的检查、认证或者注册机构所颁发的一致性证书的认可，并通过我们的工作和方案提升利益相关者的价值。
>
> 　　在世界范围内，我们把合作认证机构和利益相关者的代表联系在一起，这些利益相关者通过对公认的一致性认证的接受，来促进全球贸易。
>
> 　　为了世界范围内一致性评估的实施，我们制定和/或承认了适当的程序和实践，并确保能被 IAF 认可机构成员和他们认可的认证、注册/或检查机构广泛应用。
>
> 　　我们广泛地与利益相关者协商来制定我们的工作流程，我们努力实践最好的一致性评估标准，为权益相关方带来有价值的结果。
>
> 　　我们通过与其他重要国际组织和企业团体的联系和合作，对世界贸易产生影响(IAF,2001)。

5.3.3　透明度

ISO 指南 61 条款 2.1.7.1 要求认可机构基于要求提供多种类型的信息。他们应提供如下信息：

(1)认可机构在哪个权力机构下运作；

(2)认可体系的书面说明，应包括准予、维护、延期、降低、暂停和收回认可的规则和步骤；

(3)评估和认可流程的信息；

(4)描述认可机构获得财政支持的方法；

(5)描述申请者和认可机构的权利和义务；

(6)有关处理投诉、上诉和争议程序方面的信息。

这些要求为认可提供了一个基本的透明度，是任何认可体系的基础。

认可的透明度可以用与认证同样的方式来提高。那些申请或已获认可的机构的信息可以是公开的。增加有关不符合性的概要可使感兴趣的或受影响的组织看到是否存在着关键的不足。而结论概要可使感兴趣和受影响的组织对认可的决议提出他们自己的判断。

与认证一样，认可的透明度也应考虑一些因素。应重视机密信息，认可过程的成本一定保持在合理的水平，因为最终这些费用要转嫁到客户身上，因而会增加认证的成本。

注释：

1. 欧洲认可机构(EA)为那些在欧洲地理区域内，能够证明从事认可工作的、国家承认的认可机构提供准会员资格。

（刘晓东 译　王虹 校）

6 产品的追踪和声明

对一些森林管理者，认证的目标是允许他们对其经营森林的质量做出及时的声明，认证要求来自于投资者、政府、权益相关者或当地社区时这点尤其重要。然而，森林认证最大的驱动力来自于对良好经营森林产品的市场需求。因此，建立一种能把产品与其原始生长的森林(或非木材林产品)联系起来的机制是非常必要的。这就是产品追踪、供应链管理，或更普遍地称为产销监管链。这一章主要研究产销监管链和声明。

6.1 产销监管链

把一个声明与一个被认证的森林直接联系起来是十分简单的，而做出产品是由产自经过认证森林的原材料制成的声明要复杂得多。森林产品生产部门的加工过程非常复杂，一旦一个原木离开森林，在它最终被加工成为产品前要经过一系列的制造流程。木材有可能被切割、剥除、削片，降解成纤维，分开装载，很可能不止一次地改变其所有权，而且经过加工和再加工。在这些过程中的任何一个环节，都存在产品可能和一些来自非认证森林的类似原料相混合的风险。

从制造最终产品的厂商观点来看待同一个过程，其原材料可能来自很多供应者，同样，这些供应者又有很多自己的供应者，依次类推。实际上，如图 6.1 所表明的，许多制作过程中的原材料有十个或者上百个来源。

但是，如果做出一个可靠的产品声明，必须对整个生产链进行充分控制，并能够对最终产品的原材料来源有精确的要求，这就需要一定的产品追踪方式或产销监管链。

一条产销监管链是对被认证木材或其他原材料从森林到最终产品的每一阶段都能证实的追踪体系(框图 6.1)。每一次原材料的所有者发生改变或被加工，链条中就会增加一个链接。证明原材料在运输、加工和出售的每一阶段经过认证，没有和来自其他产地的原材料混合或被其"污染"，这一点是非常重要的。

框图 6.1　产销监管链的定义

> 产销监管链的定义包括以下内容：
>
> 在所有的阶段中，对已认证的和未认证的森林产品提供清晰的分离或划分，包括森林起源地、加工、运输、制造和流通阶段(FSC 条例，森林管理委员会，1994)。
>
> 从森林到最终产品的链条，包括采伐、运输、加工和流通的各个环节中，森林产品的管理和其自身的改变情况(PEFC 委员会技术文件 附件 1：PEFC 词汇和定义，2002 年11 月 22 日采用)。

产销监管链通常在生产加工的每一阶段分开执行和控制，如图 6.2 所示。在每一个点能够确保购买、加工和销售都经过严格的管理，保证认证和未认证的原材料没有被混合。这些通常通过一系列的过程共同实现的：

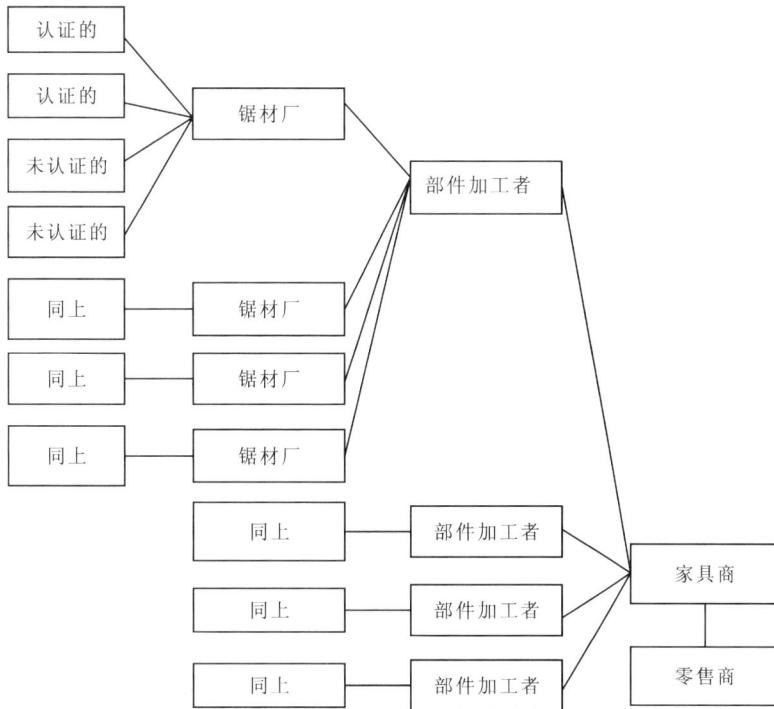

图 6.1　家具制造商供应链条的图示说明这样的供应链是多么复杂

（1）隔离：保证认证的原材料与其他材料隔离，杜绝一切被混合的可能。

　　例如，应该隔离储藏区、生产线、烘干设施或已完成的产品。

（2）确认：确保已认证的原材料和产品清晰标记，减少被意外混合的风险。

　　例如，可识别的认证原木的条码、用不同颜色标记已认证和未认证的原材料，对其采用不同的包装。

（3）记录：为了确保没有未被控制的混合，保存有包括步骤、操作信息和记录的详细文件是十分重要的。

　　例如，所有入库的认证原材料的记录、所有材料加工的记录、制定储藏区分隔规则的程序，以及已订购的和发货清单的产品认证状态信息都应被记录。

第 12 章详细阐明了产销监管链的控制过程。

6.2　声明

　　森林认证的一个最主要的目的，就是为森林经营质量所做的声明提供一个能证实的并且可信的基础。对于森林所有者，设法让其森林经营管理达到规定标准的要求将有助于他们对其当前的客户出售木材，以赢得公众的认可和支持。而且，在某些情况下，有助于吸引借贷和投资，为管理提供资金。对于林产品加工者和木制品零售商，他们生产产品的木材来源于认证的森林会带给他们销售优势或有助于他们的宣传活动。

　　森林认证体系的有效性和长期可信性是至关重要的，因此，任何关于认证森林或者产品认证的声明都应该准确而不令人误解。不准确的声明将迅速毁坏整个体系的价值，因为权益相关者将不会相信其任何声明。

6.2.1   什么是环境声明

国际标准化组织(ISO)认为环境标签和宣言的总目标是：

> 通过传达不是误导可靠的、准确无误的产品环境方面的信息，以鼓励这些产品的供需，这将减轻环境的压力，推动这种潜能来实现市场驱动下的环境不断改善(ISO，1999a)。

有关认证森林的声明符合 ISO 关于环境标签的定义或者宣言(框图6.2)，但形式不同。对于一宗商业交易，买家也许仅仅需要卖家的一个可靠的声明。一个公司向公众出售产品也许需要的只是一个能与消费者简单而有效沟通的商标。

```
┌──────────┐
│   森林   │   产销监管链A
└──────────┘
     ↓
┌──────────┐
│ 木材加工者 │   产销监管链B
└──────────┘
     ↓
┌──────────┐
│ 贸易或零售商 │   产销监管链C
└──────────┘
     ↓
┌──────────┐
│   工厂   │   产销监管链D
└──────────┘
     ↓
┌──────────┐
│  购买者  │   产销监管链E
└──────────┘
```

图6.2 供应链图说明每个组织必须有自己的产销监管链系统及认证

框图6.2描述了 ISO 所认可的一系列不同类型的环境声明。一个关于森林经营管理质量的声明，或者说是一个产品(或者产品的一部分)来源于认证的森林，并不完全属于 ISO 关于环境声明的三个类别。这是因为尽管他们履行类型Ⅰ大多数声明的标准，森林认证只是回答了产品寿命周期的一个方面，也就是原材料生产(Vallejo 和 Hauselman，2000)。这种单一问题的声明与考虑到环境对产品整个生命周期的影响、基于生命周期分析(LCA)的声明不同。

声明是需要可信的，否则它们不能长期有效，反而可能会产生破坏性影响。在这点上，环境声明没有一个特别好的追踪记录，有几个"绿饰"的案例(出于商业利益发出的关于一个产品或公司没有确实根据的环境声明证书)。这导致多个环境声明指导方针的产生，例如英国绿色声明代码(DETR，2000)和 ISO 指南。

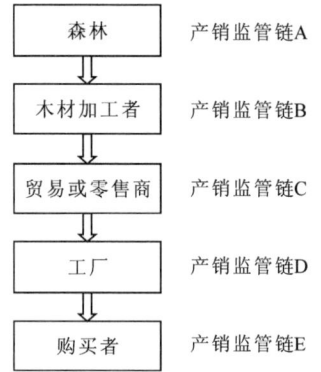

框图6.2   ISO 环境标签和声明的定义

一个环境标签或环境声明是：

……该声明显示着产品或服务的环境方面。

注意：一个环境标签或声明可能以陈述、符号或产品及包装标签上的图解、产品文献、技术报告、广告或宣传等形式公布(ISO，2000b：ISO 14020，条款 2.1)。

环境声明的类型包括以下几种：

(1)类型Ⅰ——环境标签程序(ISO 14024)：自愿的、基于多标准的第三方程序，授予有权在产品上使用环境标签的许可。表明基于生命周期考虑的一个特定产品类别内，在环境方面可以优先考虑该产品(ISO，1999b)。

(2)类型Ⅱ——自我宣布的环境声明(ISO 14021)：环境声明[1]是由需求厂商、进口商、发行商、零售商或任何能够从这样声明中获益的人宣布的，没有独立的第三方认证(ISO，1999a)。

（续）

（3）类型Ⅲ——环境声明（ISO/TR 14025）：基于事先确定的参数的一个产品量化的环境数据（ISO，2000a）。该参数是基于独立检验[2]的系统数据的。该信息以一种便于产品间比较的形式呈现。

注释：1. 陈述、符号或图解表明一个产品组件或包装的环境方面（ISO 1999b）。2. 以类型Ⅲ环境标签为目的而进行的独立查证，不需要引入认证。

6.2.2　声明管理的普遍原则

正如已经指出的那样，声明能服务于不同的目的；但是无论做出声明的动机怎样，都需要考虑 ISO 已制定的一些原则[1]。ISO 对于环境标签和宣言（ISO，2000b）的通用原则在框图6.3 中列出。

6.2.3　关于认证的森林及其产品声明中的具体问题

框图 6.3 中的原则来源于 ISO 14020，与认证的森林及其产品的声明有关。然而，对于森林认证体系，有两个问题特别重要：声明的准确性和产品的生命周期。

框图6.3　ISO 14020 环境标签和声明：通用原则

> **原则1**
> 环境标签和声明须准确、可证实、相关、不会产生误导。
>
> **原则2**
> 环境标签和声明的程序和要求的准备、采用或者被应用不得出于制造不必要的国际贸易障碍的目的，也不得有类似的效果。
>
> **原则3**
> 环境标签和声明必须以科学方法论为基础，科学方法论能够彻底、全面地支持声明，产生准确和可重复的结果。
>
> **原则4**
> 涉及程序、方法和任何使用的支持环境标签和宣言的信息，须根据要求向所有感兴趣的群体提供。
>
> **原则5**
> 环境标签和声明须考虑产品生命周期相关的所有方面。
>
> **原则6**
> 环境标签和声明不得限制能维持或有改善环境状况潜力的创新。
>
> **原则7**
> 任何涉及环境标签和声明的管理要求或信息需要应限于与遵从标签和声明的实用标准有关的必要范围内。
>
> **原则8**
> 制定环境标签和声明的过程应该包括一个开放的、与感兴趣的团体共同分享的协商过程。通过合理的努力在整个过程取得一致。

(续)

> **原则9**
>
> 产品环境方面的信息，以及与环境标签或声明有关的服务须对购买者和制定环境标签或声明的潜在购买者提供。

6.2.3.1 声明的准确性

除了 ISO 14020 中的原则 1，ISO 14021 条款 5.3 规定：

一个不清楚的或者不具体的环境声明，或者暗示着产品对环境有益或者对环境良好的环境声明不得使用。因此，不得使用诸如"环境安全的"、"环境友好的"、"地球友好的"、"无污染的"、"绿色的"、"自然的朋友"和"臭氧友好的"的环境声明。

关于可持续性的声明，ISO 14021 条款 5.5 规定：

有关可持续性的概念非常复杂，仍然在研究中。目前还没有权威性的方法来衡量可持续性或证实其成果。因此，不能做出关于实现可持续性的声明。

这个指南看起来和一个森林是"可持续经营"的或者一个产品的木材来自于"可持续经营的森林"的声明不一致。

6.2.3.2 产品的生命周期

正如在 6.1 节里提到的，目前森林认证体系仅仅用于木材的生产，并没有对木材加工和运输过程的其他环节进行环境声明。这不符合 ISO 14020 的第 5 条原则，原则 5 鼓励考虑到所有环境方面。因此，特别重要的是：关于来自已认证森林的原材料制造的产品的声明仅适用于森林经营，而不能为生产过程的其他环境方面提供参考。

6.3 基于百分比的声明

森林认证体系的另一个非常重要的方面是百分比声明。

对于一些供应链来说，确保每一个生产环节所使用的材料来自于一个已认证森林相对比较简单。

例如，同时生产纸浆和纸张的造纸厂的材料供应，完全来自由同一个公司所有的已认证的人工林就属于这种情况，或者一个家具制造商的材料供应来自于一个锯木场，这个锯木场所有的原木来自两个或三个当地已认证森林。

然而，很大一部分木材和纤维行业的生产包括复杂的原材料来源。特别是削片和纤维产品，例如中密度纤维板、纸浆、纸、纸板和定向刨花板，这些产品的生产需要大量的木材，而这些木材经常有很多来源。在很多情况下，仅使用来源于已认证森林的木材被证明是很困难的。根据区域不同，造成这种困难的原因也不同，但最重要的原因包括：

(1)在一些地区，已认证森林的总面积不够大，以至于不能提供该地区所需要的所有原料。

(2)在一些地区，已认证森林的分布使认证原料的使用需要长距离的运输，这会对产品的经济效益和环境造成负面影响。

(3)在一些地区，未认证原料往往来源于小型和中型的私有林，而这些森林向其他市场供应原料的能力有限。因此，如果他们被排除在供应商之外将是非常不利的。

实木产品的加工也会遇到问题，例如，一个产品的一些部分被认证，但是其他部分未被认证。

显然，长期的解决方法是使更多的森林被认证；但是这种解决方法被广泛认为需要很多年的时间。因此，许多认证体系已经制定了相应的机制，允许对部分采用认证原料的产品进行认证和声明。

允许基于百分比的声明，有四个主要问题需要考虑：

(1)如何控制和计算百分含量？

(2)是否有认证材料含量的最小阈值？

(3)如何处理未认证的含量？

(4)什么样的声明和标签是适当的？

这些将分别在下面讨论。

6.3.1　控制百分含量

如果允许使用基于百分比的声明，出现的第一个问题是百分比指什么。实际上，认证体系可以使用不同方法，包括控制单个产品的百分比，制造过程或生产线上的百分比，以及整个加工过程的百分比。每一种方法及其产品和相关声明的含意将在下面进行讨论。

6.3.1.1　产品中的百分比

当百分比声明关系到单个产品时，需要有控制措施来保证生产的每一个产品中有认证原料的最小百分比声明。实践中，在产品仅包含认证原料时，需要采用与产销监管链上同样的方法，在生产过程中分离认证原材料和未认证原材料。唯一不同的是，有些时候，最终产品中是经过控制的认证和未认证的原料/组件的组合。

最普遍的例子是一个产品是由一种以上的木材或树种制造而成的。其中一些成分是已认证的，但是其他成分没有被认证。

> 例如，一个厨房橱柜可能包括认证原料做成的中密度纤维板架子，架子表面用认证的薄板装饰，以及有一个未认证材料做成的实木门。

但是，只是用一种木材做成的产品也可能需要百分比声明。

> 例如，一个椅子可能是用一种紧密材质的松木材料做成的。椅子腿和座面的构件是用已认证的松木材料做成的，但是靠背的构件是用未认证的松木材料做成的。

当百分含量被控制在单个产品水平上时，认证森林和认证产品间的联系就可以被维系，所有认证产品的原料来自认证的森林[2]。声明可以反映这个关系。但是，声明必须明确认证原料的百分含量是多少。

6.3.1.2　生产过程或生产线的百分比

控制单个产品的含量有时是不可能的，因为制造过程只能控制将原材料输入整个加工过程而不是输入产品。尤其在削片和纤维制品，例如纸、中密度纤维板或纸板的生产就属于这种情况。在这种情况下，基于百分比声明必须和一个生产线或生产过程相联系，而不是单个产品。

(1)批量生产中的百分比：当生产过程采用批量生产时，通过管理用于每一批的被认证和未认证原材料的比例，可以很容易地控制百分比。

(2)流水线生产中的百分比:对于通过流水线生产的产品,这种方法是有问题的,流水作业是一个很常用的方法。由于生产过程是流水作业,因此不可能依据正常的批量生产原则控制原材料的输入。

一种办法是确保在任何时候都输入相同百分比的认证和未认证原材料;但事实上,这种方法是不实用的,因为这种作业原材料周转很快,储存空间有限,因此取决于传送到加工过程中的原料是认证的还是未认证的。

鉴于此,最普通的方法是依据名义上的批次。一个名义上的批次是指一段时间内,例如一天、一个星期、一个月或者一年,这段时间用来指定代表一个批量。在这段时间内,认证和未被认证的原材料的使用量必须符合生产线中百分比的要求。

例如,名义上的批次期限是一个星期,认证原材料的比率要求是50%,那么一个星期内所使用的一半原材料的来源必须是被认证的。

假如这段时间内平均输入满足了要求,任何一个时候进入生产过程的被认证和未被认证的原料的相对比例可以在完全认证和完全未认证原料之间波动。实际上,这意味着生产过程在相当长的一段时间内,可以不使用被认证原材料,这就造成产品即使被认证并且带有标签,但实际上却不包含任何来自已认证森林的原料。

例如,在上面的例子中,可能在三天半的时间内完全使用未认证的原料,而在另外三天半的时间内完全使用认证的原料。一半产品将不含有认证的原料,尽管产品将被认证。

为了尽量减少认证与未认证原料比例波动,一些方案要求对材料输入采用移动平均的方法计算。在这种情况下,不只是在每一个名义上的分批生产期限末端计算平均值,而是不断地重新计算平均值(例如,每天或每周),并且平均值必须总是大于最小阈值。但是,即使采用这种方法,仍然有可能一段时间内没有使用认证原料。

举一个这样的例子,一个系统名义上的批次时间长度为30天,每天计算一次移动平均值,要求认证的原材料最小平均比例为30%。如图6.3所示,30天内有20天使用0%认证的原材料可以达到这个要求,因此三分之二的产品不含认证的原料。

如果采用这种方法,就破坏了已认证森林和一个产品成分之间的自然关系。产销监管链将不再基于对认证森林原料追踪的基础,而是基于按照百分比生产规则生产的认证原料的追踪。

因此,任何声明或标签都必须明确,百分比是关于生产线或过程的,而不是产品本身的,这很重要。如下面讨论的,未认证原材料的来源也是十分重要的。

6.3.1.3 投入—产出法或数量核算法

在一个投入—产出法系统中,也称作数量或库存计算或输入—输出,监控进入一个过程中的认证原材料的比例,同时相同比例的产品被认为是认证的。这样,如果50%的原材料是认证的,那么50%的产品也应该是认证的而不需要进行内部的追踪或控制。

该方法用于维持原材料与产品之间的类型关系是很重要的。这种情况下,一个制造商不可能买进认证的松木而卖"认证的"桃花心木,或者买进认证的中密度纤维板而卖"认证的"实木橡木。如果认证原料是松木锯材,只有用松木锯材制造的产品能被作为认证产品出售。

以30天为周期计算的最低平均百分比系统

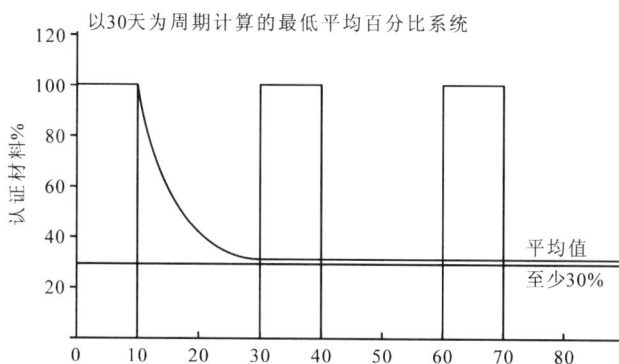

图6.3 以30天为循环周期的认证原材料百分比含量图解

很多人支持这种方法，主要基于森林认证的目的是提高森林管理水平，而不是把复杂的原料管理强加于制造者。使用投入—产出方法承认和促进从认证森林购买原料，因为购买的认证原料的比例越大，就能卖出数量更多的认证产品，而不必考虑到在生产过程中隔离和认可认证原料的附加费用。

实际上，应该说投入—产出法较其他百分比方法对认证森林提供了更多的支持。这是因为生产的认证产品数量与购买的认证原料数量成正比，所以认证产品需求量的增加将导致认证原料购买的增加。如果采用基于过程的方法，100%的产品被认证，就允许制造者在不改变认证原料购买量的情况下满足增长的需求。

那些不支持这种系统的人认为，消费者是市场驱动认证的最终推动者，他们会被这种他们购买的"认证"产品实际上完全不是来自于认证森林的方法搞糊涂。但需要说明的是，如6.3.1.2节讨论的，生产过程百分比含量声明也有同样的问题。

再者，最重要的要素是任何声明必须清晰、准确，而且不能误导消费者。此外，同任何其他百分比声明一样，未认证原料的来源也是十分重要的。

6.3.1.4 加工者认证

一些方案采纳的产品跟踪是加工者认证。当使用这种方法时，制定了一个被认证的生产者必须执行的准则，该准则规定了产品中认证的和未认证原料的比例。如果遵从该准则，那么该认证生产者所生产的所有产品都可以被认证。

与投入—产出方法一样，加工者认证完全切断了认证森林和认证产品成分之间的联系。

当采用该方法时，重要的一点是，任何声明或标签都与认证体系中的加工者有关，而不是产品的实际成分，很显然不仅允许使用认证原料，也允许使用未认证的原料。

另外，和任何基于百分比方法一样，控制所使用的未认证原料的来源是十分重要的。

6.3.2 认证原料的最低阈值

任何基于百分比方法的一个重要问题是：产品中或生产过程中使用的认证原料的最小数量是多少才允许做出声明或使用标签。显然，最小百分比应该在0%～100%之间。但是，没有先例或指导来说明最小百分比应该位于两个极限之间的哪个位置。

一些团体觉得，为了保证人们购买一件认证产品时，该产品确实是被认证的，最低阈值应该相对较高(50%～70%)。另外一些团体认为，降低最低阈值可以使更多的认证产品进入市场，拉动需求进而提高对森林认证的需求。一些时候采取的折中办法是允许一个相对较低的最低阈值,但是要求生产者承诺不断提高生产过程或产品中的认证原料的比例。

避免这个问题的唯一方法是投入—产出法,该方法不要求控制认证原料的使用量,而是确保该使用量成为确定认证产品比例的根据。

总的来说,需要考虑的主要问题是:

(1)明白准确的报告认证原料的比例;

(2)对未认证原料有足够的控制。

另一个复杂的问题是,许多复合材料产品例如纸板、中密度纤维板、纸浆和定向刨花板包含多种其他成分,例如废物、再循环物质和原始纤维。因此,大部分认证体系承认三类原材料可以用来计算百分比:

(1)认证原材料:这种原料来自认证森林或是一个产销监管链的认证产品。如果用基于百分比的方法认证使用的原材料,那么只有认证部分计算在内。

例如,如果一个碗橱的主要成分是中密度纤维板,占使用原材料重量比例的70%。并且中密度纤维板在产品中占50%,那么这个碗橱含有35%的认证原料(70%的50%)。

(2)未认证原材料:这由任何未认证的原料和不确定的原料组成,包括百分比认证原料中的未认证成分。

(3)中性原料:这包括诸如循环再生纤维(不管是消费后或者是消费前都很重要;一些体系包括在未认证原材料中消费前原料)、废弃木材(例如,来自被拆除场所的旧床铺和木材)和城市木材(路边和公园里树木维护修剪下来的弃物)。

通常,在计算百分比含量时,中性原料不包含在内,只是根据认证和未认证原料的比例进行计算。

例如,如果一个中密度纤维板的生产使用了50%的中性循环再生原料,25%的认证削片和25%的未认证削片,那么它的认证百分比将是50%。

每一个种类的精确定义和它们的计算方法对于任何声明和标签的准确性和可信性来说都是非常重要的。

6.3.3 未认证成分的处理

一旦允许使用百分比声明,无论哪种类型,未认证成分的问题就会出现。如果做出了一个百分比声明,那是因为产品的一部分明显不是来自认证的森林。这就出现一个显而易见的问题:如果不是来自认证的森林,那它来自哪里?

任何一个人购买认证产品都有可能问这个问题,因为他们想支持好的森林管理。如果人们知道贴有标签的产品来源于非法采伐或者其他无法接受的来源,一个认证体系的可信度会很快被破坏。然而,除非能够控制百分比产品中未认证部分,否则会有一个重大的风险,即未认证部分确实来自于非法伐木或者其他无法接受的来源。

随着许多国家的政府和公司承诺不再购买任何非法来源的木材和纸产品,这个问题变得非常重要。购买认证产品已经被看成是履行这些承诺的直接方法;但是该方法的前提是确定标有百分比标签产品的未认证成分不能包含非法或其他不能接受来源的木材。

6.3.3.1 无法接受的来源

绝大多数认证体系都意识到这一问题，并且认定了一些不能进入认识产品的材料来源。这包括非法和其他有争议的来源。

（1）非法木材：非法采伐是森林工业中一个重大的问题。一些评估表明全球多达 10% 的木材交易是非法的，其中某些国家的比例很大。如果不知道未认证木材的来源，那么可能有很严重的风险，即一些木材的来源是非法的。

（2）其他不希望的来源：有很多木材来源是有明显争议的，和非法木材一样，这样的原料来源也会损害百分比认证产品的可信性。不同的认证体系和不同的利益群体对不希望的或有争议的来源定义是不一样的；但通常包括：

①已经被提议为国家公园的保护地区或森林但是还没有被正式保护；

②具有很高特殊保存价值的森林（高保护价值森林），或者是生物多样性热点地区，但是没有被认证或确实没有被很好的管理；

③具有严重土地使用期限争议的森林，特别是那些涉及没有尊重当地居民传统所有权的地方；

④被不当转换用途的森林。

和非法木材一样，许多政府和公司在购买过程中竭力排除一些或全部有争议的来源。如果它们使用认证产品来帮助他们满足购买政策的目标，那么产品中不包含有上述来源的原料是非常重要的。

因此，各类百分比声明的标准应包括适当的条款来控制使用原料中未认证的部分，这一点是非常重要的。

6.3.3.2 控制未认证原料的来源

有很多方法能够控制未认证原料的来源。

（1）独立确认：处理未认证部分最安全的方法是：像要求认证原料一样，对未认证原料要求同样的独立来源确认。

实际上，这种确认实施起来可能非常昂贵和复杂。例如，许多纸浆和削片厂从上百甚至上千个小面积森林购买木材。对每一个购买来源都要求独立确认是很昂贵的。

但是，对于一些具有高价值的来源，如热带阔叶树，这种方法越来越被考虑，特别是在主要存在非法采伐问题的国家和地区。很多认证机构和组织对原材料来源采取一般的评价。

对于有非法或其他有害来源风险的低价值木材，即使因为太昂贵和太复杂而不能对所有原料供应实施独立来源确认，对总供应的一个样本进行确认可能还是有用的。

（2）其他认证体系：很多体系承认其他体系的认证，作为原料不是来自不能接受来源的确认。

（3）来源的内部控制：另一种可选择的方法是要求一个内在体制来检查所有使用的未认证原料的来源。这种方法被许多认证体系采用。这个体制必须保证对每一批买进原料的相关文件进行检查，并且内部确认的标准要与原料来源风险水平相适应。

例如，如果木材全部由一个国家的小地方生产商供应，并且这个国家拥有良好的森林经营历史和强大的法律框架，那么，对每一批木材的运输文件进行检查的制度就足够了。

如果从一个众所周知的有非法采伐问题的国家购买木材，那么检查出口声明的制度就不足以控制原料来源，因为已经有证据充分证明非法木材可以通过很多方法被"洗干净",使非法木材在出口的时候看似合法。在这种情况下,有必要建立一个能够追溯木材森林来源的制度。

(4)通过样品确认进行内部控制:一个能够结合上述两种方法的途径应该是有效的。加工者有义务检查未认证原料的来源,并执行和维护相应的检查体系。从原料中随机抽取一个样本,并且独立检验其来源。如果出现问题,这表明整个体系有问题,需要修改。

关于实施认证产品中未认证原料的内部控制还将在第 12 章详细讨论。

6.3.4 基于百分比的声明和标签

如 6.2 节所讨论的那样,关于任何声明或标签的最重要的是必须清楚且不能令人误解。因此,基于百分比的产品,任何声明或标签需要反映一个事实,即该产品中只有一定百分比的原料是被认证的。

ISO 14020 原则 1 要求声明要准确。ISO 中没有关于认证原料百分比声明的特殊指导方针,但是关于再循环部分声明(ISO 14021)的指导方针提供了一个有用的参考:

(1)一旦做了再循环含量声明,再循环物质的百分比必须标明(ISO 14021,条款 7.8.2.1)。

(2)如果在声明中用一种符号表示再循环成分,那它应该……表达伴有"X%"形式的百分比值。X 是依据条款 7.8.4 计算的再循环含量,用整数表示。百分数值应该在符号内或在符号外,都应紧靠符号(ISO 14021,条款 7.8.3.2)。

(3)如果再循环含量的百分比是可变的,它可以用"至少 X%"或者"大于 X%"来表达(ISO 14021,条款 7.8.3.3)。

如果把这个指南应用到与森林认证体系有关的产品标签上,可以用这样的标签表明产品中或者生产线上来自认证森林的木材纤维的百分比。重要的是,要明确含量声明是针对产品的还是针对生产线的。

当采用投入—产出法或者加工者认证时,声明和标签必须明确是针对什么做出的。在这种情况下,简单地使用标识而没有进一步说明不符合 ISO 指导方针,特别是如果使用相同的标识来促销包含认证原料的产品。

6.4 产销监管链的认证

产销监管链认证的基本组成和森林经营认证的相同:一个标准、认可和认证。前面提到的 ISO 关于森林经营认证的认可和认证的指导方针同样对产销监管链认证也适用。为了保证声明是诚实的和能证实的,标准制定了一个公司必须履行的程序。产销监管链认证的执行将在第 12 章和第 13 章详细讨论。

注释:

1. ISO 不是惟一已经制定了与环境声明相关的准则和指导的组织。一些国家政府已经做了这方面工作,例如,英国绿色声明规范(DETR,2002),以及欧洲委员会目前正在考虑一项关于欧盟指导方针的提议。
2. 这种情况的一个例外是认证成分本身就是被标记为生产过程百分比的,就像在第 6 章所讨论过的,这成分的生产过程没有维持认证森林和产品间关系的。

(刘晓东 译 王虹 校)

第二篇

森林认证实践

7 准备认证

7.1 是否认证

7.1.1 为什么要问这个问题

森林认证的产生同其他类型的认证一样，经历了大量的讨论，因此有时人们忘记了它只是一种手段而已，本身并不是目的。认证能够提供可靠和独立的验证，是一种证明特定标准得到满足的有效机制。然而，它也要花费时间和金钱。因此，重要的是要考虑是否确实需要独立的验证。

7.1.1.1 森林认证

森林认证是一项长期的和高成本的工作；因此对森林经营者来说，尤为重要的是在开始之前确定进行森林认证是一项正确的决策，这不同于考虑是否对森林进行负责任的或可持续的经营。良好的经营应该是每个负责任经营者的目标，认证是确认经营水平的一个过程，这也正是应该思考的，因为它只能用来确认你在执行一个负责任森林经营的标准，如果你有理由要这么做的话。

森林经营者决定进行认证的原因有很多。最普遍的有以下几种：

(1)消费者需求认证产品。

(2)认证为进入新市场提供可能。

(3)认证是投资者或捐助者提供贷款或捐助的一个前提条件。

(4)认证是保险公司提供保险赔偿的一个条件。

(5)认证是所有者、利益相关者或经营者达到经营目标的一个有用的工具。

所有这些潜在的驱动力以及它们将如何影响森林经营者进行认证决策将在下面进行讨论。

7.1.1.2 产品认证

对产品加工链上的经营者来说，做出认证决策通常更直接，因为市场需求或潜在的市场准入推动认证的力度比其他任何因素都大。就这些动力中的任何一个而言，产品生产者在决定进行认证时要问的问题与森林经营者一样广泛。

7.1.2 进行认证的动因

使森林经营者或产品生产者考虑认证，并就决定如何认证给出一些建议。

7.1.2.1 来自消费者的认证需求

这是森林经营者和产品生产者进行认证的重要推动力。无论对哪一方而言，做出认证决策的过程都是类似的。

首先，考虑有多少消费者需要认证产品，他们现在占有的市场份额有多大，这个比例将来是否有可能增加。

重要的是要对现在和将来的认证需求进行尽可能准确和切实的评估。经验表明，如果一个单位对进行认证犹豫不绝，那么容易低估认证产品的需求。如果一个单位积极地寻求认证，那么，他们容易高估对认证产品感兴趣的消费者数量。

估计需求的一种方法是问消费者一些简单的问题，例如：

(1)最近您是否从其他供应商那里购买了任何认证原材料？如果有，是什么？

(2)如果我们供应认证原材料，您是现在会购买还是将来会购买？

也可以通过与销售人员进行交流，记录认证产品需求或通过分析供货单位认证原材料的使用情况来获取有关信息。关注一下重要消费者团体现有的以及正在制定的政策也是很重要的，例如，贸易协会或政府采购部门，其中的许多单位都在承诺购买经过验证的、合法的或可持续经营的木材。

通过分析收集的信息，就能够根据需求情况进行决策，是立即寻求认证还是将来再做打算。

另外的一个问题是消费者对哪个认证体系感兴趣。收集信息时提出这个问题可能是很有用的。重要的是避免根据个人或公司对某个特定认证体系的偏好提前做出判断，因为如果采用一个消费者不感兴趣的认证体系，那么获得认证几乎没有意义。认证是市场行为，应该由市场决定使用哪个体系是最好的。

7.1.2.2　认证是进入新市场的一种方法

如果想借助认证进入新市场，在做决定之前需要仔细考虑一下。要适当地对市场前景进行研究以确保确实存在需求。如果答案是肯定的，那么最根本的是要能保证产品能满足新市场的其他需求，如供给的质量、种类、可信性以及竞争价格。

确定潜在市场偏好哪个认证体系也是很重要的。只有提供市场需要的证书才能进入该市场。

只有在所有这些研究完成之后，经营单位才能决定是否值得寻求认证。

7.1.2.3　来自投资者、捐助者或保险公司的压力

如果有来自投资者或捐助者的强大压力，尤其是他们把认证作为提供贷款条件的情况下，认证就是唯一的选择，问题是如何获得认证。

在这种情况下，不妨评估一下分阶段认证是否合适（见第17章）。这种方法是允许的，例如，世界银行的林业政策允许这样做。

7.1.2.4　认证是达到经营目标的一种工具

如果某单位想获得认证，并将其作为一种内部管理工具的话，那么重要的是要决定哪种认证体系最能满足该机构的需求，以及获得认证的时间要求。

同时还要考虑上面讨论过的几种驱动力中哪些会在未来变得更为重要，什么情况下应在决策中予以考虑。尤为重要的是要考虑使用的标准，找出差距以及执行标准的要求（见第8章）通常是准备认证的主要工作。如果某单位即将开始这个过程，在中期目标中应包含所有达到的要求。

例如，获得国家标准的认证可能适合短期内的经营目标。然而，如果从中期来看，某个区域性体系认证产品的市场需求可能会增加，那么应该确保同时满足国家和区域性体系二者的要求。您可能获得的是国家体系的认证，但如果区域性体系的需求增加，那么应直接寻求附加的认证，因为所有的工作都已经完成了。

7.2 选择认证体系

正如上面所讨论的那样，当森林经营者或产品生产者决定认证时，另外一个要考虑的问题是获得哪一个体系的认证是最好的。这一直是一个很难回答的问题，存在很多争论和不同意见。关于认证体系评估的讨论在第 20 章有清楚的解释，这个问题没有一个统一的答案，因为它取决于寻求认证的原因。经营者需要一段时间来思考为什么要认证，在此基础上，再考虑哪个认证体系是最好的。

有时这个问题又是非常清楚的，因为消费者或投资者会指定一个特定的体系；在某些时候，原因又变得不那么明显。在这种情况下，给经营者最好的建议是忽略政治因素，决定哪个体系能够给他们带来最大的效益。

例如，如果寻求认证的原因是进入潜在的、需要 X 体系证书的市场，那么寻求 Y 体系认证是没有意义的。选择市场需要的体系。

如果认证的原因是鼓舞士气，改善与当地利益方的关系，那么选择一个受当地欢迎的体系比选择一个不受欢迎的国际体系会更好，即使该当地体系提供的市场利益比较小。

在某些情况下，最好的选择是同时寻求两个体系的认证。在有两个或更多认证体系运作的国家中，认证机构越来越多地提供这种选择。

7.3 认证的方法：独立认证或联合认证

一旦一个森林经营者或林产品生产者决定了进行认证，并选择好了进行哪个体系的认证，那么下一步就是要选择一种获得认证的方法。可能的方法主要有两种：独立认证或联合认证。

7.3.1 独立认证

独立认证是指一家认证机构为某个森林区域(森林经营单位)或加工企业进行认证。这是大中型企业通常采用的认证方法。不论是森林经营单位还是加工企业，只要他们寻求认证就要承担以下责任：

(1)在森林或工厂经营过程中实施认证标准的要求(见第 8 章和第 11 章)；

(2)聘请一家认证机构，开展认证评估(见第 9 章和第 12 章)。

如果评估成功，将针对森林经营单位或加工企业的经营范围颁发证书。

7.3.2 联合认证

虽然独立认证对大部分大中型企业来说是比较好的，但对小规模企业来说，不论是小规模森林所有者还是小规模木材加工企业，都具有一定的挑战性。他们不具备大规模竞争者的经济规模，因此，理解和实施标准的复杂性以及聘请认证机构的成本是他们开展认证的一个主要障碍。

为了应对这些困难，大多数认证体系提供了一种联合认证的机制。联合认证是指由联合体经理确保联合体内的所有会员能够理解和实施标准的要求，不论是森林所有者还是小规模林产品生产者。联合体经理代表联合体的会员邀请认证机构以及实施认证过程。

第10章讨论森林经营的联合认证,第11章讨论产销监管链的联合认证。总之,联合认证对小规模经营者来说有两大优点:

(1)联合体经理承担了理解和解释标准要求的挑战,这能够帮助联合体内的会员在实践中理解和实施标准的要求。

(2)由于作为一个联合体来进行认证,达到了一定的经济规模,所以每个独立的小规模企业的认证成本会大大降低。

因此,小规模或中等规模的企业想要获得认证的话,可以考虑联合认证的方式。

7.4 开始认证

正如上面所讨论的,当进行认证决策时,重要的是要仔细考虑您是否需要进行认证。如果您认为认证是必要的,那么,重要的是要考虑:

(1)最适合您需要的一个或几个认证体系;

(2)是直接寻求认证还是参加一个联合认证。

一旦做出了这些决定,就要开始考虑执行标准和履行认证程序的实际问题。这在第8章到第12章进行讨论,从森林认证开始,然后进入产销监管链认证。

(王香奕 译 王虹 校)

8 森林认证：实施标准

无论森林经营者选择哪种认证体系或认证方法（见第 7 章），都要经过以下两个阶段来获得认证：

(1)在森林经营过程中实施认证标准的要求；

(2)进行认证审核或评估以确认经营活动满足了标准的要求。

在大多数情况下，寻求认证的森林经营者把关注点放在第二阶段上；但是要始终记得认证是按照标准的要求来开展森林经营活动的。"认证"阶段只是简单地确认经营活动是否达到标准的要求。因此，本章讨论在森林经营活动中实施标准要求的过程，第 9 章介绍评估过程。

本书没有涉及关于达到标准要求的技术基础知识，因为这部分内容已经在此书的姊妹卷《可持续林业手册》一书（Higman 等，2004）中介绍了。然而，正如上面所讨论的那样，由于大多数森林经营者把关注点放在"获得认证"上，所以考虑实施的过程和遵从标准的要求是有用的。有关满足标准要求方面的建议不是强制性的，而是为了提供一种方法，帮助森林经营者朝着认证的方向努力。

8.1 理解标准

所有森林认证体系都有他们自己的标准，想要获得认证的森林经营单位必须实施这些标准。尽管各体系的要求不同，但都涵盖了框图 3.4 中的部分或全部问题。

认证过程的第一步是得到标准并理解标准的要求。然而，出于多种原因导致森林经营者经常不能读懂标准的要求：

(1)森林经营标准通常用专业术语来描述，可能相对复杂，而森林经营者不熟悉这些专业术语。

(2)标准要求的顺序和表达方式与森林经营活动在逻辑性上可能不一致，导致标准要求与森林经营活动之间不能很好地衔接。

(3)标准对森林经营者经营实践的要求往往不够明确具体，因此需要大量的解释。针对某一具体情况的要求，甚至国家标准或全球标准的本土化解释也不够明确。这就允许标准应用时有一定灵活性，但也意味着解释是确实需要的。

因此，在开始阶段花一些时间来充分理解标准的真正要求是值得的。除了一个单位内部关于标准的解释和讨论外，可能会有其他的信息来源和支持：

(1)认证体系：某些认证体系可能会提供解释和实施标准的信息或指南。这些当然值得查阅。即使他们不能直接提供这些信息，他们可能就能提供这些信息的机构做出建议。

(2)已认证的森林经营单位：最好的信息来源之一应该是通过了认证的森林经营单位。由于他们已经经历了实施标准和接受审核的全过程，他们应该对有关要求有全面的理解。如果通过认证的森林经营单位能够分享这些信息，将是非常有用的。

(3)认证机构：认证机构为了开展审核工作必须对标准的要求有全面的理解。

不过他们不应提供直接的咨询,但他们能够在标准理解方面提供大力支持,特别是在预评估阶段(见第 10 章 10.2 节)。

(4)顾问和专家:从事森林认证工作的顾问和专家越来越多(包括科研人员),他们对标准的要求有很好的理解,并且了解能够应用于实践的不同方法。

(5)指南和手册:和本书姊妹卷的《可持续林业手册》(Higman 等,1999)提供了关于实施标准要求的指南,特别是关于国际热带木材组织(ITTO)和森林管理委员会(FSC)标准的指南。

(6)培训:认证机构、咨询专家、专业协会、大学和捐助组织开办了大量公开的或私人的培训班。

(7)联合体:对于小规模森林所有者或加入某联合体的其他经营者,获得有关标准要求的最好方法是通过联合体获得(见第 10 章)。

(8)正式项目:有大量的各种倡议可以帮助企业理解和实施认证标准。包括由世界自然基金会(WWF)建立的生产者团体"全球森林和贸易网络(GFTN)";专家组织,如热带森林信托基金(TFT)和热带森林基金会;认证机构体系,如 SGS 认证支持项目(更多信息见附件2)。

(9)标准制定过程的参与:另外一种获得对标准要求更好理解的方法是参与国家标准的制定或国际标准本土化的解释过程。这种方法被证明是能力建设的有效途径,并能够为标准提供有关森林经营单位方面的许多内容。

最合适的信息来源的选择将取决于认证体系和森林经营单位的类型和规模。

8.2 找出差距

实施标准的下一个阶段就是要评估哪些要求已经达到了,哪些还需要继续落实。换句话说,就是必须找出现有的经营绩效与标准要求之间的差距。做这项工作可以参考多种方法,包括差距分析、基线评估或绩效初步评估。一些可能的方法将在下面进行讨论。

8.2.1 内部评估

对许多经营单位而言,找出差距的最好方法是内部评估。一个好的思路是指定一个人或小组负责引导这个过程;但对于大规模的经营单位来说,更大范围的参与也是很重要的。这有两个原因。第一,增加参与评估人员的数量,能够提供更多信息,可以使评估结果更准确和全面。第二,这也是使经营单位内部人员思考标准及其实施的一个好方法。

对于已经进行了 ISO 14001 认证的经营单位来说,尽管森林认证体系要求开展的评估与绩效标准的具体要求有关,但认证评估与环境初步评估过程是类似的。

8.2.2 外部评估

对某些经营单位来说,内部评估过程可能很成功,但其他经营单位发现,如果有外部专家来协助开展评估的话可能会更有效。这有多种原因:

(1)在不能确定标准的确切含义的情况下,有经验的咨询专家能够帮助您对标准进行解释并找出现有经营实践与标准要求之间的差距。

(2)在您不知道如何解决所存在的差距的情况下(见 8.3"计划和实施"),有能力的咨询专家能够为您提供建议和指导。

（3）在经营单位内部资源不足，不能提供足够的工作时间投入的情况下，外部专家能够提供所需要的、额外的短期资源来推动评估过程的进行。

如果聘请外部专家的话，他们与经营单位内部的员工密切合作是非常重要的，因为实施改进活动的是员工，而不是外部专家。

重要的是找到有能力的外部专家。并不是所有的专家都能帮助人们很好地理解标准及其实施。因此，谨慎地选择外部支持专家以确保参与者能够很好地理解森林认证标准的要求及其实施。认证机构或认证体系或许能够帮助推荐有能力的专家。

8.2.3 基线审核

更为正式的一种方法是依据标准进行基线评估以找出差距或不符合项。这项工作可以由森林经营单位内部的员工来做，也可以由外部专家或认证机构来做。每种方法都有优缺点：

（1）内部审核：如果基线审核在单位内部开展的话，它能确保森林经营单位把握整个过程的主动权以及全面了解存在的差距，这种方法的成本也比较低。然而，这种方法的缺点是如果标准要求不明确或单位职工缺乏经验，那么有可能找不全存在的差距。

（2）外部专家审核：这种方法有两个优点。第一，如果专家对标准非常熟悉，他们将能保证找出所有可能存在的差距。第二，如果开展基线评估，他们也能够协助制定和实施行动计划（见下文），从而保证评估获得的信息得到有效利用。这种方法的缺点是如果专家能力不够，那么评估工作的结果就会相对较差，这种方法的成本也会比内部评估要高。

（3）认证机构外部审核：这种方法有很多优点。第一，认证机构能够准确地理解标准的要求，有效地找出所有的不符合项。第二，如果森林经营单位愿意对外公开其经营活动，尤其是如果它参与（或可能参与）分阶段认证的话（见第 17 章），那么认证机构的评估结果将是最可信的。第三，如果森林经营单位已经满足了大部分标准的要求，基线审核可以作为认证程序的第一阶段，即预评估（见第 9 章）。这种方法的缺点是如果认证机构不向客户提供咨询的话，也就不能帮助森林经营单位根据找出的差距制定行动计划。另外，它是这三种方法中成本最高的方法。

不管采用哪种方法，最重要的是森林经营单位的员工要对现有的经营绩效与标准要求之间的差距有全面的了解。

8.3 计划和实施

8.3.1 根据存在的差距制定行动计划

一旦找出了存在的差距，下一阶段的工作就是考虑如何解决这些问题。针对每个不符合项或与标准要求的差距，需要重点考虑以下因素：

（1）行动：确定为了达到标准的要求需要做什么。需要采取什么样的行动取决于标准和森林经营单位。这些行动可能是日常的活动，例如改进经营方式或提供培训，也可能是一个全新的行动，例如开展社会影响评估，或对某片森林进行保护。

（2）责任：明确谁负责实施行动计划。一些人或部门需要参与其中，要明确谁来领导或协调活动的开展。

（3）资源：确定需要的资源。这可能包括资金（例如，购买新的安全设备，培训费或专家费)或职工时间(例如,如果某个会员或职工需要借调几个月的时间参与某个特殊的活动)。

如果在一个森林经营单位内有许多地方需要改进,在有限的人力和资源情况下,要同时使它们达到标准的要求是不可能的。在这种情况下,就需要根据优先次序来采取行动,制定的行动计划要包含一个时间表(见第17章,详细讨论了分阶段认证的方法)。制定行动计划时间表时要考虑各种不同的因素:

(1)某些活动需要优先开展,以便为其他活动奠定基础。时间表要确保基础活动先开展。

(2)不同的行动将会有不同的人员或部门参与。设计一个时间表,将计划要开展的工作分布在一个合理的时间段,由特定的人或部门来完成,而不是将要采取的行动都集中在一起。

(3)某些任务可能完成得早一些,因为它们相对比较容易或需要花费较少的精力,这些活动的完成将使大家了解工作的进展情况。更多艰巨的任务可以留在森林经营单位取得一定经验之后,以及了解了在其他类似的森林里如何满足标准的要求后完成。然而,重要的是不要将所有艰巨的任务都留在最后完成,这会导致工作的滞后。

在许多森林经营单位,高级管理层在找出差距和制定行动计划之前就会设定一个获得认证的最后期限。如果这个最后期限和为达到标准要求制定的行动计划时间表不符的话,就需要向高级管理层指出并进行讨论,修改最后期限。试图按不现实的时间表开展工作很可能导致认证评估过程的失败。

行动计划应包括解决每个差距的计划以及整个实施计划的时间表。可能是为达到这个目的专门起草的一个文件或纳入现有的文件,例如:

(1)年度经营计划:许多森林经营单位都有根据长期的经营方案制定的年度经营计划,把未来12个月计划开展的活动详细地列出来。可以将弥补差距需要开展的改进活动与该计划结合在一起,这是一个很好的方法。保证实施标准成为企业主流活动的一部分,而不只是环境或认证部门的责任。

(2)环境计划:已经实施了环境管理体系标准〔例如ISO 14001或欧盟生态管理和审核体系(EMAS)〕的森林经营单位将会有一个环境计划用来实施环境政策和目标。这就可以扩展现有的计划使之包含弥补差距需要开展的活动。

(3)目的和目标:某些森林经营单位会制定本单位和员工的年度经营目标和指标。这就有可能将达到标准要求需要采取的行动和这些目标、指标联系起来。

不管采用哪种方法,行动计划都需要详细列出如何弥补每个不符合项或差距。行动计划实施者必须参与制定过程以确保它是现实的和可实现的。来自咨询专家、特定领域的专家、非政府组织(NGOs)或认证机构的协助也是需要的;但至关重要的是制定的行动计划要能够被森林经营单位所理解和掌握。

8.3.2 实施

一旦做出了计划,就需要付诸实施。对小规模森林经营单位来说,这可能相对简单,因为他们通常只有一两个人参与实施。对大规模森林经营单位来说,一个人或一个部门负责协调活动的实施,其他人或部门负责采取行动,要确保计划得到实施会有一定的挑战性。对于那些已经实施了质量或环境管理体系的森林经营单位来说，这可能相对容易一些，因为管理体系方法的核心就是要确保计划得到实施。

在不具备上述条件的情况下，重要的是要确保以下关键因素：

（1）承诺：高级管理层对实施行动计划的支持必须是明确的和不含糊的。如果能以实施行动成功与否来评价参与的个人或部门将有助于计划的开展，当然评价还应包括他们的其他责任。如果要实现的目标、有关的认可或其他效益不能与标准实施相联系的话，行动计划要在实践中得到优先实施是不可能的。

（2）责任：确保在行动计划中确定的负责实施计划的所有个人和部门认识到他们的责任，理解他们需要做什么以及承诺去做是至关重要的。

（3）资源：行动计划中所需要的资源在其需要时能够按时获得是至关重要的。例如，如果在改进活动的开始阶段需要培训，那么培训所需要的资金必须能够在开始阶段到位。

8.4 监测实施进度

一旦行动计划开始实施，定期监测实施进度是很重要的，要确保：

（1）行动计划按照时间表得到实施；

（2）行动能够有效地满足标准的要求。

监测的形式可以是快速的、非正式的时时检查，也可以是正式的内部审核和评估。

8.4.1 非正式的进度监测

对小规模森林经营者或所有者，或虽然规模较大但改进行动不多的森林经营单位来说，有一种非正式的方法来监测进度就足够了。在这种情况下，负责的人，定期检查（可能每隔2或3个月）与行动计划相关的活动进展情况，以确保标准得到满足。

8.4.2 正式的进度监测

对大规模的或存在许多不符合项的森林经营单位来说，有必要采用正式的方法来监测实施进度。这里有两种方法可以用来监测：

（1）由负责实施行动的个人或部门定期地汇报进展情况。

（2）定期进行内部审核以对行动实施的进度进行评估。

第一种方法的优点是相对简单，可以与定期报告结合在一起。不过，这种方法有两个缺点：

（1）它依赖准确的报告。经验表明，这种方法在某些单位实施得很好，但在其他的单位，特别是大规模森林经营单位，人们不愿意汇报未能达到目标的情况。

（2）如果负责实施行动的人没有理解需要做什么，或没有注意到结果不是所期望的，他提供的汇报中将不能反映出来。

采用内部审核的优点是它能够提供更多的进展信息，也能够发现实施行动的人没有注意到的问题。对小规模的森林经营单位来说，内部审核的缺点是需要花费一定的成本来建立这项监测计划。不过，对许多大规模森林经营单位来说，特别是已经实施了某种管理体系的单位，现有的内部审核计划经过简单的扩展，就可以包含对行动计划的监测。

8.4.3 经营评价

为了学习总结经验，需要将通过监测收集的信息以及职工在实施认证标准过程中积累的经验反馈到经营实践中。对小规模森林经营单位来说，由于只有少数几个人参与，通常采取非正式的方法。对大规模森林经营单位来说，可以有一种比较正式的计划，每隔 3 或 6 个月定期进行经营评价。对于已经实施了某种管理体系的森林经营单位来说，应该已经有这种计划了。

8.5 聘请审核员

一旦森林经营者认为满足标准要求所做的改进工作取得了满意的成果，就可以开始认证程序。正如在第 9 章 9.2 节所讨论的，认证通常从预评估(范围确定)开始，认证机构对改进活动进行核查，看是否有经营绩效与标准要求之间的差距还没有得到改进。

因此，森林经营单位可以在全面实施所有的标准要求之前，就决定开始认证程序和开展预评估。这就使认证机构有机会确认是否在最初的评估中已经找出了所有存在的差距，以及是否充分考虑到弥补这些差距所采取的行动。如果发现任何新的差距或采取的行动不充分，那么可以考虑在行动计划的最后阶段予以改进和补充。

然而，正如第 9 章 9.5 节所讨论的，既然认证机构是对实际的标准满足情况进行评估，而不是对将来满足标准的计划进行评估，那么，在主评估开始之前，充分地实施行动是非常重要的。

（王香奕 译　王虹 校）

9 森林认证：获得认证

正如第 7 章 7.3 节所讨论的，森林经营者可以通过两种方法获得认证：

(1)独立认证：这里是指对一个森林经营单位经营的森林进行认证。

(2)联合认证：对不同的森林经营单位或个人所有或经营的几片森林联合在一起进行认证。联合认证将在第 10 章进行详细讨论。

所有想要获得认证的森林经营单位或团体都要通过一个认证过程。本章详细介绍如何开展认证。本章以当今应用最为广泛的森林管理委员会(FSC)体系的认证程序为基础，不过其他认证体系的认证程序与之类似。

森林认证包含多个阶段，如图 9.1 所示。下面将对各个阶段进行详细讨论。认证程序在第 4 章也有详细讨论。

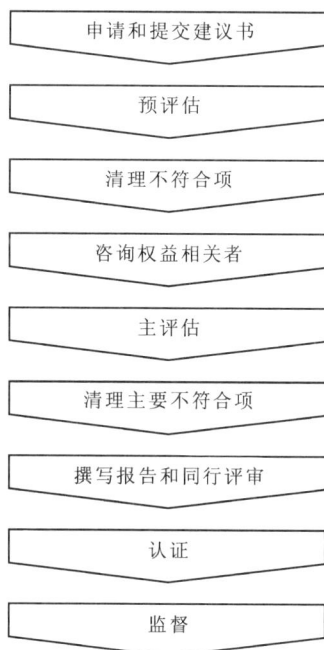

图 9.1　典型的森林认证过程

由于认证联合体是由联合体经理与认证机构打交道，所以联合体中的森林所有者或经理经历的程序会有所不同。这将在框图 9.1 中进一步讨论。

框图 9.1　联合体会员的认证程序

认证联合体会员的评估过程由联合体经理和认证机构共同来开展。

联合体经理负责检查联合体每个会员对联合体要求的满足情况，包含对标准的满

（续）

足情况。为了开展这项工作，大多数联合体都有一个监测计划来对他们的会员进行监测，通常是采取年度走访的形式。监测可以由联合体经理、森林经营单位的职工、外聘的专家或其他会员来完成。

主评估期间，认证机构将对监测计划的执行情况进行检查。除非认证联合体非常小，否则的话，审核小组通常不会对每个会员都进行走访。他们将选择一些会员作为样本，通过检查他们的监测报告来核实实际情况与监测走访报告是否一致。

结果是，只有被选出作为样本的认证联合体会员将会见审核小组或进行审核考察。然而，这种方法的基础是：考察样本会员就代表了考察全体会员，如果在样本会员中发现任何不符合项，他们将被应用于联合体中的每个会员；因此，在样本会员中发现的问题也就被假设存在于联合体的其他会员中。

对联合体经理来说，重要的是要对联合体会员进行解释，让他们理解审核小组对其进行考察的必要性，同时也让那些没有被考察的会员理解为什么他们没被考察，尤其是，即使在他们没被考察的情况下，他们仍然需要对不符合项做出回应。

由于实地考察花费时间，成本也比较高，联合认证只需要对样本会员进行考察，而不是对每片森林进行考察，因此，对个体森林所有者而言，这是为什么联合认证比独立认证便宜得多的原因之一。

9.1　申请和提交建议书：选择认证机构

一旦森林经营单位决定进行认证，并且选择了认证体系，那它接下来需要做的就是选择一个认证机构(也称作注册机构或登记员——它们都是同一个概念)。批准的认证机构的信息可以从认证体系的认可机构或体系管理机构获得。现在几乎所有的森林认证体系都有自己的网站，这是查找信息的好地方(详细信息见附件2)。

认证机构将提供一个申请表供填写，并根据提供的信息提出一个建议书，包含认证程序和认证成本。这个程序通常是免费的，申请认证的单位也不需要承担任何义务。

如果在一个国家或地区存在几家认证机构，森林经营单位就可以向几家或所有认证机构要求认证建议书，以确定哪一家是最好的。当选择认证机构时，需要考虑以下几个关键因素：

(1)成本：他们要收取多少钱？看一看成本的所有组成部分。大多数认证机构收取人员工资以及差旅费、住宿费、餐费和其他费用。检查所有这些费用是什么——例如，是否包括国际机票、审核员住在当地比较便宜的宾馆还是住在城里比较贵的宾馆等。

(2)效率：什么时间可以开始评估和进展速度如何？森林认证是一个费时的过程，如果审核员特别忙，花费的时间可能会更长一些。检查内容包括：

　　✓ 他们什么时候能开展预评估？
　　✓ 考察结束后多久能看到报告？
　　✓ 做出进行主评估的决定之后，多久将进行主评估？
　　✓ 主评估结束后多久可以完成报告初稿，以及多长时间之后做出认证决定？

如果认证机构在主评估过程中发现了不符合项，并提出整改要求的话，那么时间将会拖延，新的时间表将取决于森林经营单位在多短的时间内可以进行评估。不过，在没有大的不符合项的情况下，认证机构应该能够建议大致的时间。

（3）当地服务：对地区或国际体系来说，要检查主要的交流语言是否是当地语言，认证过程中可以采用何种语言。

如果可能的话，可以通过已认证的森林经营单位的管理者了解他们开展认证的一些经验。

9.2 预评估：初步考察

一旦选定了认证机构，并签订了合同，大多数认证体系下一阶段的工作就是预评估（有时称初步考察或认证范围考察）。这是由认证机构的一两个人开展的简短考察，有以下三个主要目的：

（1）为审核员提供一个了解森林企业或联合体情况的机会，为主评估做计划。

（2）为寻求认证的森林经营单位提供一个与审核员见面的机会，可询问有关认证过程如何开展的问题。

（3）允许审核员对照标准的要求（如果是联合认证的话，包括对认证联合体的要求），看森林经营单位是否存在不符合项。这通常称为"找出差距"。

上述三个目的当中，第三个是最重要的，也是最花时间的。为了和森林经营单位的人员进行交谈以及研究他们经营的森林，审核员可能会在办公室里和他们讨论森林经营或联合体的情况，查看文件和记录，以及实地考察森林（对联合认证而言，考察认证联合体中的一些森林）。

不过，这不是审核。预评估小组可能会问很多关于事情是如何做的问题，但他们不会确认答案是否准确。如果隐藏了问题，将不能找出差距。因此，森林经营单位应该尽可能公开和诚实地接受评估，以便找出所有的差距，这样他们才会了解主评估之前应该做些什么。有的森林经营单位可能会尝试不给审核员准确的答案，希望只提供有利的信息给审核员。但是，最好不要做这种尝试，因为这样会使预评估失去作用。即便某个问题在预评估过程中被隐藏了，它也会在主评估过程中被发现，从而产生不符合项。

预评估结束后，将会有一个报告总结发现的问题，并指出需要在主评估之前进行改进的问题。

正如上面提到的，不是所有的认证机构都要求有预评估。在预评估不是必需的情况下，似乎可以选择一种节约时间和成本的简单方法。然而，经验表明，总体来看，预评估可以确保森林经营单位为主评估做相应的准备，通过预评估找出差距要比在主评估过程中发现大的不符合项更为有效。

9.3 清理不符合项，继续认证程序

如果在森林经营或认证联合体中发现了差距，下一阶段的工作就是针对问题予以解决。实际上，这是第8章讨论的实施标准要求的后续工作。

对这个阶段没有设定时间限制。对某些森林经营单位或认证联合体来说，只需要几天或几周，有些可能要几个月。时间的长短取决于所发现的问题，以及解决这些问题有哪些资源。

不过,一旦所有在预评估过程中发现的问题以及内部发现的问题都解决了,就可以进行主评估。

9.4 利益方咨询

通常,森林认证体系允许认证机构秘密进行预评估。这对很多森林经营单位和联合体来说是很重要的,因为认证结果公开之前,他们也想要看看他们符合标准的情况。

然而,一旦做出了进行主评估的决定,许多体系要求认证机构开展广泛的利益方咨询,并将其作为认证过程的一部分。

通常,森林经营单位或联合体已经将利益方咨询作为实施认证标准的一部分了。因此,森林经营单位或联合体经理及其会员应该有当地社区、当地政府和其他主要组织(如非政府组织)的联系方式。在这种情况下,最好是事先向有关利益方说明认证评估情况,以便使这些联系人了解有关情况以及为什么认证机构会联系他们。这并不意味着告诉人们应该说什么,也不是强迫他们只说好的方面,如果被审核员发现有类似行为,将是一个严重不符合项。但是要向他们解释什么是认证,森林经营单位或联合体为什么要寻求认证以及审核员为什么要和不同的利益方进行交谈。

利益方咨询作为认证程序的一部分,目的是允许任何与森林经营有利益关系的个人或团体,向审核员提供可能与认证有关的信息。

利益方包括一些团体,如当地社区、林业部门、当地政府、环境和保护团体、社会团体、工人和职工以及其他受到森林经营影响的个人。森林经营单位或联合体的规模越大,其涉及的国家甚至国际的利益方咨询的范围可能就越大。

为了列出利益方咨询的名单,认证机构可能会要求接受评估的单位提供主要的联系信息。然后根据以往的经验和知识以及来自认证体系的建议,在某些情况下,可能通过查看其他评估过程中联系的利益方,把他们加到名单当中。

某些森林认证体系如 FSC,对利益方咨询有强烈的要求,包括在认证机构的网站上公布,至少在主评估开始之前四个星期与关键利益方的被咨询人联系。其他体系对这种咨询的要求相对较低。

认证机构可能通过多种方式进行咨询,如信件、私人会见、公开会议、在当地报纸上做广告或其他合适的方式。联系的利益方数量和所采用的联系方式取决于森林经营单位或联合体的规模和地理位置以及利益方的类型。通常,森林经营单位或联合体规模越大,咨询的范围就越广泛。相反,对一个独立的小规模森林经营单位来说,可能简单地给关键利益方代表打三到四个电话就可以了。

许多森林经营者对利益方咨询有恐惧心理。尤其是有些人可能会由于利害关系而不配合,或由于个人原因而说一些对森林经营单位及其职工或联合体及其会员不利的话。不过,认证机构会有一套系统的方法来处理利益方提出的观点,以保证严肃对待真实的信息,而不理会无理的指控。

当利益方提供信息时,评估小组必须查看每个问题并决定如何处理。通常,有三种可能性:

(1)提出的问题不在标准要求范围之内,或虽然在标准要求范围之内,但不是接受评估的森林经营单位或联合体的责任。

例如，某利益方抱怨没有对当地人提供改进农业方法的培训。虽然这确实是一个问题，但标准并没有要求进行认证的森林经营单位提供农业培训，因此，这与认证没有关系。另外一个例子是，某利益方说山地陡坡上的森林被过度采伐引起土壤侵蚀。这的确是一个问题，并与标准有关，但问题是森林由国有林业部门经营，不是接受评估的森林。因此，这与认证也没有关系。

(2)问题与标准及接受评估的森林或联合体有关，但没有证据表明是当前存在的问题。

例如，某利益方说联合体会员在河道旁植树违反了法律，并对水流造成了影响。这肯定是与标准相抵触，但利益方不能给出事情发生的具体地点。尽管评估小组在主评估过程中考察了每一个地点的不符合项，但没有发现任何在河道旁植树的情况。因此，该指控不能被证实。

(3)问题与标准及接受评估的森林或联合体有关，并且有证据表明是当前存在的问题。

在上面的例子中，如果利益方能够给出河道旁植树发生的具体地点，而且审核小组在实地考察过程中，确实发现了这种情况，这个问题就将被看作是一个标准不符合项。

相当普遍的是，利益方咨询过程中提供的信息对森林经营单位或联合体及其会员以及认证机构都是非常有用的。经常是某个问题被提出来了，而且很容易就被解决了，但经营者以前没有注意到。

例如，一个案例是由于一个林业公司运输木材的卡车经过城镇的一条主路，而且是在学生上学的时间通过，从而导致了人们对这个公司的抵抗情绪不断高涨。当该公司停止了在这个时间段内的运输活动，人们与该公司之间的关系立即得到了改善。另外一个案例是承包人在播种时把聚乙烯袋留在地上，随后被风吹到了邻近社区的花园里。该公司立刻采取行动解决了这个问题，因此，社区关系得到了改善。

总之，森林经营者不应该把认证过程的咨询阶段看作是一个威胁，而应该作为他们自己咨询活动的后续工作，从而构成主评估的一个完整和有用的部分。

9.5 主评估

对审核小组来说，主评估的目的是收集证据来证明森林经营单位或联合体及其会员满足（或不满足）标准的要求。需要的人力资源和时间的数量取决于接受评估的森林经营单位或联合体的规模和类型。一般而言，森林经营单位或联合体的规模越大，需要的人力资源和时间也就越多。

9.5.1 评估小组

评估小组有一个组长，通常（除非森林经营单位或联合体的规模非常小）还有一个或多个成员。通常每个成员（包括组长）都有自己的专业领域，如森林经营、保护和生态、社区林业或法律法规。预评估信息收集的结果将决定评估小组的组成，评估小组的名单将会提前通知接受评估的森林经营单位或联合体。

如果森林经营单位或联合体对评估小组的某个成员有意见，他们可以要求认证机构换人。然而，认证机构只有在这个人确实不合适的情况下才会同意，例如：

(1)在过去的3~5年时间里，这个人一直在为接受评估的单位工作。

(2)这个人和某个职工有关系。

(3)接受评估的单位与该评估小组成员之间存在特定的问题可能会导致评估过程出现偏差。

9.5.2 启动会

评估通常从一个启动会开始。启动会由审核小组组长来安排，他将为大家解释接下来的几天里的工作。这对接受评估的单位的人们来说是一个很好的机会，他们可以问一些问题以保证充分理解这项工作。因此，一个比较好的做法是让尽可能多的职工参加启动会，以便他们与评估小组面谈，从而对预期的工作有所准备。

启动会的具体内容是多种多样的，这取决于认证机构和评估小组组长；可能会介绍一些背景、评估小组情况、评估的目的以及所采取的工作方法等内容。审核员应该从一开始就要把握他们的审核工作，包括启动会，因此，评估小组组长一般会主持这个启动会。

评估小组组长可能会要求一个关于森林经营单位或联合体的简短报告。这非常有用，它可以给评估小组一个整体的认识，进而与接下来的工作建立起联系。评估小组将最终确定工作计划，包括他们想见谁，想考察什么地方。通常，评估小组在实施计划之前，就会把他们的一些想法提供给接受评估的单位；但就哪个办公室或地点会被考察不宜给被评估单位过多提示，因为这样会给被评估单位在审核前进行改进的机会。因此，在启动会上可能会对审核期间的活动有很多的选择，但也可以在审核期间做出选择的决定，尤其是考察的地点。

9.5.3 审核

审核包括三个主要的活动：

(1)查看文件：评估小组成员可能想查看大量的文件和记录，来检查它们的内容。这有时在主评估之前进行，是一个独立的"文件审查"阶段。评估小组成员需要审核若干方面的内容。第一，这些文件是否符合标准的要求？

> 例如，如果标准要求经营方案包含一个特定的内容，那么评估小组成员就需要查看现有的经营方案是否包含了这些内容。如果标准要求有书面的操作程序，就需要通过检查来得到证实。

第二，是否保存了合适的记录？有时这些会在开始时检查，但审核过程中也有可能需要。

> 例如，审核员可能会要求查看培训记录以确认培训是否真正开展了，经营是否保证了健康和安全，是否有野生动植物的监测记录。

第三，这些活动由谁来开展？是森林经营单位或联合体的职工、承包人还是与记录文件有利益关系的人？这将决定是否符合标准要求。

(2)考察森林：评估小组可能会随机地考察森林内的一些地点，评估小组也可能会在联合认证中拜访联合体内的一些会员。评估小组还会检查经营方案、程序和规则是否在实践中执行了。

至少要有森林经营单位或联合体的一名职工陪同评估小组(或评估小组的每个分组，如果他们被分成几个组的话)。从实际情况来看，为评估小组及陪同人员安排充足的车辆、食品和饮料是必要的。

(3)讨论和面谈：最后，评估小组将会花大量时间和职工、承包人或联合体会员进行面谈，讨论他们做什么和如何做。应该鼓励每个人都开诚布公地回答问题。当和林地施工人员或承包人进行交谈时，评估小组不希望有管理人员甚至是联合体会员参与讨论，而是会让他们在一定的距离之外等候。一般的审核实践经验表明：林地施工人员发现在管理人员面前谈话比较困难，而管理人员也发现不替林地工人回答问题很困难！因此，一个简单的方法是审核员单独和林地施工人员进行交谈。

9.5.4 发现的问题、不符合项和整改要求

在审核期间，评估小组将寻找满足要求的证据。这个证据可能来自所审查的文件、考察的森林或交谈的人，不论是接受评估的单位内部或外部的人员。

如果他们发现了森林经营单位或联合体有不符合标准要求的证据，就将其定义为不符合项。当发现一个不符合项，就会相应地产生一个整改要求。整改要求(CAR)将详细说明不符合项以及要求森林经营单位或联合体解决问题所采取的整改措施。有两种类型的整改要求(见第4章，4.1.2.5节)：

(1)主要不符合项(也称作前提条件)是在森林经营完全不符合标准的要求或在执行经营方案和程序时存在系统性问题的情况下产生的。如果出现主要不符合项，它就必须在通过认证前得到解决(这就是为什么有时称它为前提条件，它必须在认证前得到解决)。

(2)次要不符合项(也称作条件)是在森林经营部分不符合标准的要求或在执行经营方案和程序时存在非系统性问题的情况下产生的。如果出现次要不符合项，认证可以继续进行但问题必须在允许的时间范围内得到解决(因此，也称作条件)。重要的是要记住，如果一个次要不符合项没有在允许的时间范围内得到解决，它将自动变为主要不符合项，而且必须在较短的时间内得到解决(例如，一个月)，否则将被吊销证书。

大多数评估结果都会有一个或多个不符合项。没有不符合项几乎是不可能的，通常情况下会有10个或更多。林业标准是粗略的和复杂的，即使是最佳森林经营也可能在一个或两个地方存在不符合的内容。

9.5.5 总结会

评估通常以一个总结会结束，评估小组在会上就发现的问题向森林经营单位或联合体做反馈，不过一个好的评估小组应在整个评估过程中与被评估单位保持沟通，随时通知他们评估的进展情况。

许多总结会存在一个共同的问题，通常由于时间有限，评估小组不能详细介绍所有发现的问题。结果是关注点放在了不符合项以及相应的整改要求上，而忽视了符合标准的地方。这多少显得负面一些，但对准备认证的森林经营单位来说是件好事。

重要的是接受评估的森林经营单位要敢于提出问题，并在讨论中充满信心。尤其是，当评估小组误解了某事，或由于没有看到重要的文件或实际地点而产生整改要求时，森林经营单位应该告知评估小组。

非常重要的一点是评估小组不做最终的认证决定。评估小组只是总结发现的问题并提出建议。最终决定要通过进一步的评审程序，对所有认证体系来说，认证决定与评估小组的意见无关。这减轻了评估小组身上关于证据不足或修改他们所发现的问题的潜在压力。

9.6 清理主要不符合项

如果主评估发现了任何主要的标准不符合项，那么就会出现一个或多个整改要求。这些不符合项都必须在颁发证书之前得到解决或"清理"。

这些问题将在总结会上进行讨论，并在评估小组离开之后尽快通过书面形式确认。森林经营单位或联合体及其会员将会清理不符合项，待整改完成后将结果通知认证机构。

认证机构将会检查被评估的单位所采取的行动是否充分。有时检查可能不需要通过实地拜访的形式，尤其是对于与文件有关的不符合项；但通常情况下，"清理"一个主要的不符合项需要评估小组的部分或所有成员进行实地考察。

清理一个主要不符合项的成本通常高于起初认证时估算的成本。这显示出确保在预评估过程中发现的所有问题在主评估之前得到解决的重要性。

9.7 报告和同行评审

主评估完成之后，在评估小组成员的协助下，评估小组负责人将会起草一个报告。FSC和其他体系要求对外公布报告摘要(包括背景信息和评估结果)，因此，报告将包括可公开的报告摘要和详细的评估报告。其他的认证体系不要求对外公布报告摘要，只要求包含森林或联合体的信息(例如面积、位置和类型)。

一些体系(包括FSC)要求在做出最终认证决定之前，将评估报告进行同行评审。当报告完成后，将其送给选出的两个或三个作为同行评审的独立专家。由于同行评审专家要和评估小组成员一起工作，所以他们由认证机构来挑选；但应该告知接受评估的单位认证机构选出的专家是谁，如果接受评估的单位有任何疑问，也可以向认证机构提出来。

同行评审专家要根据报告提供的信息，以及他们对该地区或接受评估的森林类型所掌握的专业知识，就评估是否充分，发现的问题是否合理提出意见。

认证机构必须回应同行评审专家提出的所有问题，如果需要的话，可能提出新的不符合项或修订整改要求。

9.8 认证和监督

一旦解决了所有的不符合项或前提条件，回答了同行评审专家的问题，认证机构将做出最终的认证决定。认证决定通常由独立于评估小组的认证小组来做出(尽管评估小组负责人可能会参加会议回答一些问题或提供一些信息)。

某些体系也将认证称作"注册"，特别是在北美地区。通常这两种说法表达的意思是相同的，因此，"注册的森林经营单位"和"认证的森林经营单位"是一个意思。

证书的有效期通常是5年，但取决于年度回访发现的问题。认证机构进行年度回访是为了检验森林经营单位或联合体的森林经营在获得认证后是否仍达到了所有标准的要求。

监督回访就像是一次简版的主评估，由一个监督小组来开展相同的程序。监督小组将关注以下几个主要的要素：

（1）检查当前的任何次要不符合项已经得到充分解决，能够被"清理"；

（2）检查针对现有的主要和次要不符合项所采取的行动得到了实施，并能够成功解决所发现的不符合项；

（3）对于新增加的森林面积或有新会员加入的联合体，考察新地点或拜访联合体新会员；

（4）处理自上次回访后收到的投诉或利益方建议；

（5）检查修订的标准是否得到了实施。标准通常至少每五年修订一次，证书持有者通常有 12 个月的时间来达到修订标准的要求，监督小组需要对此进行检查；

（6）评估认证后是否持续符合标准的要求。

通过主评估，发现任何不符合标准要求的证据都将导致提出整改要求。

（王香奕 译 王虹 校）

10 森林认证：组成联合体[1]

通常，小规模森林所有者或经营者发现进行森林认证存在一定的困难。他们可能位于偏远地区，难以获得有关认证要求和程序方面的信息。对他们来说，理解和解释认证标准的要求，以及了解哪个认证体系对他们更合适会变得更加困难。另外，和大规模森林经营单位相比，小规模森林经营单位的认证成本要相对高一些，因为他们无论在实施认证标准要求还是在认证评估的成本方面都不具有规模经济。

联合认证能够帮助清除这些障碍。联合认证允许多个小规模森林经营单位在一个"联合体经理"的领导下一起开展工作。"联合体经理"能够为森林经营者提供信息，为联合体组织认证评估，允许他们从这个大的、实体的规模经济中受益。联合体经理可以是个人、组织或协会、公司或其他合法实体。联合体经理负责通过支持和监测联合体会员的经营活动，确保他们达到标准的要求。大多数森林认证体系都对认证联合体有一些规定(框图 10.1)。

下面针对认证联合体列出的这些要求大都基于森林管理委员会(FSC)体系，FSC 体系的联合认证已经得到了广泛的应用。

10.1 联合体经理和资源经理

联合认证主要有两种方式：

(1)联合体经理体系：联合体经理对联合体的运作进行管理，森林所有者或经营者可以加入联合体。森林所有者或经营者负责森林的经营管理。联合体经理负责确保所有的联合体会员满足认证标准的要求。联合体经理可以是个人、企业、森林所有单位或非政府组织。

框图 10.1　可以开展联合认证的认证体系

森林管理委员会体系(FSC)	为小规模(或集约经营程度较低)的森林经营单位组成的联合体量身定做的联合认证项目和新型程序。
森林认证体系认可计划(PEFC)	PEFC 认可的国家体系可以发展联合认证和地区认证体系，例如芬兰森林认证体系地区认证方法。
可持续林业倡议(SFI)	通过与美国林场体系签订相互认可协议来开展联合认证。
加拿大标准化协议(CSA)	认证在一定的森林区域(DFA)上进行。对联合认证没有特殊的规定；但一定的森林区域(DFA)可以是小规模森林经营单位组成的联合体，共同执行 CSA 的要求。

(2)资源经理体系：资源经理负责建立和管理联合体，正如联合认证一样。不同之处在于资源经理也要和森林所有者签订合同来对森林进行管理。这样，资源经理起到了联合体经理和森林经营者的双重作用。

这两种方法都成功地得到了广泛应用。在实践中，许多联合体是混合的，联合体经理为某些会员承担了森林经营的任务，其他会员则自己开展森林经营活动。

10.2 对联合体的要求

对联合体经理体系和资源经理体系的要求是类似的，在这里一起进行描述。细微的区别会进行说明。下面列出的要求是应用于联合体的一般要求。由于不同的认证体系对联合体的要求有所不同，所以仔细核对采用的认证体系在这方面的具体要求是很重要的。

10.2.1 合法实体

在联合认证中，认证合同在联合体经理和认证机构之间签署。联合体经理代表联合体持有证书。为了签署这样一个合同，联合体经理需要是一个有法律地位的实体，可以是公司、协会、合作社、非政府组织、政府机构或社区团体。

该实体最合适的类型取决于联合体经理所处的环境以及在该国被看作合法机构的组织类型。如果联合体经理不是一个合法实体，就有必要成立一个合法实体。

10.2.2 联合体管理结构

联合体在规模上可以有所不同，从两三个到几百个或更多会员。根据联合体的规模，联合体的管理可以由一个人或一个团队来进行，不同的办公室承担不同层次的管理工作。在所有情况下，通常任命一个人为"联合体经理"，对确保联合体的正常运作负有全部责任。

10.2.3 谁可以加入联合体

某些认证体系对联合体的类型、规模或会员数量有所限制，或要求联合体经理确定谁可以加入联合体。重要的是要确保联合体经理有能力使联合体有效运作：规模越大越复杂的联合体，其运作也越复杂。

确定谁可以加入联合体可能包括如下决定：

（1）最大或最小的森林面积；

（2）会员的总数量；

（3）联合体经理能够开展工作的森林类型（例如人工林或半天然林）；

（4）能够进行实地管理的地理区域和位置；

（5）会员加入联合体的成本和会费；

（6）经营现状与联合体会员组成相适应（例如，某个联合体可能只接收由森林所有者自己经营森林的会员；相反，某个联合体可能只接收森林完全由资源经理进行经营的会员）。

10.2.4 解释标准

通常情况下，需要对森林经营标准进行解释才能使森林经营者清楚地知道他们在实践中需要做什么以满足标准的要求。标准需要解释的多少取决于所采用的认证标准。国家或地区标准能够更容易适应当地的情况，因为参考了国家法律、政策或指南。不适应当地情况的国际标准往往需要进行大量的解释和指导才能使森林经营者清楚地了解他们应该如何做。

对小规模森林经营单位尤其如此，通常是联合体的主要会员应用森林经营标准时出现的情况。大多数森林经营标准更适用于大规模森林经营单位。这些标准是针对大规模森林经营单位制定的，涉及的问题包括环境和社会影响评估、咨询程序、划出需要进行保护的地区、促进当地工业的发展等。这些要求适用于大规模企业，但在没有合理解读的情况下，如果应用于小规模森林经营单位，要求可能会过高。

联合体经理的一个重要作用就是为小规模森林经营者提供对标准的解释。这可能是一项艰巨的任务，尤其是在没有当地标准和没有通过认证的联合体的情况下。联合体经理可能会处于以下三种情境中，如框图10.2所示。

框图10.2   为联合体会员解释标准

在采用国家标准进行认证的地区，标准足够详细，可以被森林经营者直接使用。然而，情况不总是这样：在许多国家，即使是国家标准也必须针对一定的森林类型和经营方法。对特定的国家而言，森林管理委员会(FSC)认证的森林经营标准可能处于三个制定阶段中的一个：已完成、制定中或尚未开始制定。这将对联合体经理为联合体会员解释标准要求有一定的影响：

(1)存在当地标准。可以在不需要进一步指导的情况下简单地将该标准提供给联合体会员。不过在多数情况下，可能需要一些讨论或额外的信息，可以采取指导性说明的形式，或是带有注释的标准文本，或实地考察过程进行。

(2)存在当地标准草案。联合体经理可以将标准草案或对标准草案的解释提供给联合体会员，让他们清楚地知道该标准可能会有所变化。该标准得到批准后，他们有12个月的时间达到最终批准的标准要求。

(3)不存在当地标准。联合体经理需要以国际标准为解释依据。为了将该标准应用于联合体会员经营的森林，可能需要对标准进行大量的改写。

无论哪种情况，联合体经理都需要使他的解释或指导适合联合体会员经营森林的规模、森林类型或经营实践，以及他们理解技术文件的能力。如果大多数会员的森林都由专业的林业人员来经营的话，他们可能愿意自己解释标准。在这种情况下，重要的是要确保在不同的森林经营单位对标准的解释是相同的。在由非专业的林业人员经营的森林经营单位，或没有林业技能培训的情况下，就需要做大量的解释工作。

10.3   会员要求

联合体经理负责确保所有的联合体会员都达到认证的要求。为了做到这一点，重要的是要明确加入联合体和退出联合体的要求和程序以及开除联合体会员的条件。

10.3.1   加入联合体

在新会员加入联合体之前，联合体经理就要确保其森林经营活动符合标准的要求，而且已经有相关的书面程序描述。

当一个森林所有者申请加入已认证的联合体时，森林所有者应该能够获得有关联合体对会员要求的全面信息。联合体经理可以设计制定一套关于申请材料，列清对会员的要求。在某些情况下，通过会议或研讨会的形式口头提供信息会更合适。框图10.3列出了向未来的会员提供的各类信息。

　　如果森林所有者决定加入联合体，下一步工作就是由联合体经理来审核其是否满足联合体及标准的要求。

框图10.3　　联合体申请者需要提供的信息

应向申请加入认证联合体的森林所有者或经营者提供以下信息：

（1）关于联合体的一般信息，例如经理、隶属关系以及采用的认证体系；

（2）对联合体成员的要求，包括对其加入、退出、开除和监测的要求；

（3）标准或对标准的解释；

（4）认证程序简介；

（5）认证机构和认证体系具有进入和监测森林的权利；

（6）是否有对外公布信息的要求；

（7）投诉程序；

（8）联合体成员的费用，包括加盟费、会费和监督费用，以及处理可能发生问题的费用。

　　首先，联合体经理需要检查未来的会员是否满足联合体的基本要求，例如最大或最小森林面积、森林类型、地理位置或所有权。检查申请者是否具有经营森林的合法权利。一旦确认了基本信息，就需要进入森林对森林经营措施进行加盟前检查。

　　初步评估（加盟前检查）允许联合体经理对森林经营活动进行充分检查。加盟前检查可以由联合体经理或联合体经理授权的检查者来实施。为了确保加盟前检查的一致性和全面性，制定一个包含所有相关问题的检查表是很有用的。检查表能够起到两个作用：

　　（1）它可以提醒检查者在考察过程中需要检查的项目，包括所有认证标准的要求。

　　（2）它是检查结果的记录，包括检查后需要开展的后续工作。

　　如果森林经营没有达到标准的要求，检查者就要向森林所有者或经营者解释存在哪些问题，并让他们知道如何解决这些问题，这是很重要的。

　　基本要求是检查者和联合体经理都要对发现的问题进行书面记录，并记录解决问题的程序和时间表，也要就实地复查和文件检查做文字记录。认证机构在评估过程中将会检查这些项目，同时这也是联合体形成的基础，即只有达到标准要求的森林经营单位才能加入联合体。

　　如果对森林经营单位进行了检查，结果表明申请者满足联合体对会员的要求，并且联合体经理也对此表示满意，那么重要的事就是为新加入的会员正式建立文件档案。新会员和联合体经理一般要签署一个正式的协议，表明联合体的要求、会员对达到联合体要求的承诺和联合体经理对实施加盟前检查及结果满足基本要求的确认。协议可以通过以下方式来签署，例如：

　　（1）联合体经理在加盟前检查表上签字，确认申请者达到了要求；

　　（2）联合体经理和新会员签署一份会员协议，确认接收其为联合体会员；

　　（3）联合体经理给新会员发一封信，确认接收其为联合体会员。

　　联合体经理必须对接收新会员加入联合体的记录进行存档。当有新会员加入联合体时，通知认证机构也是必要的（例如，FSC规定联合体经理必须在新会员加入联合体后一个月内通知认证机构)。

10.3.2 退出联合体

　　森林可持续经营是一个长期的过程,认证通常要求森林经营活动长期按照标准的要求来进行。认证要求,例如与当地社区和利益方保持良好的关系、环境保护、适当的造林技术和监测等都要贯穿整个生长周期,而不仅仅是在采伐期间。因此,认证体系关心的是要确保森林经营单位不只是为了开拓木材市场而在采伐期间才获得认证,在采伐结束后就退出认证。这种情况与联合体尤为相关,小规模森林经营单位通常采伐期比较短,而在较长的时期内都没有采伐。因此,联合体经理需要保证联合体会员的稳定性,并保证他们长期按照标准的要求进行经营。对于会员流动频率异常高的联合体,认证机构会进行详细考察。

　　不过,在某些情况下,会员退出联合体是完全合理的。这些原因包括:

　　(1)森林的出售:当一片森林对外出售时,新的森林经营者不愿意继续作为联合体的会员按照其要求来进行经营。

　　(2)认证产品销售不景气:认证不一定能为产品带来市场机会,尤其是小规模森林经营单位。在认证产品不能以期望的高价格对外出售的情况下,会员的收入可能无法弥补加入联合体的成本。

　　(3)自然灾害:森林受自然灾害的影响比较大,例如火灾、飓风或洪水可能导致长时间不能对森林进行正常经营。尤其是小规模森林经营单位,可能没有对这类灾害的应急措施。在这种情况下,继续维持联合体会员的可能性不大。

　　FSC 认证要求联合体经理必须在会员退出后一个月内通知认证机构,说明退出的原因。

10.3.3 开除联合体会员

　　联合体经理的职责是确保联合体所有会员都达到标准的要求。如果某个会员不能达到要求,而且没有采取充分的行动来改变这种状况,整个联合体的认证都会受到威胁。因此,联合体经理需要有一套制度对不能达到联合体要求的会员予以开除。联合体成立时就应该制定这样一套制度并进行备案,以便所有会员都了解这套制度,在签订会员协议时接受这套制度。

　　有一套合适的程序解释开除会员所遵循的具体步骤是很有用的。当有新会员加入时,应该告诉他这套程序,确保日后不会因此产生争议,而且联合体经理应该一直遵循同一程序。开除程序的主要内容在框图 10.4 中列出。

10.4 咨询和投诉

　　不同的认证体系对咨询的要求差别很大,因此,联合体经理开展咨询的职责将取决于认证体系的要求。通常情况下,认证体系要求把与当地社区和其他利益方的咨询过程作为森林经营和认证程序的一部分。

10.4.1 咨询作为森林经营的一部分

　　作为森林经营的一部分,许多体系标准(例如 FSC 和 CSA)就森林经营者进行咨询有具体要求(见第 3 章)。在联合认证体系下,咨询的职责可以在联合体经理和会员之间进行分配。至于如何将职责准确地划分将取决于联合体的情况；不过可能的情况是联合体会员侧重于向当地社区、近邻及直接受到其森林经营活动影响的居民咨询，而联合体经理将参与广泛的咨询，包括与地方和国家政府部门以及非政府组织和区域性的利益方咨询。

框图 10.4　开除程序的主要内容

> 开除程序应该包含以下主要内容：
>
> (1)会员被开除的情况：包括不能达到联合体对会员的要求，并且没有在具体的时间范围内采取行动来进行整改；不交纳会费；或有严重的、不可挽回的违反认证标准的行为。
>
> (2)开除会员之前如何通知其存在的问题：在开除会员之前，应该允许其有机会解决存在的问题，但应该遵循正式的程序和时间框架。联合体经理可以通过信件通知会员，说明其存在的问题，指定解决问题的时间期限，并解释如何对其所采取的行动进行检查。
>
> (3)如何将开除的决定通知会员：如果问题没有得到解决，会员就要被正式开除。开除会员必须有书面记录，一般通过信件。信件上应说明会员已被开除，他们不能再声称其森林(或产品)是通过认证的。另外，应该说明上诉的权利、程序和时间期限。
>
> (4)上诉程序：应该向会员说明其在多长时间内可以提出上诉以及多长时间内可以处理程序。上诉程序应该明确具体，可能包括上诉小组或委员会的信息。上诉小组应该公正，不能参与开除会员的决定。在这种情况下，某些联合体采用专业的林业协会作为仲裁者。

10.4.2　认证咨询

某些认证体系要求认证机构将咨询作为评估的一部分内容(见第9章"利益方咨询")。目的是确保认证机构注意到有关的各种问题，积极的和消极的、利益方和森林经营者之间的问题，还要根据标准的要求检查森林经营过程中是否进行了咨询。

联合认证过程中开展咨询，重要的是要让所有与联合体会员有关的利益方了解到，在认证程序进行过程中，他们在必要的情况下有机会向认证机构反映自己的意见。认证机构可以直接与某些利益方进行联系，不过由联合体经理和联合体会员负责通知当地利益方认证程序正在进行中。采取何种通知方式将取决于当地的情况，可能包括邮寄信件、在当地报纸或其他媒体上做广告、在当地社区的公告栏上贴通知或在公众大会上宣布。

10.4.3　处理投诉

大多数认证体系包含处理投诉的要求，例如，FSC标准包含有解决不满和投诉的机制要求。联合体认证中的投诉通常有两种类型：

(1)来自利益方关于联合体会员以及他们的森林经营方式的投诉；

(2)来自会员或利益方关于联合体经理以及联合体运作方式的投诉。

联合体经理需要有一套程序说明每种类型的投诉如何处理。这套程序应该包括谁来处理投诉，处理期限和投诉的后续工作。为了处理联合体经理和会员不能解决的投诉，通常要成立投诉委员会，与解决会员资格方面的上诉委员会类似。

10.4.3.1 针对联合体会员的投诉

首先，联合体经理要对投诉情况进行调查，并将调查结果汇报给会员和投诉者。如果投诉者不满意，他们应该将该投诉信息提供给投诉委员会。

10.4.3.2 针对联合体经理的投诉

应该有一套机制来处理这类投诉，以便能够对联合体经理进行独立的调查。处理这类投诉应该有独立的第三方或投诉委员会的参与。

对收到的任何投诉及所采取的解决方案，都需要清楚地登记和备案。

10.5 监督联合体会员

联合体经理的一个最重要的作用就是确保联合体会员能够达到认证标准的要求。对会员自己经营森林的联合体而言，这可以通过制定和实施一个监督方案来实现。对资源经理而言，由于联合体经理负责经营森林，情况有所不同，资源经理趋向于通过非正式的方法实施监督，更多的把关注点放在确保在所有通过认证的森林中，他们自身的经营活动能够符合标准的要求。

制定和实施监督程序的主要要素是：

(1)制定监督计划；

(2)制定监督检查表；

(3)记录、登记和跟踪不符合项。

下面对每一个要素进行详细讨论。

10.5.1 制定监督计划

监督计划可能很简单，也可能包含不同的人、抽样水平和沟通网络。监督计划的复杂程度取决于联合体的规模和复杂性。所有的监督计划都需要考虑两个主要的问题：

(1)谁来实施监督？监督可以由个人(例如联合体经理)或由联合体经理授权的监督小组来实施。实施监督与实施加盟前检查的人可以相同。检查者应该独立于接受检查的联合体会员，并具有适当的经验和培训知识。

(2)何时实施监督？某些联合体每年对每个成员实施监督。然而，如果联合体由非常小的森林所有者组成，个体所有者在长期内没有什么变化，这种监督可能就不太合适了，监督频率应该根据是否进行采伐、疏伐、修路、造林或其他森林经营活动来确定。频率通常由认证体系来确定。在监督计划没有包括每年对每个成员实施监督的情况下，可以采用抽样监测的方法。有关抽样的问题已在第4章4.1.2.2节进行了讨论。

10.5.2 制定监督检查表

在监督考察过程中，检查者的目的是为了确认会员达到了联合体的要求。检查内容包括森林经营达到了标准的要求，以前发现的问题得到了解决，利益方反映的意见进行了核查，以及其他联合体的要求得到了满足。和加盟前检查一样，制定一个包含所有问题的监督检查表是很有用的。

检查表可以作为一个检查前的计划工具、检查过程中的指南以及检查后对结果的记录。因此，应该确保仔细核对检查表，采用简单易用的格式，留有足够的、反映意见的空间。检查表的内容将取决于所使用的森林认证标准、联合体经理对标准的解释以及联合体的特殊要求(框图10.5)。

框图10.5 监督检查表

> 不同的联合体制定的监督检查表内容可能有所不同，但大多数监督检查表应该包括：
> (1)管理信息：包括森林所有者/经营者的姓名、森林所在地、监督实施者、检查日期。
> (2)先前考察得到的信息：在以前考察过程中发现的问题需要进行后续跟踪，从利益方获得的信息也需要进行核查。
> (3)会员提交的变动信息：新的经营活动、造林、采伐或道路建设应该在实地考察过程中进行检查；对所有权的变更或会员森林面积的变化必须进行汇报。
> (4)联合体的要求：包括持续遵守联合体的要求，包括认证标准的要求。

10.5.3 对问题进行记录、登记和跟踪

监督检查表能够就会员应该达到的每一条要求提供观察记录，如果发现与这些要求的不符合项，就要有具体的机制来报告这些不符合项，引起会员的关注和开展后续活动。每个联合体都需要有这样一套机制来处理这些问题，包括：

(1)对不符合项进行记录和沟通：应该有一套机制对发现的问题进行记录，并与会员进行沟通。

(2)对不符合项进行登记和审核：在和会员就不符合项进行沟通之后，联合体要求有一套机制确保对所有处理的不符合项进行登记，以及确保这些不符合项得到解决。

(3)确保不符合项得到解决：最后，需要有一套机制确认不符合项已得到解决，并从登记表中划掉。这可能需要对会员进行监督回访，就会产生潜在的费用问题以及谁来支付这笔费用。

如果会员不能充分解决发现的不符合项，联合体经理就要采取紧急措施，终极措施是开除会员，这方面内容在第10.3.3节中有详细讨论。

10.6 联合体文件和记录

为了对联合体进行管理，掌握会员的情况，对有关活动进行监督和跟踪，以及处理同认证机构之间的工作，对联合体经理来说，最基本的要求是要保留好联合体的文件和记录。联合体文件是协助联合体运作的标准文件，例如申请表、信息表、检查表和程序表。记录主要是收集有关联合体会员及其活动的一些信息，例如完整的会员名单、完整的监测检查表和不符合项的详细信息。

10.7 培训和信息

在联合体运作过程中，两类培训和信息提供是很重要的——对联合体管理人员的培训和为联合体会员提供信息，二者都能够对联合体的成功运作产生重要影响。

10.7.1　对联合体管理人员的培训

联合体管理可以由单独的联合体经理来开展，也可以由一些与联合体没有义务和责任关系的职工来开展。无论谁负责联合体的运作，他们都应该接受足够的培训，具备足够的经验。除了掌握森林经营技能，以便了解联合体会员的森林如何经营的之外，联合体管理人员需要了解两个关键点：

(1)联合体如何工作：所有联合体管理人员都需要了解联合体的目标、程序和要求。

(2)如何进行检查：检查是对联合体进行管理的一个基本组成部分，确保所有标准要求在实践中得到实施。检查的基本要求是审核技能，这些技能可以通过与有经验的审核员一起进行审核以及参加审核培训班来学习。

10.7.2　对联合体会员提供信息和培训

联合体经理负责确保联合体会员的森林经营达到认证的要求。因此，联合体经理需要确保所有的联合体会员能够了解并达到这些要求。为了达到这个目的，联合体经理需要为会员提供一些基本信息，提供森林经营方面的、更广泛的培训和建议，以帮助会员达到这些要求。

10.8　产销监管链和声明

认证联合体的会员有将他们的林产品作为认证产品进行销售的权利。联合体经理必须确保将其林产品作为认证产品销售的会员能够做到：

(1)实施充分的产销监管链控制(产销监管链和联合产销监管链在第11章和第12章进行介绍)；

(2)满足认证体系关于控制声明和标签使用的所有要求。

联合体经理需要在联合体内部制定自己的产销监管链控制程序，确保内部控制程序作为联合体监测活动的一部分而得到定期监测。

10.9　区域性认证

森林认证体系认可计划(PEFC)批准的国家认证体系可以发展区域认证体系。不是所有被PEFC体系批准的国家体系都这样做，某些国家体系发展了联合认证体系，和前面介绍的类似。然而，区域认证模式已经在芬兰和德国进行了应用。

区域认证的目的是通过整个地区进行认证的方式来减少小规模森林所有者开展森林认证所面临的障碍。认证必须由能够代表该地区内50%以上的森林所有者或经营者的一个森林经营单位来申请。个体的森林所有者可以对获得认证做出承诺，或由代表该地区森林所有者或经营者的森林所有者协会来做出承诺。

区域认证体系的评估由认证机构在地区一级和通过抽样的方式对个体森林所有者/经营者来进行。申请认证的森林经营单位负责确保个体的森林所有者/经营者达到认证的要求。

区域认证在获得大量认证资料方面具有显著的优势。然而，这种方法由于两种原因而存在争议。第一，在某些采用这种方法的示范地区，认证地区内所有的森林所有者会自动地通过认证，除非他们主动放弃；而不是像常规方法那样，要求森林所有者主动地进行认证。这就产生了一个问题，对于不知道自己通过认证的森林所有者来说，应该在哪个层次上做出达到认证要求的承诺。

第二，确保地区内的个体森林所有者和经营者在实践中充分地实施森林经营标准的机制不明确，尤其是那些不在寻求地区认证的机构管理范围内的森林所有者和他们经营的森林。

注释：

1. 成立和运作联合认证体系的详细指南可以在 ProForest 出版的《森林的联合认证：实践指南》中找到，也可以在 www. ProForest. net/Publication 网站免费下载。

（王香奕 译　王虹 校）

11 产销监管链认证：体系的实施

在前面的章节，我们重点分析了森林认证。本章我们将重点分析将认证森林与其生产的产品联系起来的过程，这一过程是森林认证体系非常重要的组成部分，因为它为产品的声明提供了基础。对于该过程而言，应用最广泛的术语就是"产销监管链"。第6章详细讨论了产销监管链的理论和相关声明，本章将集中阐述如何在实践中实施产销监管链。

如第6章所述，将一种声明与一片认证森林联系起来简单易行，但表明一种产品和一片认证森林之间的联系就要困难得多。木制品生产部门通常建有复杂的生产线以便对原材料进行各种加工，同时可能几次变更所有权，有时还要在来源森林和生产的最终产品之间跨越国际边境线。为了对这些产品进行声明，建立适宜的机制并通过这一机制自始至终地追踪认证原材料是非常必要的。

11.1 谁需要实施产销监管链

产销监管链要求通过整个供应链（从森林一直到最终产品）来控制认证原材料，这一链条中的任何机构都必须实施产销监管链体系，并且要求每一个机构都具有产销监管链认证证书（图6.2）。这就意味着这些原材料的加工企业和所有权机构都必须实施产销监管链。

例如，产销监管链体系的实施者包括：购买森林立木的采伐承包人，加工链上的所有加工商，原材料采购和销售机构，以及大批量购买然后小批量销售的分销商。

如果一个没有产销监管链认证证书的机构经手了经过认证的木材或纤维，那么这批原材料的认证特性将被丢失并且不能再重新获得，因为没有独立的证据可以表明这些认证原材料未与其他非认证材料混合。因此，任何打算销售认证原材料或产品的机构都需要持有产销监管链认证证书。

11.2 产销监管链有哪些类型

如第6章所述，依据针对最终产品的声明类型，产销监管也有几种不同的方法，所采用的方法将直接影响产销监管链体系的设计和实施。

因此，建立产销监管链体系的第一步就是确定采用的方法。有两种主要的方法，一种是完全利用来自认证森林的原材料生产100%的认证产品，另一种是利用认证和非认证混合原材料生产百分比产品。如果采用百分比法，还有一些不同的选择。

几乎所有的认证体系都允许使用一种以上的方法，但是大多数都不允许同时使用所有的方法。因此，在决定采用哪种方法之前，检查下列方法中哪些是该认证体系允许使用的非常重要。

11.2.1 百分百认证

在一些供应链中，可能在最终产品中完全使用来自认证森林的原材料，这就要求从森林到最终产品的每一个阶段都要完全将认证原材料隔离开来，并且所有的认证和标签产品都要使用认证原材料。

11.2.2 百分比声明

在实际中，由于仅使用认证原材料通常相当困难（参见第6章的6.3节），大多数体系都允许使用百分比生产和声明。有4种可以控制百分比生产的方法，其中每一种都有不同的产销监管链实施方式。

（1）单个产品中的百分比：进行百分比标识的一种方法就是在单个产品中控制认证和非认证原材料的比例。这就要求对产销监管链进行与百分百认证产品同等程度的控制，因为必须在加工全过程（直至所有材料被组合在最终产品）都保持对认证和非认证原材料的识别。同时，必须控制最后一个阶段以确保掌握单个产品中精确的认证原材料数量（以重量或体积来表示）。

（2）一条生产线或加工过程中的百分比：在许多生产加工过程中，不可能控制单个产品中的百分比，而必须对生产线或加工过程来进行控制。在这种情况下，必须控制进入生产线的认证和非认证原材料的比例。

> 对于进行批次生产的加工过程来说，通常这种控制相对来说要简单易行，并且可以控制每一批次的原料投入量。但对于连续性生产过程来说这种控制则要复杂得多。在这种情况下，必须以一个"名义批次"的原材料投入控制为基础，这个"名义批次"是指一个固定的时间阶段，例如一天、一周或一年。在这个名义批次的时间期限内，进入加工过程的认证原材料的平均数量必须得到充分控制，以确保投入的认证原材料数量总是超过最小的允许量（参见第6章6.3.1.2节有关名义批次的详细说明）。

（3）部分产出的百分比：这是一种替代性的方法，也被称作投入—产出法或数量核算法，证明在生产过程中产品的比例相当于使用的认证原材料的比例。因此，如果进入加工过程的原材料有10%是认证的，那么应有10%的产品能够被认为是认证产品并作为认证产品来销售。对于这种产销监管链方式来说，必须要知道进入生产过程中的认证原材料数量。

（4）加工者认证：加工者认证集中对生产线上的每一个加工者进行认证，而不是针对原材料进行控制。对加工者认证的要求是依据认证体系的相关规则来确定的。

对于所有的产销监管链百分比方法来说，生产过程中非认证原材料的来源也非常重要。对这一问题的进一步讨论参见下文11.4.2节。

11.2.3 选择最佳方式

如果认证体系允许采用一种以上的产销监管链方法，申请认证的机构需要决定到底使用哪一种方法，选择的依据主要包括以下3个方面：

（1）认证体系认可哪一种方法？仔细检查认证体系允许使用哪种方法非常重要，另外也应考虑这种方法是否适合本机构未来可能采用的第二种体系进行产销监管链的认证。

（2）市场需要或倾向于采用哪种类型的方法？在大多数方法已被大部分市场同等接受的情况下，可能某一特定组织或市场有特别的喜好。例如，如果购买者更喜欢百分之百的标签认证产品,那么考虑到这一点就特别重要。

(3)哪一种方法最适合产销监管链实施机构的实际情况?百分比方法需要在下列情况下应用:

①不可能从认证原材料中取得产品的某些组成成分;

②不可能仅采购认证原材料,并且从一进入某一生产过程就将认证和非认证原材料分离也是不可行的。

但是,无论何时希望使用百分比的方法,都要时刻铭记:在生产过程中控制非认证原材料是非常重要(参见11.4.2节)。在某些情况下,生产百分百认证产品比实施控制非认证原材料来源的体系要容易得多。

11.3 建立一套产销监管链体系

在实践中,产销监管链的任务主要有两方面:

(1)对供应链中每一个认证机构内部的认证原材料进行控制;

(2)对供应链中各认证机构之间的认证原材料进行控制。

机构内部的控制要求通过内部加工过程对原材料进行管理。控制的设计和实施方式将取决于所采用的产销监管链方式。

对认证原材料在同一供应链不同机构之间流动的控制,通常是通过控制销售和供货机构的发货,以及采购和接收机构的进货来实现。

此外,还需要制定适宜的体系来控制相关产品的任何声明或标签。

在实践中,这意味着实施产销监管链的任何机构都需要建立独立的体系来确保达到以下4个方面的要求:

(1)充分控制采购和进货,以确保认证材料必须来自认证来源,并且作为认证原材料来接收;同时用于百分比生产的非认证原材料的相关要求得到满足;

(2)对这些材料的内部处理进行正确控制;

(3)充分控制最终产品的销售和流通,以确保只有使用认证原材料生产的产品才能被作为认证产品进行销售和流通;

(4)控制所有的声明和标签,以确保其满足认证体系的要求。

下文将针对图11.1展示的4个要素中的每一个要素进行详细的讨论。产销监管链的案例研究为如何在三类加工过程(制材厂、批发商和中密度纤维板加工厂)中实施产销监管链提供了实际应用的范例。

| 控制产品的材料来源 |

| 控制产品的加工过程 |

| 控制产品的销售和流通渠道 |

11.4 产品来源:采购和进货

产销监管链的首要因素就是控制原材料的采购和接收:

(1)需要采购足够的认证原材料以便与生产链中的前一个阶段连接起来;

(2)购买用于百分比生产的非认证原材料,必须确保其符合认证体系对认证产品中非认证原材料的要求。

现针对上述两种情况分别讨论如下。

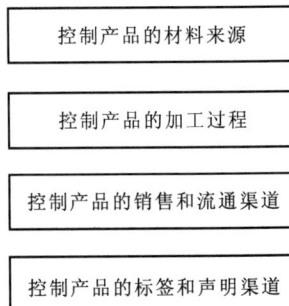

| 控制产品的标签和声明渠道 |

图11.1 产销监管链认证的4个要素

11.4.1　认证原材料的来源

11.4.1.1　采购

确定获得认证的供应商。

只有通过产销监管链认证的供应商才能提供认证原材料。因此，在下订单之前检查供应商是否通过了认证非常重要，可以通过获取供应商产销监管链认证证书的复印件来检查并核实下列情况：

（1）认证证书在有效期内；

（2）证书的产品范围包括了所购买的原材料。由于许多企业同时生产认证产品和非认证产品，因此确保产销监管链证书包括了所购买的、作为认证原材料的产品类型非常重要。

另外，如果认证机构或认证体系在其网址上公布了认证证书持有者的名单，可以利用这一名单来检查供应商是否通过了认证。同时，这也是检查供应商的认证证书副本是否准确、是否是最新版本的好方法。

> 需要制定专门的程序或工作指南，来确保负责原材料采购的个人或部门能够在下订单购买认证原材料之前，先确认该供应商持有有效的产销监管链认证证书。如果实施的是 ISO 9000 体系，该体系也可以作为供应商获得批准的条件之一。

11.4.1.2　详细说明认证产品

即使一个供应商持有有效的产销监管链认证证书，也可以同时进行认证和非认证原材料的贸易。因此，在采购订单或合同中必须详细说明所需要的认证原材料。

> 采购程序应要求详细说明认证原材料。如果是电子采购订单，系统应自动加上是否要求订购认证原材料的询问；如果订单需要在提前打印好的文件中手工填写，应加上可能订购认证原材料的选项，例如设定一个画√的方框选项。

11.4.1.3　货物接收

应检查原材料接收以确保其符合特定的要求，包括原材料的认证状态。有两种方式可以确认原材料为认证原材料，这两种方式都要确认：

（1）发票和任何其他形式的相关文件（例如发货单据或运输文件），应详细说明该原材料是经过认证的并且提供供应商的产销监管链认证证书号码；

（2）可以的话，认证原材料应具有标签或货物本身能够容易地被识别为认证材料。

接收原材料的交货程序应包括检查文件和确认实物两方面的要求，任何一方面的要求不被满足都将被拒收或进行隔离，尤其是那些不能满足特定要求的情况。如果实施的是 ISO 9000 体系，可以将该程序并入到现有的货物接收程序中。开具发票的程序应确保在付款之前先进行认证状况的确认。

11.4.2　用于百分比生产的非认证原材料的来源

如第 6 章所述，当采用百分比的生产和标签时，意味着生产的产品包括了来自非认证森林的原材料。通常认证产品的采购是以一种执行政策的方式来排除来自非法来源或不可持续经营森林的木材或纸产品，相比而言，确保非认证材料不来自任何一种不可接受的来源（参见第 6 章有关"处理非认证原材料"的内容）就显得非常重要。因此，大多数认证体系都规定了控制百分比生产的认证产品的要求。

每个体系对这个要求都有所不同,因此,明确这些要求,并基于这些要求和下面的建议来建立适宜的体系就显得格外重要。

11.4.2.1 确认哪些来源是不允许的

对于那些不允许的来源,每一种体系的定义都稍有差别。但几乎所有的体系都包括排除来自非法来源的木材,当然许多体系还包括其他的排除项。框图 11.1 列出了主要的排除来源。

框图11.1 在百分比生产中被一个或多个森林认证体系禁止的木材或纤维来源

> 用于认证产品百分比生产中的非认证原材料不应包括以下来源:
>
> (1)非法来源;
>
> (2)来自保护区或已被申请作为国家公园但还未正式公布的森林;
>
> (3)来自具有特殊高保护价值的森林(例如生物多样性热点、高保护价值森林、具有显著保护价值的森林和濒危森林),除非这些森林被认定是良好经营的森林;
>
> (4)来自存在严重权属争端的森林,尤其是这些争端包括不尊重原住居民或当地人的传统权利;
>
> (5)来自被不合理地转为其他用途的森林。

11.4.2.2 制定专门体系来核查来源是否可以被接受

为了满足认证体系排除来自违禁来源的木材和纤维的要求,需要制定并实施专门的体系来检查和控制原料来源。实现这一点并没有单一的方法,但下面列出的操作过程具有实用性,并已被众多机构所采纳。

确定非认证原材料的来源:既然所有被违禁的来源都与来源地森林的经营紧密相连,因此必须确定原材料源自的森林。对于处于供应链起始端的加工者来说,这一过程要相对直接一些;在供应链中所处的位置越往后,这一过程将越复杂,因为这涉及需要确定这些机构自身的供应商从哪里获得原材料。在某些情况下,确定原料来源的国家要相对容易,但确定来源的具体森林就非常困难,主要看原材料供应商的风险水平。

开展风险评估:每一种来源都需要对其进行是否来自不可接受来源的风险评估。如果能够获得森林方面的信息,可以针对问题森林进行评估。如果仅能获得国家和地区方面的相关信息,那么就需要对该国家或地区进行风险评估。在高风险情况下,必须确定来源的森林并检查其是否经营得当;在低风险情况下,只需要在国家层面上管理原材料的来源。

停用高风险或违禁的原材料:一旦完成了评估,就必须中断所有高风险或违禁的来源,至少是停止对认证产品生产线的供货。只有采购来自可接受来源的非认证原材料,才能生产出百分比的认证产品。对于整个产销监管链来说,将被禁止的原材料排除在外与确保认证原材料的可靠来源同样重要。

一旦完成初始评估并且了解了加工过程的基本情况,就需要制定专门的程序来确保可以充分地控制百分比生产所使用的非认证原材料的每次采购。这一点可以通过以下方式来实现:

获得认可的供应商:最实用的方式通常就是对非认证原材料的供应商进行限

制，以确保其符合筛选条件并确定能够供应可接受的原材料。

获得认可的原料来源国或地区：当采购范围很广并且经常定期变化时，需要实施控制以确保仅采购来自被评估为低风险国家或地区的原材料，或者要求对高风险国家的每一次采购都进行评估。

11.4.2.3 承诺

大多数认证体系都要求对消费者进行某种承诺或声明，在某些情况下，还要求公开声明所有用来生产认证产品的非认证原材料都来自可接受的来源。

关键是一旦机构实施了控制措施，就应发表相关的声明以确保其在实践中履行所做出的承诺。

11.4.2.4 详述和接收非认证材料

一旦建立了非认证材料的控制体系，就可以采用与上文11.4.1节(针对认证材料)相似的方式来进行非认证材料的详细说明、采购和接收。

11.5 生产过程：实施内部控制

对产品来源的控制，应当认真考虑供应环节中前一个机构与自身体系机构之间实施的产销监管链。接下来需要一个体系进行产销监管链的内部控制。产销监管链的内部控制通常以确定和管理关键控制点为基础。

11.5.1 确定关键控制点

关键控制点(CCPs)是指在加工过程中所有可能将认证和非认证原材料混合的环节，需要对加工过程进行全面分析来确定每一个控制点。

关键控制点的例子包括：一个用于同时贮存认证和非认证原材料的贮木场，一条用来同时生产认证和非认证家具的生产线，以及用于同时存放认证和非认证产品的仓库。

关键控制点不仅取决于加工过程，而且取决于所实施的产销监管链类型。如果生产的是100%的认证产品，那么需要通过整个生产过程来对认证原材料进行追踪；如果使用基于批次或百分比进—百分比出方法的百分比标签，那么就仅需要对认证原材料追踪到其进入生产线的那一点。

11.5.2 管理关键控制点

对于每一个关键控制点来说，需要掌握最佳方式来确保不会将认证和非认证材料混淆。达到这一点的最适宜方式虽然取决于加工过程和机构本身，但都以产品隔离、产品鉴定和文件管理为基础，分述如下。

11.5.2.1 产品隔离

防止认证和非认证原材料混淆的最有效方式之一就是确保认证材料与非认证材料的始终隔离。应当在每一个关键控制点上都考虑隔离的可能性，包括以下几个方面：

(1)贮存：认证原材料和产品能够存放在单独的区域以便与非认证原材料和产品隔

离开。

(2)生产：能够在单独的生产线上进行认证产品的生产流水作业(物质分离)。如果达不到这一点，对于同一条生产线，认证产品的生产时间应与非认证产品的生产时间分隔开(时间分离)。

> 隔离包括：贮木场中专门用于认证原木存放的单独区域、仓库中存放认证原材料和产品的单独隔离区、规定进行认证产品生产的特定日期，以及针对认证和非认证材料组装产品的不同贮料口。

11.5.2.2 产品鉴定

另外一种防止认证和非认证产品混淆的方法就是对认证产品进行物理性标记。

(1)原材料：认证原材料例如原木、锯材、胶合板或纸张应清晰标记为认证原材料；

(2)加工过程产品和最终产品：鉴别方式可以包括不同的工作卡片或加工过程卡片、部分组装产品的物理性标记或标签、不同颜色的货盘或贮料装置，以及惟一的鉴定号码(通过其可以追溯原材料的认证来源)等。

> 鉴别方法包括：原木上的印刷标记、原木上的条码、正在干燥窑中干燥的锯材上的纸制标签，或是颜色明显不同的认证产品工作卡片。

11.5.2.3 文件管理

良好的文件管理是良好的产销监管链的重要组成部分，不管是手工的表格式管理还是电子文件管理，其内容举例如下：

(1)每一个关键控制点的控制程序；

(2)各种类型的记录：包括可以确定来源和进料量的精确生产记录、制造产品的体积或数量、原材料和最终产品的贮存记录，如果可能，还包括年度的出货结果。

11.5.3 制定体系

一旦确定了所有的关键控制点，并且确定了对每一个控制点实施控制的最佳方式，那么制定针对这一加工过程的、全面的产销监管链体系就相对简单一些。

11.5.3.1 针对百分百认证生产的体系

实施的产销监管链体系必须确保能够达到：对于每一个关键控制点来说，产品隔离、鉴别和文件管理的结合能够彻底防止认证和非认证材料的混淆。

建立追踪体系的一种方式就是提供充分的可追溯性，使得将最终产品与用来制造该产品的原材料联系起来成为可能。但是，如果可以证明实施了充分的控制来确保只使用认证原材料用于加工过程，这一点也就不那么重要了。

> 例如，一家制材厂有一条专用生产线只用来生产100%的认证锯材和窑干木材。下列任一个选项都可以提供一种可接受的产销监管链。
> 选项1：通过记录所有经过加工并堆放在单独货盘上的原木鉴定号码来保持完全的可追溯性。该号码被打印在一张标签上，这张标签从木材干燥到运输一直贴在该货盘上。
> 选项2：保存所有进入认证生产线的原木的鉴定号码，并且所有货盘的木材都

被标记为认证产品。但是这种方式没有建立单个的原木与特定的货盘之间的联系。

在不可能从最终产品追溯到原材料的情况下，全面记录所使用的原材料、转换率和所生产的产品就变得尤其重要（参见下文 11.5.4 节）。

11.5.3.2 针对百分比生产的体系

如果使用百分比方法，要求对认证原材料进行控制直至其与非认证材料相混合。对于这种方法，一个重要的附加要求就是产品中百分比的计算。大多数体系都有详细的规定。但无论使用哪种方法，体系都必须保持精确的记录来显示到底使用了哪些原材料。

单个产品的百分比：对认证和非认证原材料的控制需要贯穿整个生产过程，必须根据制造单个产品的认证原材料的重量或体积来计算每个产品的百分比。

生产线或加工过程的百分比：要求控制认证和非认证材料直到这些原材料进入生产过程。如果认证体系或产品标签和声明规定了生产线所必须的认证原材料的最小比例，那么这些控制措施必须能够充分确保达到这一比例，对于连续加工过程来说，可以通过名义批次或移动平均值的方法来进行计算（参见框图 11.2）。

如果原材料周转很快，则必须通过与采购部门和采购员密切合作来实现对认证和非认证材料比例的控制，采购部门和采购员需要确保订购或供应的认证原材料数量总是能够充分满足允许的最小值。如果有更大的原材料贮存空间和选择空间，控制措施也可以在加工过程中进行。

同时，对于平均值可能低于最小阈值的风险，制定相应的快速反应机制也非常重要。如果平均值确实低于最小阈值，那么在名义批次期限内生产的产品不能被作为认证产品进行标签或销售。

百分比进—百分比出：这种方法要求控制进入加工过程的认证和非认证原材料数量，以便为计算可作为认证产品的百分比提供基础。

11.5.4 转换率和数量调节

除了管理关键控制点之外，产销监管链内部控制的另一个关键因素就是根据转换率来调节认证原材料的进出。转换率是指一定数量的原材料可以生产出的最终产品的数量。因此，加工过程的转换率表明了转换的效率，或者从另外一个角度看，其表明了加工过程中损失的木浆。

例如，一个典型制材厂在将原木加工成锯材的过程中约损失40% ~60%的材积。某一制材厂每100立方米的原木生产50立方米的锯材，那么该制材厂的转换率为50%。

对于任何加工过程来说，如果记录了进入生产体系的认证原材料的数量或体积并且已知转换率，就可以计算出生产的认证成品的理论数量。该数量可以与成品的实际产量进行比较以确保二者没有大的差异。

例如，记录显示转换率为50%的一家制材厂已经加工了750立方米的认证原木，并且生产出了378立方米的锯材，这一数量非常接近375立方米的理论产量，这也证明了该产销监管链并没有大的问题。

框图**11.2**　在连续加工过程中百分比生产的产销监管链控制

如果对连续加工过程实施生产线的百分比控制，必须首先确定计算生产线中认证原材料百分比的时间期限，该期限可以通过名义批次或移动平均值来确定。

名义批次

必须在每一个名义批次期限的末期计算认证和非认证原材料的比例，这一期限可能是一天、一星期或一年。

假如使用的认证原材料比例满足了认证体系的要求，那么在此期间生产的所有产品都可以被认定为认证产品。如果标签或声明显示百分比，该百分比一定不能大于所使用认证原材料的实际比例。

实际上，通过管理进入加工过程的原材料比例来确保其达到所要求的最小比例是合乎情理的。如果在名义批次期限结束之前就对产品进行贴签或销售，那么就需要对进入加工过程的原材料进行强制性控制。

连续加工过程的移动平均值

移动平均值方法是指以小于名义批次期限的固定频率，来定期计算所使用的认证和非认证原材料的平均比例。例如，对于一个月的名义批次期限来说，应按星期来计算移动平均值，如下所示：

对于移动平均值方法来说，控制原材料的投入以确保认证原材料的移动平均值不低于允许的最小值是非常必要的。

11.6　最终产品和销售

控制最终产品和销售对于确定内部产销监管链的终点和建立与链条内下一个机构产销监管链体系的联系至关重要。这时也需要管理产品的标签和众多声明。因此，必须制定相关制度以确保达到以下几点：

(1)追溯性：最终产品的相关信息充分，确保能够回溯到认证生产过程。

(2)鉴别性：产品必须被明确鉴定为认证产品，并且其包装和标签的使用正确无误。当然，如果能够标明材料的数量和规格将是非常理想的，这不仅可以防止产品在产地发生混淆，而且也能明确告知后续的消费者。不管是对将要进一步加工的中间产品还是最终产品来说，这一点都非常必要。

(3)文档化：在销售认证产品的同时附上说明其认证状态的文件是非常重要的，主要是销售发票和其他的销售文件，内容包括：按照认证机构规定格式书写的该机构的产销监管链证书号码；确认提供的产品通过了认证。

例如，森林管理委员会（FSC）要求的证书号码格式是：［认证机构号码］－COC－［证书号码］，例如 ABC－COC－1234。

许多机构仅仅是简单地将这一证书号码书写或打印在其销售文件中。而有些机构专门打印出附有其证书号码的专用销售文件并且该文件仅用于认证产品的销售。

11.7 管理声明和标签

一旦某一机构获得了产销监管链的认证并且从事认证产品的生产，就可以合法发表声明并使用认证体系的标识。认证体系的标识具有版权并且通常作为一种国际注册的商标来使用。因此，对于标识的使用制定了严格的法律条款和规则。

只要获得授权，持有认证证书的公司就能够依据已获得认可的条款和规则来使用认证体系的标识。一些体系要求每次使用都需要认证机构提前进行检查，而另外一些体系则只要求在监督审查时对标识的使用进行检查。

标识和声明的使用主要有以下两种方式：

（1）产品本身：标识被用来指明标签产品的木材是来自认证的森林。该标识可以直接用在产品上，也可以用在标签或包装上。

因为产品的生产具有多种不同的方式，如使用 100% 的认证材料或是采用百分比生产方法，所以大多数的认证体系都拥有多种不同类型的标识或声明。因此，确认每种产品采用恰当的形式是非常重要。

（2）产品之外：标识被用于促销或宣传那些满足认证体系要求的林产品。这时标识可以用在宣传册、宣传单、报告、机构培训材料以及广播和电视广告中。

同时，必须制定相应的制度来确保用于产品上和与产品相关的所有标签和声明都能满足认证体系的要求。通常，需要在机构内部指定专人来负责管理所有的声明和标签，同时制定标识和相关声明使用的控制程序。

尤其重要的是，必须确保能够充分控制标识或声明的某些外部操作，例如公司网站的开发或年度报告的设计都可能会使用标识或声明。

11.8 实施产销监管链体系

11.8.1 培训

培训几乎总是产销监管链实施的一个基本要素，如果想要体系有效地运转，那么就必须对所有的人员进行培训，使他们能够充分理解并执行相关的要求。即使是小型机构，人员培训也非常重要。有关要求如下：

（1）应确定管理负责人，并明确其实施和维护产销监管链的责任和权力；

（2）所有人员都应了解各自在产销监管链管理中的责任，并接受专门培训来完成所分配的任务；

（3）应保持培训记录，同时明确已经接受的培训和对其他附加培训的可能需求。

11.8.2 与现有体系进行整合

如上所述，应尽可能地将产销监管链体系的要素与公司的已有体系例如 ISO 9000 体系、标准化操作程序或计算机控制体系进行整合。其重要性主要体现在以下两点：

(1)减少了制定和实施产销监管链体系所需的工作量;

(2)增加了实施产销监管链体系的可靠性。因为如果该体系是常规工作的一部分而不是附加的要求,那么必然会增加该体系的可靠性。

11.9　产销监管链案例研究

最容易理解产销监管链的方式可能就是举出一些真实的范例。本节中的案例研究包括对以下三种不同加工过程的典型产销监管链体系进行介绍。

(1)制材厂;

(2)木材批发商;

(3)中密度纤维板加工厂。

这些范例都是基于森林管理委员会(FSC)产销监管链的要求,但同时也满足了大多数其他认证体系的要求。

11.9.1　制材厂产销监管链案例研究

一家制材厂将大约1.7万立方米的针叶原木加工成各种类型的锯材,主要是锯材构架和构件,也包括一些成品。并且销售的产品都经过了窑干。目前,认证原材料仅占60%,其余40%为非认证材料并且未对其来源进行监测。该制材厂实施完全的隔离操作并且仅出售100%认证的产品(不涉及百分比认证产品)。

采购

如果采购认证木材,相关要求如下:

(1)在发订单前必须获得供应商的认证证书复印件。如果是直接从卖方进货,该证书应当是一个森林经营或产销监管链证书;如果是从经销商处进货,证书应是产销监管链证书。

(2)采购订单需要详细注明认证木材。

(3)拿到发票后,只有发票详细注明供应的木材经过了认证并且附上产销监管链认证证书号码才能批准付款。

进货

在地秤称重时,相关要求如下:

(1)所有的原木都必须进行称重和检查,以证实其满足了制材厂特定的采购要求(例如规格、质量和合法性/认证要求)。不能满足要求的木材将被拒收并退回。

(2)对于装载的认证木材,应通过检查运输文件来核实货物是否确实通过了认证。运输文件必须包括采购订单号码。如果文件记录不准确,该批货物也将被拒收。

(3)对于非认证木材,应检查采伐证和运输文件以确保其来源符合要求。

(4)在贮木场应尽可能地将货物存放区分为认证和非认证存放区,过秤票应记录货物说明,包括认证和非认证情况。

分类

按照认证和非认证材料对原木进行分类,二者的分界线应清晰,并且在新一批次的货物进入之前,分界线上不允许摆放任何原材料。

贮存

依据规格和认证情况对分类原材料分区存放,所有的认证存放区应标明是"认证材料",

并且用绿色字母进行标记；而所有的非认证存放区应用红色字母进行标记。

制材

(1)所有的加工过程都是基于一批认证材料或非认证材料，在两个批次之间应对生产线进行清扫，并且清扫后生产线上不允许放置原材料。

(2)对于认证材料，内部定单必须说明材料的认证性质以及来自的原木存放区。认证材料的内部订单用绿色纸来打印，非认证材料用黄色纸来打印。

(3)锯材原料被捆扎起来进行干燥。绿色的带子表示"认证"，红色带子表示"非认证"。所有加工完成的材料必须带着这些指示带运离制材厂。用来再次加工的不合格品必须被捆扎或喷上绿色或红色来表明材料的认证或非认证状态。

(4)记录每一批次生产的锯材数量，并且与投入的原木数量相对应来得出转换率。

(5)每一捆原料都必须标记批次号码(绿色表示认证材料，红色表示非认证材料)，该号码应与内部的加工订单号码一致。

窑干

(1)只有进行标记后才能将锯材进行干燥，干燥时不要打散原有的捆扎，只要每捆都清晰地标明了认证或非认证状态，在干燥时就不要求对锯材进行分类隔离。

(2)离开干燥窑的所有包装都标记有体积、数量、规格、批次号码和认证状态，其中包括制材厂的产销监管链号码。

刨削

(1)需要刨削的原材料依照每次的内部订单(绿色表示"认证"，红色表示"非认证")分批分别对认证和非认证材料进行加工。只有从贮存区取出的绿色标记包装才能够作为认证材料。

(2)所有包装都必须标记批次号码(绿色表示认证材料，红色表示非认证材料)，该号码应与内部的加工定单号码一致。

(3)每一个批次的作业卡应当记录所用锯材原料的包装号和加工后锯材的包装号，并且应当平衡原材料的数量和加工后锯材的数量来得出转换率。

(4)所有刨削后的原材料必须进行捆扎、包装和标记(绿色表示"认证"，红色表示"非认证")。所有的包装必须都标记体积、数量、规格、批次号码和认证状态，其中包括制材厂的产销监管链号码。

制成品存放

锯材和刨削后的材料应分别被放在认证存放区和非认证隔离区。

销售

销售订单应和取货单对应，认证产品只能从认证区域选取并且应当清晰地以绿色标记作为鉴别。如果没有适合的原材料，取货单应被退回到销售部并重新开具适合的取货单。发票记录应完全基于取货文件并且记录每一个包装的认证或非认证状态，并附有制材厂的产销监管链号码。

记录

(1)必须完整地保存供应商的认证证书复印件。

(2)必须记录并且每6个月就核对一次购买和销售的认证材料数量并计算出转换率。

(3)必须完整保存员工的产销监管链培训记录。

（4）有关认证的所有记录必须至少保留 5 年。

员工培训

（1）每一个加工工序都应指定一名员工负责该工序的产销监管链。制材厂经理全面负责整个产销监管链。

（2）产销监管链涉及的所有员工都必须接受产销监管链培训，培训内容并不仅仅局限于其各自负责的工序，而是针对整个产销监管链程序。

11.9.2　木材批发商产销监管链案例研究

木材批发商采购各种锯材和板材然后将其主要销售给中小型建筑商，通常打破原有包装来满足特定的订单要求，但该批发商并不改变材料的性质。如果客户要求非标准尺寸的产品，批发商将向供应商订购这些产品。

采购木材和板材产品

（1）检查供应商是否持有有效的产销监管链证书，并确认有副本存档。

（2）在采购订单发给供应商之前必须建立对应的认证产品代码。产品说明必须清楚地阐述对认证产品的要求，同时使用该产品的最小比例也必须在产品说明中清晰表述。

（3）所有 FSC 产品必须有"CERT"作为产品代码的后缀，以便将其与非认证产品区分开来。

（4）确保供应商有足够数量的认证产品来完成订单的生产任务，并且包装被清晰地标明是认证产品。

（5）采购订单应要求供应商提供下列信息：

①所有的通讯记录都标有订单号码；

②在提货单上有针对所有产品的说明、数量和体积，以及认证证明。

（6）进货人员必须确保货物发放准确，符合接收条件并且经过了认证(附有提货单或标签)。所有的认证板材和木材必须在存放之前在边缘处喷涂绿色作为鉴别标记，并且绿色标记应清晰可见以便在整个存放期间都可以识别。

加工订单

（1）如果消费者的订单指定了认证木材，应确保使用专用的产品代码并且在发往仓库用于提货的工作单上清楚地说明仅使用认证产品。这些工作单应是绿色的并且确保绿色的工作单仅用于认证产品的提货。

（2）如果订单并没有指定要使用认证材料，仍可以使用认证产品并且所有的工作单必须清楚地标明"认证"。

（3）如果同一个订单上同时有认证和非认证产品，必须在所有的工作单据上清楚地说明哪些是认证的、哪些是非认证的。

提货单、材料控制和发票开具

（1）所有的提货单都应清楚地显示哪些是认证材料，以及在每一个单独产品中的最小比例。

（2）材料控制应区分认证材料和非认证材料。

（3）所有的发票都应清楚地确定所有的认证类目，并且显示产销监管链号码和用在一个单独产品中的最小比例。

（4）材料控制体系应保存所有认证产品的记录。同时记录所有认证产品的交易体积和数量，允许每6个月计算一次认证产品的销售总量。

（5）所有的认证材料提货单和发票都应理所当然地包括产销监管链证书号码，并且附有公司的政策声明：

> 本公司能够获得和提供认证产品，字母FSC和产品说明中的比例表明产品制造过程中使用的认证木材的最小比例是来自良好经营的森林，并且依据FSC的规定进行了独立认证。

（6）认证原材料采购、销售和贮存的相关信息每6个月记录一次。

标签和模板

确保在分离包装时，原有包装的标签仍保留在余下的材料上，并且确保余下的材料仍以绿色作为识别标记。

11.9.3 中密度纤维板加工厂产销监管链案例研究

一公司生产中密度纤维板并且持有百分比认证证书，其要求产品中至少有30%的原生纤维是经过认证的。产销监管链程序以维持30天名义批次期限内的移动平均值为基础，移动平均值则以进料的地秤数字为基础。公司的程序包括一项避免有争议的非认证木材来源的声明，表明采购地区仅限于森林经营被确认为可接受的地区。

采购

（1）认证原材料：核实认证材料的每一个供应商都持有有效的森林经营或产销监管链证书。确保有副本存档并且所有的采购订单都详细说明了对认证材料的要求。

（2）非认证原材料：可以直接从本地区的森林中采购原材料，也可以从供应商处采购原材料，但该供应商必须书面同意仅供应来自本地区森林的原材料。同时，森林经营者应签署有关避免有争议木材来源的政策并公开其协议副本。

进货

（1）在过秤时，所有的原木都必须进行称重和检查以核实其满足了工厂有关规格、质量和认证等方面的特定采购要求。木材提货单必须详细说明森林的起源、供应商的产销监管链证书号码；如果是非认证木材，则需要说明森林的起源和采伐证号码。

（2）不能满足要求的木材将被拒收并退回。称重单应记录木材规格，包括认证或非认证状态。

（3）称重单必须在当日返还给木材采购部门。

生产

（1）应每天记录所有的原材料投入情况，包括非木材成分，并且其数量每天都应报送木材采购部门。

（2）在生产过程中生产的所有板状产品应独立制模，并且附上认证体系的标识和百分比声明。在包装时应印上这些声明。

文件记录

（1）必须依据实际的中密度纤维板产量，通过转换率来计算进入工厂并且满足目前认证要求的认证纤维的数量。

（2）必须每天计算投入的原材料数量以便确定认证材料的比例。

(3)如果在30天的批次期限内的任何时候认证原材料的数量低于所要求的阈值(30%的认证纤维),则必须增加认证材料的投入量以确保整个批次的认证材料比例保持在30%以上。

(4)如果不能保持批次的认证材料比例,那么所有产品标签都将被停止使用。

(5)每一批次都应进行核对,并且保持每6个月就对所有的原料投入和产品产出进行一次调节。

(6)应保存所有原材料的清单,并附其来源说明、认证证书号码或采伐证号码以及到货量。

销售

所有的提货单或发票必须注明公司的产销监管链证书号码,并且清楚地标明哪些是认证产品以及单个产品中认证材料的最小比例。

11.10 建立产销监管链联合体系

尽管产销监管链的审核比森林经营的审核更直接也更便宜,但对于小型企业来说仍是一笔大的支出。其中,审核费用可能是阻碍认证的一大障碍,并且会影响到认证体系的公正性和认证材料的整体流通,尤其是当行业可能在某一阶段依赖小型公司时(例如在采伐阶段)。

为了解决这一问题,某些认证体系已经制定了针对这类企业(例如小型制材厂、手工艺者、木制工艺品加工者、小型采伐公司和木材运输公司)的联合产销监管链体系。联合产销监管链是这样一种体系:其成员依据同一个认证证书进行运作,该证书由一个联合管理者(其既可以是一个个体管理者,也可以是一家公司或协会)进行管理。这一体系通常仅适用于小型企业群体并且对成员有资格要求。

例如,森林管理委员会(FSC)目前确定的针对加入联合体系的个体成员的资格要求如下:

(1)雇员数量不超过15名(包括全职、兼职和季节性员工),或者

(2)雇员数量不超过25名,同时年度营业额在100万美元以下,营业额是指来自产品和服务的年度总收入。

这种对小型企业的界定是临时性的,要想使其适用于世界范围内的不同国家是非常困难的,因为各国在劳动成本和技术等方面的差异很大。同时,该界定不仅包括了小型企业,而且也可能包括木材销售代理和那些雇员数量少的其他潜在的大型公司。

小型企业联合体的经理负责管理该体系,以确保其成员符合认证体系的要求,并负责直接与认证机构进行联系。同时,确保联合体中的每一位成员都能够以透明和可以承受的方式,根据产销监管链的指导原则和联合体的规章来准确地实施产销监管链也是联合体经理的责任。联合体经理还必须依据体系的规章制度对成员进行年度监测,这一点与第10章中讨论的森林联合认证的要求非常相似。

但是产销监管链的相关要求对于联合体成员或是单独持有认证证书的公司来说是同样严格的,但对于联合体而言,将仅有一名抽样成员接受认证机构的年度监督。这一点使得联合认证比单个的产销监管链认证节约了大量费用。

联合认证的最大优点是:对于各成员来说,联合体提供咨询服务,帮助成员获得认证。

(胡延杰 译 陆文明 校)

12 产销监管链认证：获得认证和发表声明

12.1 准备

产销监管链有两个主要因素，第一是公司准备的一个粗略的产销监管链体系，这一点已在第11章进行了讨论；第二是审核过程本身，这一点将在本章详细论述。

对于任何寻求制定和实施产销监管链的企业来说，第一步就是回顾现有的制度安排并且确定那些可能会威胁产销监管链安全性的弱点或不足之处。已经制定详细程序和严格的原料控制机制的企业可能仅需要对其现有体系进行微小的改动；而那些组织性不强或者运作方法不规范的企业则必须制定和实施如第11章所述的新体系。

另外，确定企业内部主管人员也是非常有效的方式，该主管责任明确，有权制定和实施产销监管链。核心是赋予该主管足够的权力来组建产销监管链框架并确保其实施。

在制定产销监管链体系时，需要尤其注意以下两点：

(1)尽可能地利用现有体系，尤其在已经实施ISO 9000管理体系或原料控制体系时。但是，如果现有体系并不符合要求，则必须对其进行调整或是制定和实施新的体系。

(2)所有人员必须接受培训以确保其能够准确理解各自的工作和维护产销监管链的重要性。

一旦已经实施了产销监管链体系，通常需要进行内部审核来检查其运作情况。如果有必要，也可以由认证机构进行一次预审核来帮助确定存在的差距；但这不同于森林经营认证，对于产销监管链而言并不是常规性的活动，通常仅针对大型的或加工过程复杂的企业。

12.2 选择认证机构

必须由获得认可的认证机构来进行产销监管链认证。每一个认证体系都应当提供有关已获认可的认证机构的信息。与森林经营认证一样，应当与不同的认证机构进行联系来了解他们的职责、进行评估所需的时间、评估和给出认证结果之间需要的时间，以及能够对标识使用和声明认证机构提供哪些支持。

另外需要额外考虑的一点就是，有些企业可能并不清楚应当依据哪一个认证体系来进行认证。目前有几家认证机构已经得到了不止一个认证体系的认可，并且能够利用同一个评估来进行两个或更多体系的认证。例如，某一认证机构获得认可能够进行ISO 9000认证，那么它联合进行ISO 9000和产销监管链的审核也是可能的。

12.3 评估

与森林经营认证相比，产销监管链认证是一个更加直接的过程。除了大型或多地点的企业之外，一般产销监管链评估只需一名、最多两名评估人员并且仅需一天时间即可。

审核包括对文件和实地加工过程的检查，审核员的工作就是收集客观证据来证明以下几点：

(1)准确控制了认证材料的采购；如果采用的是百分比方法，也应准确控制非认证材料的采购；

(2)产销监管链的内部控制体系满足了认证体系的要求，并且在实践中执行顺利；

(3)对于百分比体系，满足了最小阈值和混合方面的所有要求；

(4)充分理解并且准确实施了所有有关标签和声明的规定；

(5)销售体系及产品的调度满足了认证体系的要求，并且这些要求得到了准确执行。

为了达到这些要求，评估人员需要检查下列内容。

12.3.1 管理体系

评估人员将检查产销监管链的相关文件，包括相关程序、采购体系、原料控制体系和销售体系。

12.3.2 实施

评估人员将检查生产区和相关部门，以便核查隔离、产品鉴别、程序实施、操作员培训和管理体系整体实施等方面的情况。

12.3.3 记录

评估人员将检查一系列记录，例如：

(1)采购记录，包括采购订单、合同、发票和批准的供应商名单；

(2)进货记录和货物收据记录；

(3)原材料和成品的贮存记录，如果可能，还应包括年度的贮存和出货小结；

(4)生产记录；

(5)接受的销售订单和签发的发票。

审核员也可能要求检查与操作范围相适的，用来确定、收集、归档、贮存、维持和处置所有相关记录的规定，其中包括这些记录的保存期限规定。

如果体系是基于对整个加工过程的追踪，审核员可能要随机选择一些最终产品来检查是否可以回溯到其使用的原材料。

12.3.4 数量平衡

产销监管链控制的一个重要内容就是监测认证材料购买量和认证产品销售量以确保这两个数量相匹配。因此，必须保存以下记录：

(1)从每一个供应商购买的原材料数量，以及每一类原材料的总量；

(2)每一个加工过程的转换率；

(3)认证产品的销售细节，包括出售给每一位客户的数量、销售总量和产品描述。

应定期对所使用的认证原材料和生产的产品进行小结，至少每6个月一次。

12.3.5 非认证原材料

如果产品包括一定比例的非认证原材料，审核员需要检查是否制定了严格的制度来控制非认证原材料的来源，使其能够满足认证体系的要求。

审核员也需要确认所购买非认证原材料的实际数量和来源，因此企业应准备一份综合性文件来详细说明使用的非认证原材料的来源和数量。

12.3.6 标签

审核员需要检查所有标签和声明的使用情况，以确保其使用准确并且符合认证体系规定的严格标准。通常应提前准备所有标签使用情况的一览表，包括用于产品、销售材料、宣传册、网站和广告中的标签等。

12.4 发现和改正行动要求

在评估过程中，审核员或审核小组将寻找客观证据来证明产销监管链的要求正在被充分地贯彻执行。这些证据将来自审查的文件、审核员自己的观察和访谈。

如果他们发现某些要求未得到执行，这些要求就被归为"不符合项"，无论何时确定了一个"不符合项"，都必须相应地提出"改正行动要求（CAR）"。CAR陈述了不符合项的细节以及解决这一问题需要采取的行动。共有两种类型的CARs（参见第4章的4.1.2.5小节），如下所述：

（1）主要CARs（也称为先决条件）：指完全不符合标准的某项要求或在执行计划和程序时发生了系统性错误。如果出现了主要CAR，在认证继续进行前要对其引起足够重视（这就是为何有时也称其为先决条件，因为它将妨碍认证的通过）。

　　一个典型的例子就是当认证材料有可能被混淆时，就可能确定存在中止认证进程的"主要CAR"。

（2）次要CARs（也称为条件）：是指部分不符合标准的某项要求或在执行计划或程序时发生了非系统性错误。如果出现了次要CAR，只有在规定的时限内解决了这些不符合项，认证才能继续（因此也将之称为条件）。需要注意的一点就是，如果这些次要CARs未在规定的时限内得到解决，那么它们将会自动地转变成主要CARs。

如果发现了主要CAR，必须立即解决这一问题。审核员也需要在认证之前先确认企业是否采取了适当的改正行动。这可能包括一次跟踪调查，通常会增加额外的成本。

12.5 认证决策和监督

如果确定并不存在主要不符合项，那么很快就可以进行认证决策和证书的颁发。证书应当说明认证的范围（所包括的产品或生产线），有效期通常为5年，并定期监督考察。

监督考察与初始审核非常相似，尽管其时间可能稍短一些。一般每6～12个月进行一次，具体取决于认证体系的要求和证书持有企业自身的复杂性。

12.6 声明

对于大多数证书持有者来说，进行产销监管链认证的原因就是可以允许他们对销售的产品进行声明。这些声明可以采取多种形式，概述如下：

（1）产品标签，包括认证体系的标识；

（2）在销售时伴随产品的宣传材料，包括海报和宣传册；

（3）表明产品认证状态的信息目录或宣传册；

（4）年度报告或其他公司文件中的相关表述；

（5）公司网站中的信息或广告；

（6）在贸易展览或其他类似活动中的海报。

对于一个认证体系而言，确保所有声明的精确性和认证体系标志的准确应用是维护该体系可信度的重要条件。如果声明不准确或者误导，不仅会从整体上削弱该体系的可信度，而且也会降低其他证书持有者声明的价值。

因此，大多数认证体系针对允许和禁止发布的声明，以及体系标识的使用都进行了严格的规定，并制定了详细的使用指南。通常要求认证机构负责确保这些规定得到遵守并将其作为目前认证和监督过程的一部分。

（胡延杰 译　陆文明 校）

第三篇

现有的森林认证体系

13 现有的森林认证体系

正如第一部分和第二部分所讨论的，自森林认证出现以来的10多年时间里，创立了一系列认证体系，附件1提供了七大主要认证体系的详细信息，可以了解其支持者和制定者所拥有的独特视角。七大体系分别是：

（1）智利国家认证体系（CertforChile）；

（2）加拿大可持续森林经营国家标准［Canadian Standards Association（CSA）］；

（3）森林管理委员会（FSC），一个全球性的体系［Forest Stewardship Council（FSC）Scheme］；

（4）印度尼西亚可持续生产森林管理认证体系［Lembaga Ecolabel Indonesia（LEI）］；

（5）马来西亚木材认证委员会体系［Malaysian Timber Certification Council（MTCC）Scheme］；

（6）（森林认证体系批准项目）森林认证体系认可计划（PEFC）［Programme for the Endorsement of Forest Certification（PEFC）Schemes］，一个全球性的体系；

（7）北美可持续林业倡议［North American Sustainable Forestry Initiative（SFI）］。

除了以上七大体系外，还有其他森林认证体系，例如，巴西的Cerflor体系和加纳以及澳大利亚的国家体系。上述七大体系为全面了解现有体系的范围提供了初步的背景。本章将对上述七大体系在以下方面做一个简要的对比：

（1）体系的类型和应用范围；

（2）体系创立的时间；

（3）体系的结构和管理；

（4）标准、认证方式、认可制度、声明的控制；

（5）磋商和公众信息的要求；

（6）针对小规模林场主的规定；

（7）体系现状；

（8）体系展望。

13.1 体系的类型和应用范围

正如第2章所讨论的那样，各认证体系组织的方式不同，可以分成三类：

（1）有关组织建立的国际体系；

（2）有关组织建立的国家或区域体系；

（3）现有的国家标准机构制定的国家体系。

从下面的总结中可以看到：除了加拿大的体系，所有的体系都是由热心支持的机构制定的，加拿大的认证体系是由加拿大标准协会（CSA）制定的。目前，许多体系是通过国家认可机构制定的。

有两个体系——FSC和PEFC是国际性的，但它们在方法上有所不同。PEFC认可和批准满足其要求的国家体系，而FSC拥有一套国际性的原则和标准以及全球性的要求。这种区别的结果是：原则上 FSC 可以在全球应用，而 PEFC 仅适用于国家体系被批准的那些国家。

除了 SFI 体系，所有其他体系全部是国家范围的。SFI 体系已经在美国和加拿大使用，从而使其成为区域性的体系。

有关组织建立的国际体系	森林管理委员会(FSC) 森林认证体系批准项目(PEFC)
有关组织制定的国家或区域体系	智利国家认证体系(CertforChile) 印度尼西亚可持续生产森林管理认证体系(LEI) 马来西亚木材认证委员会体系(MTCC) 北美可持续林业倡议(SFI)
现有的国家标准机构制定的国家体系	加拿大可持续森林经营国家标准(CSA)

有几个国家体系也是专门针对特定的森林类型而制定的，例如，智利国家认证体系目前只适用于人工林，而印度尼西亚可持续生产森林管理认证体系最初是针对天然林的，近期才被应用于人工林和社区管理的森林。

13.2 体系创立的时间

作为最早的体系，FSC 创立于 1993 年，FSC 授权的认证机构颁发的第一个证书是在1995 年，最新成立的是智利国家认证体系(2002 年)。

FSC	LEI	SFI				PEFC		MTCC	CertforChile
CSA1993	1994	1995	1996	1997	1998	1999	2000	2001	2002

13.3 所有权和管理

CertforChile　CertforChile 是一个独立的、非营利性的成员机构，在智利是合法的，任何人都可以申请加入该机构，由董事会进行管理，董事会是由成员选举产生的，日常的管理由秘书处负责。

CSA　CSA 是一个独立的、非营利性的组织，由加拿大国家标准协会设立的机构，通过各权益相关者(联邦和州政府、工业和联合会)根据国际认可的标准制定过程开展标准的制定。对标准进行控制是通过可持续森林经营技术委员会，它是由四个分会组成，分别代表着学术的/专业的/实际生产作业部门、对环境感兴趣的机构、政府和商业利益团体，职员来自 CSA 的成员单位，对标准进行协调。

FSC　FSC 是一个独立的、非营利性的成员机构，在墨西哥注册，目前机构设在德国，会员申请是公开的，但不包含政府部门，成员资格是由每 3 年的大会来最终确定的。由董事会管理，董事会由成员单位选举产生，并在环境、社会和经济三方面保持平衡。日常管理是由秘书处进行，已经在 7 个国家批准了国家倡议和联系人，他们作为 FSC 的当地代表。

LEI　LEI 是一个独立的基金，在印度尼西亚合法注册，由 8 个理事组成的理事会进行管理，他们代表着不同的利益方。理事会从其成员中任命了 3 个分会主任来负责日常的管理。理事会通常任命一个执行主任，尽管这种情况随着 LEI 成为一个基于选举权的机构可能会改变，但这种基于选举权的机构是在 2005 年才开始。执行主任领导秘书处来管理 LEI。

MTCC　MTCC 是一个公司，在马来西亚注册，主要是为制定马来西亚的国家标准而设立。它是由 9 个理事组成的理事会管理，由主席和 8 个其他成员组成，其中包括 2 个分别来自学院和研究机构的代表，以及来自木材工业、非政府组织和政府的代表。日常管理由首席执行官和秘书处进行。

PEFC PEFC 是一个非营利性的会员机构，位于卢森堡，包括两种类型的会员，普通会员包括在每个国家管理森林认证体系的国家管理机构，特别会员包括支持 PEFC 理事会目标的国际组织。
成员大会是最高决策机构，选举权根据每个国家管理的森林规模分配给了国家管理机构。决策只要超过半数就通过。成员大会任命董事会来负责管理机构，日常管理由秘书长和秘书处负责。

SFI SFI 项目最初是由美国森林纸业协会(AF&PA)发起和运作的。2001 年，可持续林业董事会(SFB)(SFI 接手标准和认证程序的管理)，可持续林业董事会于 2002 年成为一个非营利性的机构。可持续林业董事会拥有 15 个会员，保护和环境机构会员占三分之一，专业人士和学术专家占三分之一，森林工业会员占三分之一。日常管理是由秘书处支持下的一个董事长负责。

13.4 标准

就像第 3 章讨论的，同时考虑森林管理标准的制定过程和内容是重要的：

• 标准的制定过程是至关重要的，因为它在决策如何处理不完整的信息或相互矛盾的要求时是必要的。无论是决策的内容还是决策的方式，在很大程度上决定着标准最终是否平衡各方的利益。

• 标准的内容也很重要，标准设定的必要条件要在被认证的森林中进行实施。

每个体系具有不同的标准制定方式，从多权益相关者达成共识的过程到技术工作组的磋商，内容上也是不断变化的，在某种程度上反映了森林类型和社会经济背景的差异，以及在标准基础上文本的编写情况。

	发展过程	标准的内容
CertforChile	标准由高级委员会监督的技术委员会代表 CertforChile 起草的，高级委员会是由代表各利益方的成员组成。经过两个公众咨询会议以及外业测试，最后由高级委员会批准通过。	标准适用于人工林，随着发展，该标准也用于天然林。CertforChile 标准借鉴了蒙特利尔进程的标准和指标(C&I)（见表 14.1）以及 FSC 的原则和标准(P&C)。
CSA	CSA 标准是由 32 个成员组成的技术委员会制定，并经过了大量的修订，技术委员会是由四个分会组成，分别代表着学术的/专业的/实际生产作业部门，对环境感兴趣的机构、政府和商业利益团体。也包括公共咨询过程，因为这是国家标准制定过程所要求的内容。	标准包括三个主要要求：体系、绩效、公众参与。体系要求与 ISO 14001 保持一致。绩效要求是基于加拿大森林部长级标准理事会，它是源自蒙特利尔进程。要求参与过程，通过参与过程为具体的林业公司定义准确的绩效价值。
FSC	国家标准是通过多方利益相关者在工作组会议上达成共识来制定的。三个分会包括经济、社会和环境，拥有同等的权重。国家标准在定稿和提交 FSC 批准前需要经过外业测试。	所有 FSC 的国家标准必须基于 FSC 的全球原则和标准(P&C)。P&C 是主要的绩效要求，也包括一些体系要素，如管理规划和监测。
LEI	标准是由代表一系列利益相关者组成的工作组制定的，并召开咨询研讨会通报有关情况。	制定了三个森林标准：天然林、人工林和基于社区管理的森林。标准参照了国际热带木材组织(ITTO)的标准、FSC 的原则和标准(P&C)、ISO 14001 和 Tropenbos 的等级架构。

	发展过程	标准的内容
MTCC	技术工作组在广泛咨询利益相关者基础上制定了标准。	标准涵盖了马来西亚天然林的主要类型(干旱林、泥炭林和红树林),目前的标准是在 ITTO 标准的基础上制定的,目前正在 FSC 原则和标准的基础上进行修订,预期完成时间是 2005 年 1 月。
PEFC	设立论坛,必须邀请所有的权益相关者参加,在有人缺席的情况下这个过程仍可进行。所有的建议必须被记录下来。达成共识是目标但不是必要条件。最后的版本是在 60 天征求意见后确定。	标准必须基于泛欧实施层面的指南,应和国家的法律保持一致,并与国际劳工组织公约相结合。
SFI	最初 SFI 的原则和实施指南是由美国林纸协会的技术委员会制定的,该技术委员会是由专业的林业工作者和科学家组成,并与一系列利益相关者进行磋商。后来标准于 2001 年进行了修订以便与 ISO 保持一致,2002 年可持续林业董事会(SFB)对其进行了再次修订。	该标准没有参考任何标准和指标(C&I),但是却参考了 1992 年联合国环境与发展大会(UNCED)的成果,涵盖了有关环境和技术方面的问题。

13.5 认证方式

认证过程是所有认证体系的核心。国际标准化组织(ISO)在此方面提供了大量的指南(见第 4 章),第 9 章也概述了这一进程通常应该采取的方式。

下面是不同的认证体系所采取的认证过程的简要总结。主要差别包括认证过程中协商咨询的程度不同,对独立同行评审认证报告的要求不同,以及做出最后的认证决定的方式不同。几乎所有的认证体系都参照 ISO 的要求,将认证决策与审核小组分开。一些体系允许认证机构做出决策(通常 ISO 是采取这种方法,就像第 4 章"决策程序"所讨论的一样),而其他体系则由自己做出决策,或者像 LEI 那样,建立独立的工作组做出决策。

CertforChile	审核是由智利国家标准机构(the Instituto Nacional de Normas, INN)授权的审核公司的人员组成的小组进行的,信息收集来源于文件、外业考察和咨询 报告将对每一条原则和标准给出分值,这些分值是由独立专家进行认真评审做出的 目前在过渡体系下,最后的认证决策是由 CertforChile 高层委员会在达成共识的基础上做出的。将来,认证决策将由被授权的认证机构做出
CSA	认证是由授权的认证机构(注册的)进行,所有的审核员必须是被认可的,经过适当的培训,具有一定的背景、工作经历和委任状。客观的审核证据是从文件、外业考察、讨论、观察、咨询中获得,审核过程遵循国际标准化组织要求的程序 最后的认证决策是由独立于审核小组之外的认证机构做出的
FSC	认证是由授权的认证机构进行的,4 个星期的磋商之后进行审核,信息收集来源于文件、外业考察、讨论和咨询。报告是由独立专家进行认真评审做出的 最后的认证决策是由独立于审核小组之外的认证机构做出的

LEI	认证是由授权的认证机构进行的，审核必须由经过 LEI 课程培训并注册的审核员进行。每次审核要求通过省级的交流论坛磋商，并结合评审、外业考察共同进行 最后的认证决策是由独立工作组做出的
MTCC	MTCC 的申请过程和审核安排是由注册的评估员（评估机构）进行，基于评估员的报告、专家组的评估意见和评估机构的意见，MTCC 准备评估报告，这份报告提交给认证理事会进行最终认证的决策
PEFC	认证是由授权的认证机构进行的，审核员进行文件评估和外业考察，但对报告的磋商过程和专家组评估没有要求 最后的认证决策是独立于审核小组之外的认证机构做出的
SFI	认证是由注册的、富有经验的主要评估员领导的审核小组进行的，信息收集来源于文件、外业考察、会谈、审核小组的判断以及与外部机构的磋商 审核小组做出最后的认证决策

13.6 认可制度

在第 5 章对认可有详细的讨论。在许多国家，现有的国家认可机构可以提供传统意义上的认可，该方法已经被几个认证体系所采纳。最近一种替代性的方法比较普遍，即为特定的标准建立专门的认可机构。有趣的是大多数认证体系仍然处于建立和完善认可的过程中，包括随着时间的进展不断完善运行机制。

CertforChile	计划由智利国家标准机构（INN）于 2005 年开始进行，目前是过渡期，还没有正式的体系，但是要求审核员具有森林绩效标准审核的国际经验
CSA	由国家认可机构、加拿大标准委员会进行认可
FSC	认可是由 FSC 所属的一个机构进行。尽管该机构将来成为一个独立的实体，以便将认可和标准设立的职能分开，但目前它仍属于 FSC 主要机构的一部分
LEI	由 LEI 认可，LEI 既认可认证机构，又培训和注册审核员
MTCC	目前，认证委员会由理事会成立，在独立评估员提交报告的基础上对认证申请进行评审，也注册独立审核员和评审团专家。计划在 2004 年年末，由马来西亚国家认可机构（马来西亚标准部）替代认证委员会，来开展认可工作
PEFC	在每一个国家由国家认可机构进行认可。由于需要一定的时间，在获得专业的、与林业相关的认可前，认证机构允许在一般体系认可的基础上，开展不超过 4 年的认证工作
SFI	目前没有认证机构的认可。但是领导 SFI 项目的审核员必须在环境管理体系的主导审核员上进行注册，或者相当于美国注册认可董事会（RAB）/加拿大环境审核联合会（CEAA）进行注册，这些审核员必须接受过美国国家标准学院（ANSI）设立的应用培训和教育，并具有这方面的经验

13.7 磋商和透明度的要求

正如第 4 章讨论的（特别是 4.2.3.2 部分），认证决策的协商和公众信息方面的条款在提供透明度方面是重要的。同时，它也可以提高认证体系的可信度。7 个认证体系在协商和公众信息方面的要求是明显不同的。

一些体系要求广泛的协商，无论是森林机构将协商作为对标准制定的需求，还是认证机构将协商作为认证过程的一部分，而其他体系则没有这方面的协商需求。

类似的，一些体系需要向公众提供认证报告概要，就是否遵从的客观证据方面提供较详细的信息以及任何不符合的内容，而其他一些体系不需要任何公众方面的信息。

所有的体系都有处理争议的机制，无论是认证机构、认证团体或审核小组。

	森林机构提供的信息和协商	认证机构进行的协商	认证决策提供的公共信息
CertforChile	应有管理规划和监测结果的概要	要求与广泛的利益相关者协商	审核报告应发表在 CertforChile 网站上
CSA	通过公众参与来确定地方一级的绩效要求是强制性的 具备政策声明、绩效要求、可持续森林经营规划和年度报告	要求与广泛的利益相关者协商，特别是地方利益相关者，目前也增加了国家层面的利益相关者	审核报告必须对外公布，同时还包括按照标准要求的绩效情况的概要以及不遵从的细节内容
FSC	需要进行与利益方的协商 应具备管理规划和监测结果的概要	协商过程必须在进行主评估的四周前启动，并包括所有的利益方	审核报告的概要必须对外公布，同时还包括每个原则的审核结果以及不遵从的细节内容
LEI	森林管理者要求与当地社区/团体进行磋商	评估前至少对外公开宣布 30 天以上，然后召开一个所有利益相关者参加的公众会议	认证结论的概要必须对外公布，随后的相关信息根据需要也能够获得
MTCC	涉及原住居民和当地社区参与的程度	要求与当地社区协商，并作为评估的一部分	认证结论的概要应发表在 MTCC 网站上
PEFC	尽管协商包含在一些国家的体系中，但是没有专门的这方面的要求	协商是根据认证机构的判断进行的	除了国际标准化组织对认证机构的名称和地点的要求以外，没有其他要求
SFI	协商是根据森林机构的判断进行的	协商是根据认证机构的判断进行的	除了国际标准化组织对认证机构的名称和地点的要求以外，没有其他要求

13.8　针对小规模林场主的规定

全球森林有相当比例由私人和社区所有并经营。一些林主经常只有几公顷的森林，而他们受到成本明显增加和官僚程序的影响却更大。但是，小规模森林所有者和社区参与到认证中非常重要，因为森林对于他们的生计非常重要，同时集合起来，他们也对森林有显著的影响。因此在一个国家或是地区的任何认证体系，只要那里有小规模的森林所有者存在，就应该确保体系运作中不给小规模林场主带来不平等的障碍。针对此类问题的一个最普遍的机制——联合体认证已在第 10 章进行了讨论。

CertforChile	允许联合体认证，联合体中的每一个成员必须满足标准的要求
CSA	尽管当前的标准可以被小规模森林所有者（林场主）使用，CSA 可持续森林管理技术委员会仍然认识到，需要改进标准在该区域的实际操作和申请，并准备在 2004 年年底制定新的条款
FSC	鼓励通过联合体或资源管理方案开展联合体认证，但联合体中的每一个成员都必须满足标准要求的条件
LEI	已经为小规模森林经营者专门制定了基于社区森林管理系统，由私人或社区进行管理
MTCC	没有这方面的内容，因为马来西亚所有的天然林属于国有，没有小规模的森林经营
PEFC	PEFC 允许进行联合体和区域认证，两种认证方式目的在于为最小规模的森林所有者提供成本有效的认证方式
SFI	2000 年，美国林纸协会项目与美国林场协会开始了项目互认，这样可以为小规模森林所有者提供认证服务，目前正在调查其他认证体系关于小规模森林认证的类似协议

13.9 目前的情况

每个体系认证开展的情况可以通过多种方式来描述，如认证的总面积、发布的森林认证的数量、发布的产销监管链认证的数量、市场份额或认证产品的全球覆盖情况。图 13.1 展示了截至 2003 年 12 月，七个认证体系认证的森林面积的情况，这是了解认证情况通常采用的形式，但是没有给出将要生产和售出的认证木材质量、森林所有者和经营者的数量、认证森林的生态或社会价值方面的任何信息，虽然这些信息与该体系绩效方面是相关联的。

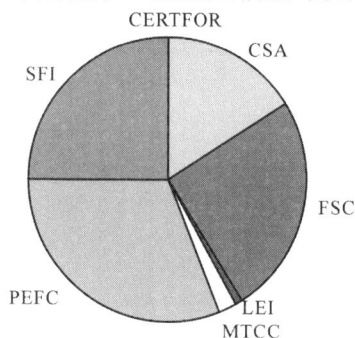

图 13.1　认证体系开展森林认证面积的相对数量（截至 2003 年 12 月）

13.10 声明的控制

所有的体系都有标识和某种追踪的形式。多数情况下，采用标准的产销监管链方式进行，所有的体系都承认混合认证和允许使用没有认证的材料，但在混合的形式上和对没有认证的材料控制上存在差别。

	产销监管链和标识的使用	声明的百分比
CertforChile	认证体系包含有产销监管链 标识可以直接用于该产品上或该产品的相关材料上	对认证材料有三种统计方式：100% 的分离、投入－产出、基于百分比的声明 非认证材料必须被控制以拒绝非法采伐和其他无法接受的来源，如濒危种、存在产权纠纷的地方、保护区和国家公园
CSA	2001 年增加了产销监管链，名称为 CSA PLUS 1163 根据 CSA 国际标识规定，标识可以直接用于该产品上或该产品的相关材料上	对认证材料有两种统计方式：100% 的分离、基于百分比的声明。至少满足 70% 的认证才能使用 CSA 可持续森林经营的标识 非认证的材料必须被控制以拒绝非法采伐和有争议的来源
FSC	体系包含有产销监管链 根据 FSC 标识使用的规定，标识可以直接用于该产品上或该产品的相关材料上	对认证材料有两种统计方式：100% 的分离、基于百分比的声明。投入—产出的方式可能在 2004 年被加入 非认证的材料必须被控制，以拒绝不可接受的来源，如非法采伐、高保护价值森林、不适当的管理、社会冲突的地方以及经过遗传改良的材料
LEI	2002 年制定了产销监管链的标准 根据 LEI 标识使用的规定，标识可以直接用于该产品上或该产品的相关材料上	LEI 允许 30% 的材料取自没有认证的材料 没有认证的材料必须具有合法的来源，没有专门的程序对此进行检查
MTCC	体系包含有产销监管链的标准 根据 MTCC 标识使用的规定，标识可以直接用于该产品上或该产品的相关材料上	对认证材料有两种统计方式：100% 的分离、基于百分比的声明 在基于百分比的生产方式中没有要求对未认证的材料进行控制
PEFC	体系包含有产销监管链的标准 标识可用于含量超过 70% 认证材料的产品上	对认证材料有三种统计方式：100% 的分离、基于百分比的声明、投入—产出 没有认证的材料不应是非法来源或者是来自保护区
SFI	SFI 没有开展传统的产销监管链认证，但是在 SFI 项目下采用了加工者的认证	认证的加工者必须使用至少三分之一的 SFI 认证的材料（或者 SFI 认证的森林或者加工者的材料），必须检查其余的材料是来自与 SFI 目标一致的森林资源。拒绝木材来源于非法木材和生物多样性热点地区

13.11　政治环境和展望

　　森林认证是一个非常有争议的话题，各方对每个体系的优势和弱点都表明了强烈的态度，下面概述了每个体系的主要支持者和批评者。

　　附件 2 也提供了一些主要出版物对各个体系的分析和评论。需要指出的是各体系经常对分析报告中的观点提出询问和异议，有些体系已经在其网站上给出了正式的回应。

CertforChile	(1)支持者包括政府、森林工作者、大型的林业公司,以及学院和一些 NGO 的支持。 (2)批评者包括一些 NGO,认为它是与 FSC 竞争的根源。 (3)由于该体系创立较晚,还没有对实地操作方面的评估
CSA	(1)该体系受到加拿大政府和工业界的强力支持,也收到了当地利益团体、环境团体和原住居民的积极反馈,他们是当地森林机构开展认证过程和实施的一部分。 (2)批评者包括一些国家和国际的 NGO,他们这一体系的标准是一般性原则和与各地解释的结合,会导致认证的森林经营机构间存在差异
FSC	(1)FSC 得到了多数国际环境和社会 NGO 的强烈支持,也得到了一些工业部门,特别是看重品牌保护的工业部门及零售商和投资商的强烈支持。一些政府部门也支持 FSC,既支持森林认证也支持对认证产品的采购。 (2)对 FSC 体系的主要批评者有森林所有者和经营者及其联合会,他们对受到 NGO 的过分控制表示关注。一些政府,特别是生产国的政府也批评 FSC 的要求有些过于苛刻,相反一些 NGO 则认为该体系所提出的要求还不够
LEI	(1)作为一个国家体系,印度尼西亚有很多 LEI 的支持者,包括政府、工业界和 NGO 的代表,也得到了国际 NGO 和零售商的支持,因为它与 FSC 合作密切。 (2)主要批评者包括当地和国际的 NGO,他们在当前土地权属问题还没有解决之前反对任何形式的认证
MTCC	(1)该体系得到了马来西亚政府和工业界的支持,一些代表当地居民的地方联合体也对此给予支持。 (2)主要批评者包括环境 NGO 和当地居民,他们声称对认证标准的制定和解释没有产生足够的影响
PEFC	(1)在欧洲,PEFC 体系得到了小规模林场主联合会、多个国家政府和部分森林工业界的支持。随着其范围的进一步扩大而成为全球性的机制,也得到了寻求获得其承认的国家体系支持者的支持。 (2)主要批评者包括环境和社会 NGO,焦点是环境和社会利益没有得到足够的关注,没有充分的咨询,并且认证过程中对公众公开信息的要求也不能保证足够的透明度
SFI	(1)美国工业界和加拿大工业界的绝大多数都对 SFI 表示强烈支持,也得到了美国国内的环境 NGO,包括可持续林业董事会成员之一的大自然保护协会。 (2)主要批评者包括国家和国际的 NGO,他们认为标准的要求还不够严格(尽管他们注意到标准正在改进过程中),在认证过程中缺乏协商或公众信息使得该体系还不够透明

13.12 各体系的信息获取

每个体系的具体联系信息见附件 1,表 13.1 给出了几个体系的网站地址。

表 13.1 七个体系的网址

体系	网址
CertforChile	www. certfor. org
CSA	www. certifiedwood. csa. ca
FSC	www. fscoax. org, www. fsc − info. org
LEI	www. lei. or. id
MTCC	www. mtcc. com. my
PEFC	www. pefc. org(该网站非常有用,因为它和其他参与的国家体系有链接)
SFI	www. aboutsfi. org, www. aboutsfb. org, www. sfiprogram. info

(王虹　韩峥 译校)

第四篇

森林认证：政策、进展和存在的问题

14 森林认证的政策及制度背景

森林认证的最初目的有两个(cf Baharuddin 和 Simula，1994)：

(1)提高森林的社会、环境和经济效益，实现森林可持续经营和负责任的森林经营[1]；

(2)便于人们区分并购买那些来自可持续经营森林的林产品，并使来自可持续经营森林的产品具有更高的市场占有率。

然而，正如第 1 章中讨论的，在过去 10 年中，森林认证还起到了以下几方面的作用：

(1)降低森林可持续经营的投资风险，为可持续森林经营筹集资金；

(2)降低了法律实施和征收高额林业税费的需要；

(3)提高了林业、物流和林产品市场的效率；

(4)确保捐助资金起到改善森林经营水平的作用。

Elliott (1999)提出了森林认证的更深层意义：帮助政策制定者探索和制定有利于经济、社会和环境协调发展的森林经营标准，这突出了森林认证在政策领域的作用。

14.1 作为政策工具的森林认证

14.1.1 森林认证作为森林和环境政策的工具

政策措施常被分为"硬"和"软"两种类型。前一类指强制实施的政策措施，如规定和实施细则。后一类指鼓励措施，如激励措施、自愿行为和市场机制。

森林认证(和林产品标签)属于软政策，对于林业而言可能是最有效的措施(图 14.1)。它通常是市场行为和自愿行为，涉及广泛的利益团体。森林认证参与的广泛程度决定了森林认证作为政策工具的合理性，使它对林业政策和环境政策具有足够的影响力(Bass，1999)。然而，需要强调的是，森林认证并不能替代法规和强制性的政策工具。

单独依靠森林认证不可能实现可持续森林经营，但当与各种政策、法规、激励措施和其他手段相结合时，森林认证就可以起到与之相辅相承的作用。由于森林认证是一种立足于市场的措施，因此它关系到森林可持续经营的成本。森林认证改变了与林业相关的不同利益团体间的传统关系，因此它也影响政策的制定过程(Elliott，1999)。

尽管森林认证具有上述作用，它也有一定的局限性。森林认证不是万能的，不能解决全球范围内所有的森林经营问题。森林认证并不是制止毁林的有效措施，也不能取代法规和强制性措施。

正如前面所讨论的，森林认证是林业领域当前最容易引起争论的问题之一。引起争议的两个主要因素是：

(1)为了使森林认证标准准确无误，必须让广泛的利益群体参与到制定过程中。这使那些倾向于森林环境效益和社会效益的利益群体占有比以往更大的决策权，而林场主、森林工业部门和政府部门的林业决策权则相对削弱。

(2)和所有关于林产品贸易的政策措施一样，森林认证的影响是不均衡的因此某些利益群体(如热带国家和小林主)特别关注森林认证影响的公正性。

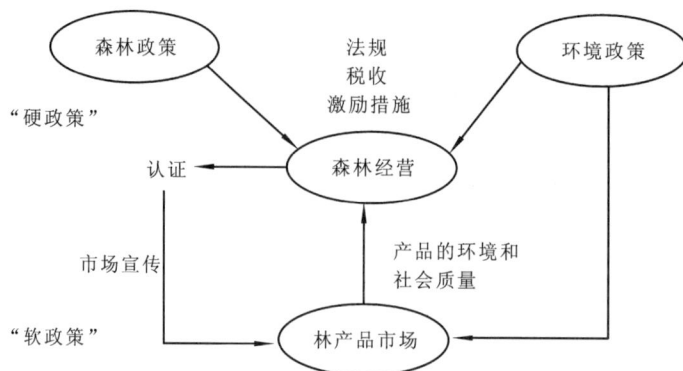

图 14.1 面向市场的森林认证政策背景

另外，森林管理委员会(FSC)作为第一个国际认证机构曾被认为是非政府组织垄断的机构，因此导致许多国家的林场主和森林工业部门不接受森林管理委员会(FSC)。然而随着其他类似森林认证机构的发展，关于垄断的问题已经不存在了。

通过制定适当的政策和法律，促进可持续发展，提高人民生活水平，推进良好的商业活动，对于林业的健康发展是极其重要的。当制定了正确的政策和法律之后，所面临的挑战是通过技术和能力建设实现全社会所期望的森林可持续经营。定义这样的可持续森林经营有很多方法，森林认证标准就是其中之一。而森林认证过程就是核实森林认证标准在实践中得以实现(图 14.2)。

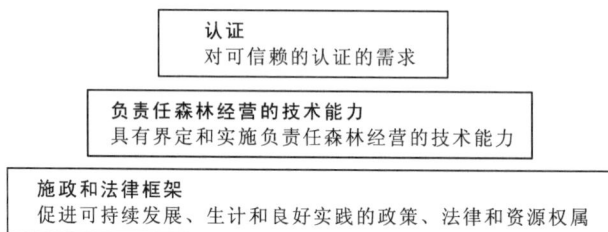

图 14.2 开展森林认证的三个要素

在许多情况下，森林认证可以促进良好的森林管理和实施负责任林业经营的能力。一篇对国际林业政策措施进行回顾的综述文章表明，森林认证是促进私有部门林业发展的一项重大政策措施(Landell-Mills 和 Ford，1999)。

然而，这类新措施在特定的政策环境下面临一系列的问题。在政策有利、林地所有权明晰、产权有保障、机构安排得力、具有一致的政策信号、具有充足的信息库、得到相关利益群体的支持以及具有较强的实施能力的情况下，森林认证这一类措施可能会较为有效。通常这些条件是不具备的，在发展中国家尤其如此。因而出现以下三个方面的问题(Bass 和 Simula，1999)：

(1)为了使森林认证切实可行，哪些施政和林业要素需要到位？大多数得到森林认证面积较大的国家，都具有适当的林业政策、森林制度和实施能力，这些对于森林认证而言是非常必要的。在其他国家，森林认证的作用则很有限，在很多领域都没有根本性的政策变化，印度尼西亚就是一个实例(Elliott，1999)。

（2）在政策环境不良的情况下，森林认证能否使政策环境得以改善？在许多国家森林认证有利于国家和地方林业标准的改进，有利于林业政策方面的广泛辩论，提高边缘利益群体的地位，而且在一定程度上还可以增强林业政策与具体措施的一致性。如果通过森林认证制定国家标准，其作用远大于仅仅依照全球标准进行的森林认证。这个过程可以被视为共同学习过程，它能够在很大程度上影响公共政策（Elliott，1999）[2]。然而，正如前面讨论的，森林认证并不能取代强制性政策措施。

（3）森林认证如何适应法律体系？仅从业绩方面比较认证和法律体系间的区别或许不够全面[3]。二者均为生产企业提供一种选择，或者达标或者接受处罚。在森林认证中，处罚通常是经济上的。而对于法律体系而言，处罚措施通常是行政处罚或司法处罚。

这些情况因地区和国家不同而异。第15章将详细讨论森林认证获得成功所需要的法律政策环境，届时还会对这个问题进一步讨论。

尽管森林认证名义上是市场手段，但它的环境目标并不是由封闭的市场体系决定，而是由公众舆论和并不直接参与市场的利益群体决定的。这就是为什么从政策观点看森林认证是公正的，尤其是在那些将全民参与制度视为公正的国家和地区（DFID，1999）。森林认证与法律条例是相辅相成的，而不是相互抵触的关系，也许这说明了为什么二者能够紧密结合，在开展森林认证过程中政府部门可以起到重大作用。

森林认证已被证实是向森林可持续经营过渡的重要指导工具，尤其是通过广泛的国家进程的活动，而不仅仅是众多单独认证的累加。森林认证有利于政策和规划决策作用的不断拓展，而且还有其他方面的作用。例如，目前全球的森林经营明显集约化，向纤维材生产转移，这就可以有大面积的森林用于环境服务。森林认证可以指导这一趋势向持续、高产和平衡的方面发展。

然而，当完成向负责任的森林经营过渡后，森林认证的作用则会与其他政策和规章完全结合，成为日常工作的一部分。

14.1.2　森林认证与政策问题

由于森林认证集中于可持续的三个要素（经济、环境和社会），因此它与国家政策所要解决的一系列问题紧密相关。表14.1例举了其中一些最重要的问题。

表14.1　与森林认证有关的政策问题

问题	与森林认证的关系
负责任的森林经营或森林可持续经营 经济、社会和环境效益的平衡	森林认证促进森林可持续经营，使森林可持续经营概念可操作，并鼓励其实施 森林认证标准通过具体的森林经营术语反映出这种平衡
非法采伐	只对来自合法经营和利用的森林木材进行认证。遵守法律是所有森林认证标准的基本要求
生物多样性保护	生产性森林在多数国家生物多样性保护策略中具有重要作用。在这些森林的经营中采用森林认证标准有助于解决生物多样性保护问题
政策实施力度不够、腐败和机构薄弱	森林认证不能够取代政策监督和实施，但它可以使之完善。森林认证可以增加木材供给环节的透明度，加强林业机构管理和控制的能力
地方群众参与受限，群众的参与意识差，参与积极性低	森林认证为所有利益相关者提供参与机会，让他们参与森林经营标准的制定，并提高标准遵从情况评估的透明度

(续)

问题	与森林认证的关系
产权归还和其他形式的林业私有化	森林认证可使私有林主处于不利地位,但也能给他们带来利益。森林认证可以强化私有林主自己的组织机构,帮助他们学会应该如何经营他们的森林
木材市场	森林认证对林产品供给的影响是不确定的,因当地条件而异;预期的对林产品需求(出口和国内需求)的影响是正面的
利益分配	随着透明度和地方群众参与程度的改善,森林认证将对利益分配有正面影响(尽管可能是间接的影响)

14.1.3　多种政策背景下的森林认证

森林认证只是涉及森林可持续经营的贸易与环境问题的政策工具之一。森林认证只具有辅助作用,而且当森林认证的动力来自市场时,它的作用将是有限的,因为多数林产品的体积大、单价低使林产品的国际贸易份额相对较小。

在为了促进国内林产品贸易而进行森林认证的国家,情况是不同的。在发展中国家,由于消费者在其他方面的需求和当地市场特点(例如,非正规贸易所占比例大),短期或中期引入森林认证措施常常受限制。实现环境和贸易目标的最佳政策应该是由多种措施构成,其中森林认证和标签要在遵守多边环境协议的前提下与各种宏观经济政策相结合,还要结合各部门特有的规章制度、鼓励措施和税收政策。

关于森林认证的应用,各国情况差别很大,正如第1章中所讨论的。当森林认证的动力是市场利益时,森林认证能以可信和透明的方式向买方、消费者、投资者、当地社区和其他利益相关群体表明森林经营的质量。而在其他情况下,森林认证的动力可能是来自内部(例如,为了改善当前的森林经营水平或标准的贯彻实施)。

常常是难以区分目标和目的,即森林认证究竟是改善森林经营的工具,还是市场宣传的手段。这取决于当前的森林经营质量水平(即森林经营质量需要提高的程度如何),以及该国生产者对环境敏感市场的依赖程度。无论如何,这两方面的森林认证目标不是互相排斥的,而是相辅相承的。

总之,在多种政策交叉的情况下,森林认证在森林可持续经营中所起的作用因不同国家的情况而异。这个问题还将在第15章做进一步讨论。

14.2　作为辅助政策工具的森林认证和森林可持续经营的标准与指标

与森林认证同步进行的政策工作之一是森林可持续经营国际标准与指标(C&I)的制定。这些标准与指标基本上是通过政府间进程,如联合国环境与发展大会(UNCED)的承诺制定的,用于监测和报告各国的森林状况。因此它们包括了框图14.1中所列举的森林总面积和森林状况等标准。

14.2.1　国际森林可持续经营标准与指标进程

最近对全球森林可持续经营标准与指标的制定和使用进行了一次普查,结果表明,约150个国家参与了9个地区进程(表14.2)。其工作重心正在由国家水平向区域水平转移,包括独立的森林经营单位水平(CICI,2003)。

14.2.2 森林认证与森林可持续经营标准与指标的不同与相似之处

　　森林认证与森林可持续经营标准与指标是促进世界森林可持续经营的两种不同工具。尽管有很多相似之处，但在概念上也有很大差别。相似之处在于总体目标和大体方法相同。它们都采用非强制方法促进森林可持续经营。它们都包含国际上确定的可持续发展要素，并且都是根据实际收集的数据作为制定依据。

表14.2　关于森林可持续经营标准与指标体系的国际倡议和进程

倡议/进程	参与国家数量	地区（植被区/地理区）
欧洲防护林部长会议（MCPFE 或泛欧进程）	41[a]	欧洲北方寒带森林和温带森林
蒙特利尔进程	12[b]	美洲、亚洲和太平洋地区的温带森林
国际热带木材组织进程	31[c]	热带天然林
Tarapoto 倡议	8[d]	亚马逊盆地
非洲木材组织（ATO）进程	14[e]	非洲热带林
非洲干旱区进程	30[f]	非洲亚撒哈拉沙漠
近东进程	30[g]	近东地区
干旱森林亚洲倡议	9[h]	南亚和蒙古、中国、缅甸、泰国
Lepaterique 进程	7[i]	中美洲
参与国家总数	149	

注：

a 俄罗斯和土耳其还分别是蒙特利尔进程和近东进程的参加国。

b 中国也是干旱森林亚洲倡议的成员国。

c 生产成员国；成员国总数是57。

d 所有国家还是 ITTO 生产成员国。

e 在 ATO 进程中，有9个国家是 ITTO 生产成员国，有5个国家属于非洲干旱区进程：安哥拉（非洲干旱区）；喀麦隆（ITTO）；中非共和国（ITTO）；刚果（ITTO）；科特迪瓦（ITTO）；刚果民主共和国（ITTO 和非洲干旱区进程）；赤道几内亚；加蓬（ITTO）；加纳（ITTO）；利比利亚（ITTO）；尼日利亚圣多美和普林西比和坦桑尼亚（非洲干旱区进程）；多哥（ITTO）。

f 有4个国家还属于近东进程。

g 有4个国家还属于非洲干旱区进程成员国（吉布提、毛利塔尼亚、索马里和苏丹）。还有一个 MCPFE 成员国（土耳其），有一个是 ITTO 消费成员国（埃及）。

h 有5个国家也是 ITTO 成员国：3个生产成员国（印度、缅甸和泰国）和2个消费成员国（中国和尼泊尔）；中国也是蒙特利尔进程的成员国。

i 有3个国家也是 ITTO 生产成员国（危地马拉、洪都拉斯和巴拿马）。

来源：Simula（2003）。

框图 14.1 全球性标准与指标认可的贡献于森林可持续经营的主要要素

森林可持续经营要素包括:

1. 森林资源面积;

2. 生物多样性;

3. 森林健康与活力;

4. 森林资源的生产功能;

5. 森林资源的防护功能;

6. 社会和经济功能;

7. 法律、政策和制度框架。

来源: CICI (2003)。

森林可持续经营标准与指标与森林认证体系间的主要差别包括规模、目的、产出、目标群体和参与者。森林可持续经营标准与指标体系针对的规模是从国家水平至森林经营单位水平。许多由政府牵头的森林可持续经营标准与指标集中于国家水平的框架范围。而森林认证则主要集中于森林经营单位水平。

二者在目标上也存在差异。森林可持续经营标准与指标属于描述性的方法,而森林认证则是以描述性的标准作为依据。森林认证标准通常要依据或参照描述性的森林可持续经营标准与指标体系,但就其条例和细节而言则远远超过森林可持续经营标准与指标。因此二者的产出和结果也不同。森林可持续经营标准与指标不包含目标或"行为期望",而森林认证则是依据行为标准进行评价的。

由于规模和目标的不同,上述两种工具的目标群体和参与制定的典型群体是不同的。森林可持续经营标准和指标通常由政府或具有政府职能的机构制定,而森林认证标准和体系通常是由广泛的利益团体协商制定的,政府的参与是非常有限的。

国家水平的森林可持续经营标准与指标体系是森林认证的重要参考依据;但它们主要是为报告国家水平的森林状况而制定的,不是为评价森林经营单位的森林经营成效而制定的(Rametsteiner 和 Simula,2001)。

14.2.3 森林经营单位水平的标准与指标和森林认证标准

制定森林经营单位水平森林可持续经营标准与指标需要对国际或国家水平的森林可持续经营标准和指标进行大幅度调整。有些指标只适合于国家水平,不能用于森林经营单位水平——例如,有关全球碳汇、保护区面积以及林业部门对社会经济的贡献量(如对国内总生产量的贡献量)。然而多数国家水平的指标在经过适当调整后还是可以用于森林经营单位水平的。

几个由政府牵头的进程,如国际热带木材组织(ITTO)进程、Tarapoto 倡议和非洲木材组织(ATO)进程,已经继国家水平的可持续经营标准与指标体系后制定了森林经营单位水平森林可持续经营标准与指标体系。泛欧森林进程(欧洲森林保护部长级会议)根据它的森林可持续经营标准与指标制定了第二发展阶段的实施准则。

世界林业研究中心(CIFOR)做了一些有关全球森林可持续经营标准与指标方面的工作,

重点是对森林经营单位水平上的森林可持续经营标准与指标的研究，协助各国进行实地测试，为制定适合地方的森林可持续经营标准与指标提供技术支持（Prabhu 等，2002）。联合国粮农组织、国际热带木材组织、世界自然保护联盟、国际森林研究机构联合会、联合国环境规划署、联合国开发计划署，以及非政府组织、社区和私人部门在国家和亚国家水平森林可持续经营标准与指标的制定和实地测试方面也做了一些支持性的工作。

世界上已有 30 多个国家正在制定或已经完成森林认证的国家标准和体系。但在引领森林认证的所有倡议中，只有森林管理委员会（FSC）提供了全球唯一的现行森林经营认证标准：即"森林管理委员会（FSC）原则和标准"。因此与其他森林认证体系不同，森林管理委员会（FSC）的国家森林认证标准不是来自任何已有的可持续森林经营标准和指标系列，而是依据"森林管理委员会（FSC）的原则和标准"。

其他森林认证体系均是采用已有的可持续森林经营标准和指标系列。森林认证体系认可计划（PEFC）在采用可持续森林经营标准和指标的同时，还采用了泛欧森林进程施业准则作为国家森林认证标准的依据。马来西亚木材认证委员会（MTCC）采用 ITTO 可持续森林经营标准和指标作为其森林认证标准的框架，但之后为适应"森林管理委员会（FSC）原则和标准"的结构而加以修改。非洲木材组织的亚国家水平的原则、标准、指标和检验方法是非洲地区认证标准的框架。加拿大标准协会的标准是根据蒙特利尔进程结合加拿大的实际情况制定的。

也有很多不采用任何现行标准和指标的森林认证体系，如美国可持续森林倡议（SFI）。

显然，依据国家和亚国家森林可持续经营标准而开展的森林认证工作有助于在全球范围内对可持续森林经营的概念达成共识。框图 14.1 列举了可持续森林经营标准的要素（CICI，2003）。尽管森林认证标准通常在一定程度上包含了森林可持续经营标准，但森林可持续经营指标通常不够系统，并且随着当地的生态和社会文化条件而异。

鉴于目前是森林认证标准发展的初期阶段，可以预见随着森林可持续经营标准与指标体系的不断完善，各种各样的森林可持续经营标准与指标将趋于统一，而且森林可持续经营标准与指标体系将逐渐与森林认证标准相结合。这方面的进展对于制定适用于地区水平和全球认可的认证标准是非常重要的。

14.2.4 域值的设定

虽然面临的各种问题将逐渐趋于统一，所采取的实施等级还是应该有区别的。由于各地的森林状况存在差异，不必在不同林型和社会经济背景间制定相同的域值等级。

这种域值的确定最好在地方水平或国家水平采用参与式方法进行，并要考虑国际公认的森林可持续经营框架，也要考虑相邻地区所取得工作成果，以便使制定的森林认证标准能够被国际接受。采取参与式方法还有利于充分考虑森林的多种价值（Rametsteiner 和 Simula，2001）。

总之，森林认证和森林可持续经营标准与指标都是自愿的手段，所依据的数据也是相同的。森林可持续经营标准与指标体系可以为认证标准（目标和方法）提供框架，因为它们一般都是描述性的，而具有规定属性的认证标准则规定了森林经营单位水平的实施要求。这两类手段的目的和目标群体不同，制定过程也往往不同。由于各地条件的差异，域值和其他实施要求最好通过参与方式确定，参考相关的标准与指标，并考虑该地区现有的森林标准。

14.3 森林认证与法律遵从的验证

许多国家已经在法律法规的制定,以及林地和森林资源规划方面取得很大进步,但是这些法规和规划的实施和管理环节不够成功,而且没有很好地解决土地所有权和贫困问题。

尽管全民参与林业活动的管理存在很多不足之处,许多发展中国家仍在采用传统的政府命令和管理下的公众直接参与的模式。在发展中国家,普通民众往往缺乏足够的经验、财力和森林经营技术,成本效益也比较低。如果只注重森林租让,而忽视森林经营方案制定和执法,并缺乏对森林经营者守法程度的关注,就容易引发利益冲突甚至导致严重腐败。

在腐败和非法活动比较严重的国家,森林认证或守法情况的独立验证是加强执法力度的有力手段。它的监督和管理范围可以包括林地占用、土地利用方式转变、森林经营活动、采伐、木材运输和木材贸易。

守法验证方式可以在问题严重国家采用强制执行方式或者采用现行的自愿认证体系。有些国家已经考虑将自愿森林经营标准纳入法律条款中。

随着独立认证或守法验证的加强,最终将能实现强制执法所起到的作用。这在林业部门将具有空前的政治意义,尽管在其他行业已经成功应用多年。

14.4 政府的作用

政府在推进负责任森林经营和森林认证方面的作用可以是非常有效的。因此,应该分清哪些政府有这方面的政治意愿和承诺,并切实地在努力实现森林可持续经营;哪些政府没有。对于正在努力实现森林可持续经营的政府应该给予全力支持。政府的作用之所以重要,不仅仅因为它们是立法者和执法者,而且还因为许多国家的森林所有权都是以国有为主,尤其在热带地区的国家(White 和 Martin,2002)。还应该厘清政府分别作为管理者、公共政策促进者和森林所有者所起的作用(IPF,1997)。

政府之所以能够在森林认证中起作用,是因为政府可以通过推进森林可持续经营而获得经济、社会和环境等方面的多种效益。鉴于森林认证通常是由私有部门进行的自愿行为,因此不需要政府对特定的认证体系或森林认证标准进行批准,他们只需要为认证体系提供判别标准。

另外,政府具有促进森林可持续经营的各种有力手段和方法(Simula 等,2003)。例如:

(1)国际协定(双边和多边);

(2)保障森林的长期所有权;

(3)在公有林或国有林(防护林、用材林和自然保护区)经营中,制定并实施森林经营政策(包括对公有林地具有影响的长期租让、租让条款和租让条件等)和作业规范;

(4)制定林业法律和法规(包括森林法和环境法、土地利用与区划法规、森林作业规程、工人健康与安全法规),并确保这些法规的有效实施;

(5)提供经济激励措施和补贴(例如,税收和税收政策,以及为提高森林经营水平而采取的财政援助);

(6)科研工作(如木材利用、森林经营,以及生态和社会方面的相关研究);

(7)森林资源清查与评价(包括森林面积、生长量、林木死亡率和森林状况的定期清查,以及对林业相关的经济、社会和环境因子的评价);

(8)信息和教育(包括为林主和森林社区提供的技术援助,以及公众教育)。

不利于改善森林经营的政策应该加以修改或取消。

尽管政府在森林管理委员会(FSC)的发展过程中并不起核心作用,但它们在加拿大、芬兰、挪威、马来西亚和加纳等国家森林认证体系的建立过程中起到了积极的促进作用。在墨西哥,最新的森林法规定了政府有促进森林认证的义务。在俄罗斯,森林法也对森林认证做了明确规定。

由于森林认证是靠市场机制运行的,从理论上讲不需要政府干预和支持,这一点在很多情况下已经得到证实。然而,在推行森林认证的过程中,政府的参与是必要的(Bass 和 Simula,1999),理由如下:

(1)促进森林认证的发展:由于认证是一个"软政策"工具,非政府组织和私有部门是森林认证发展的良好催化剂。但这些机构的实力不强,在没有很好组织起来时,就需要由政府促进其发展和启动。

(2)确保森林认证的法律政策框架,包括具体的激励措施:如果缺乏可创造有利条件的法律框架,森林认证就难以被广泛采纳(见第 15 章)。因此应该有大量的政府活动来配合森林认证的发展。最直接的出发点就是取消妨碍森林认证的政策,对与森林认证相一致的政策予以坚持,对与自愿的、积极的和第三方认证不协调的法规要加以修改。而且,政府的干预还有利于森林可持续经营的木材贸易。

(3)解决和减轻认证中与公平有关的问题:在许多国家是需要政府行动的——例如,监测和解决在公平方面的影响,确保平等地体现不同群体的利益,对边缘群体提供援助。在森林认证中为小林场主提供援助,避免与大规模的资源丰富的企业相比处于不利地位。这在第 19 章还要进一步讨论。

(4)制定基本规则以确保市场的效率和信誉:这样可以避免各种并行体系给消费者带来的困惑,并确保能够遵循国际贸易规则。

(5)确保森林认证与国家政策目标保持一致:林业政策的发展和制度框架应避免因不适当的森林认证方法而遭到破坏。纯粹的市场化决策不能保证森林可持续经营:私有林主和森林经营者的时间尺度和价值取向需要与国家目标相协调。一些国家体系还推行了特定的国家政策。

(6)制定适合国情的森林可持续经营或负责任森林经营的标准与指标,协助制定国家森林认证标准:国家的森林可持续经营标准与指标提供了特定国情下负责任森林经营要素的手段,因此是制定国家森林认证标准的重要依据。

(7)对通过认证的森林经营单位给予支持和鼓励:这样可以帮助私有林主和森林经营者克服认证初期的经费困难,这一点将在第 16 章进一步讨论。

(8)认证产品的促销:许多国家政府都在支持国内和出口市场的木材和木材产品的销售。由于这些产品通常是环境友好型建筑材料,因此可以通过认证手段向消费者承诺这些木材原料是来自可持续经营的森林。

(9)在认证条款中采用公共采购标准:有些政府(如英国、法国和比利时)正在或已经开始在它们的采购政策中表现出对认证产品的购买偏好。

正如政府间森林问题工作组(IPF,1997)所说,在提高透明度、促进各相关利益群体的全面参与,以及提高森林认证的无歧视性和开放性等方面,政府具有特别重要的作用。

　　许多国家政府是最大的森林所有者，也是群众或地方社区集体林地的最终管理者。政府机构通常在它们所属的林地上进行各种森林经营活动。当私有部门在这类土地上开展森林经营活动时，政府只给予他们使用权，并附加一定的限制条件。总体上看，各类林地的森林经营活动都在政府林业部门的监督和管理下。

　　政府应就国有森林进行认证的可行性逐个判定。制定森林认证标准的参与过程有助于解决国有土地利用的冲突。第三方认证/验证可以树立土地经营机构的信誉。与政府机构的审计相比，还可以降低验证成本。这还涉及现有政府标准和审计协议与森林认证标准和程序相融合的问题。

　　森林认证还与私有化进程有关，可以确保环境效益和社会效益不受指定森林经营者的危害。在南非，私有化的南非林业公司(SAFCOL)就是这样一个实例。

注释：

1. 关于"森林可持续经营"这个词的用法存在争议，因为"可持续"的概念不够确定。有些人主张用"负责任森林经营"这个词。而另外一些人则认为"森林可持续经营"及其缩写词 SFM 已经被广泛使用，成为兼顾社会、经济和环境效益的森林经营的代名词。我们交替使用"森林可持续经营"和"负责任森林经营"，以便如实反映这种分歧。

2. Elliott (1999)描述了国家认证使加拿大、印度尼西亚和瑞典等国家私有部门政策的制定速度快于公有部门政策制定的情况。这引发一个问题，究竟认证忽略了民主进程，还是更好地利用了民主进程。对这个问题的认识要看各国家的具体情况。

3. 以标准作为依据的方法并非一定要与认证相联系。例如，以标准为依据的立法同样是有效的。许多国家都有森林经营行业的强制标准。

（雷静品 译　王虹 校）

15 开展森林认证的有利条件

正如第 14 章所讨论的，森林认证的众多有利条件可以根据森林认证的三要素(见图 14.2)划分为以下三类：

(1)施政和法律框架；

(2)对负责任森林经营的理解以及实施的技术能力；

(3)对森林认证的需求以及进行森林认证的能力。

人们普遍认识到，要成功开展森林认证，必须有正确的政策和法律框架，必须有开展良好森林经营的能力。然而，正如第 14 章所讨论的，人们也同样认识到，森林认证既可以促进负责任森林经营目标的实现，也有利于形成良好的政策和法律环境。

然而，关于在特定情况下上述三方面条件如何起作用，以及它们之间的相互关系如何，目前还不是很清楚。但是了解和分析它们之间的相互关系很重要，原因如下：

(1)调整采购政策：越来越多的公司和政府在制定认证林产品采购政策。然而，有些国家或地区存在严重的障碍，使得这一进程的速度缓慢。购买者只有通过适当的机制认清这些障碍，才能对这一进程有切合实际的期望。

例如，如果没有适当的机制让采伐者对其所利用的国有林进行长期管理，就有可能对森林认证构成障碍，这种障碍只有在该国政府的支持下才能克服。因此，如果要求这些森林的木材都通过认证是不现实的。

(2)支持森林认证的发展：许多捐资机构和非政府组织把森林认证作为改善森林管理和经营的有力工具，并通过开展项目来促进森林认证。在这种情况下，需要准确判断森林认证的障碍，以便项目活动能够有的放矢。

例如，如果分析结果表明森林认证的主要障碍在于缺乏制定国家标准的能力，那么就开展培训审核员的项目就没有多少意义。

(3)确定在什么情况下森林认证可以成为支持政策和施政框架的有力工具：在有些情况下森林认证的发展可以起到"催化剂"的作用，促进国家森林政策或法律的完善。

例如，在认证森林中实施良好的森林经营活动可以为政府提供一个模式，证明这种森林经营方式是可行的。

在许多国家，不同利益群体参与标准制定过程，显著促进了不同利益群体之间的对话，使得众多利益相关群体更大程度地参与森林政策的制定和实施。

现在，许多捐助项目已经把森林认证看做改善森林政策和施政的有力工具。这些项目需要有适当的机制来确保森林认证成为特定形势下最适合的手段。

(4)理解森林认证的成功和失败：目前有许多关于森林认证成功与失败的综述性研究(见第 16 章)，提出许多有益的观点，但由于缺乏各种情况下判别和分析问题的统一框架，使得不同研究结果难以相互比较。

因此,需要有一个框架,系统而详细地给出森林认证三要素中每个要素所需要的有利条件(见图 15.1)。这就使得对森林认证的分析有了依据,可以确保对森林认证的每个条件给予系统考虑。

"法律政策框架(ECF)"[1]就是这样一个工具,最初是为世界自然基金会(WWF)与世界银行的"森林保护和可持续利用联盟"而制定的,用于说明能力建设战略制定的情况(World Bank-WWF,2003)。

15.1 工具介绍

法律政策框架(见图 15.1)简单说就是对森林认证三要素进行系统分析的指导机制。针对每一个要素,列出森林认证取得进展所需的重要法律政策环境。这使得用户能够分别对每个要素加以考虑,进而综合出特定法律政策环境下的整体情况。针对每个要素所确定的法律政策环境讨论如下:

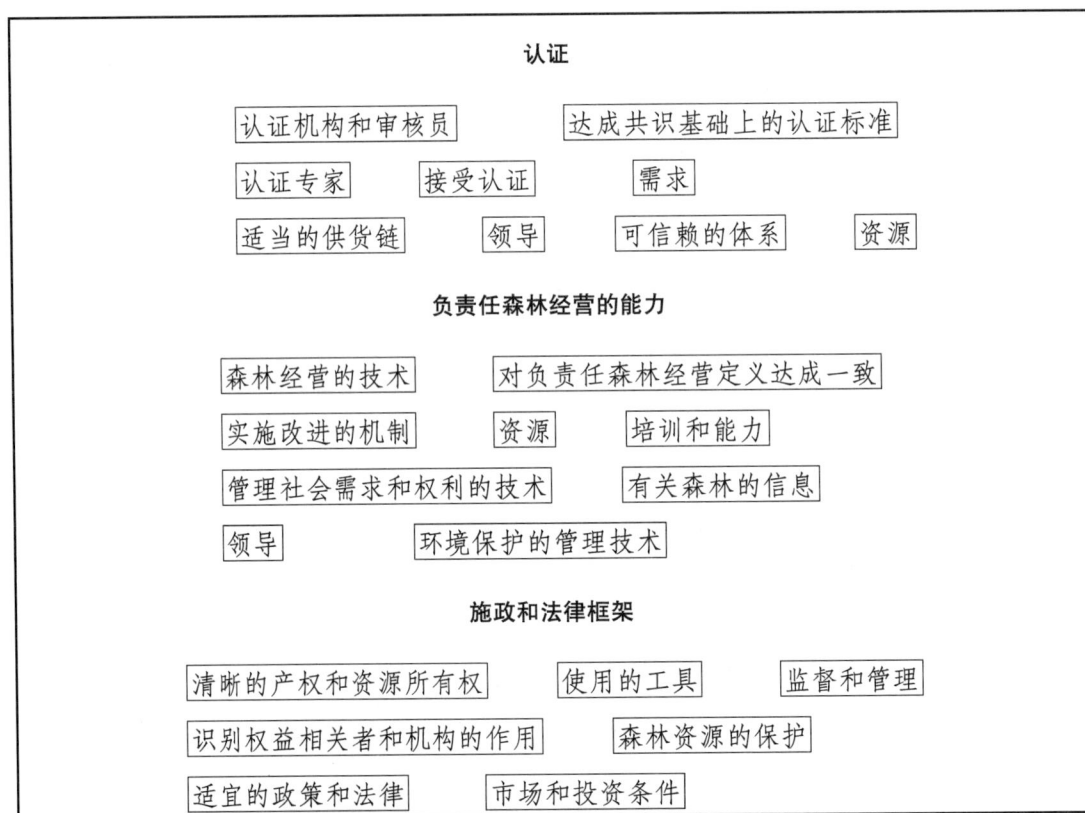

```
认证

认证机构和审核员        达成共识基础上的认证标准

认证专家    接受认证        需求

适当的供货链    领导    可信赖的体系    资源

负责任森林经营的能力

森林经营的技术        对负责任森林经营定义达成一致

实施改进的机制    资源    培训和能力

管理社会需求和权利的技术        有关森林的信息

领导    环境保护的管理技术

施政和法律框架

清晰的产权和资源所有权        使用的工具        监督和管理

识别权益相关者和机构的作用        森林资源的保护

适宜的政策和法律        市场和投资条件
```

图 15.1 森林认证的"法律政策框架"三要素及其条件

15.2 施政和法律框架

人们已经普遍认识到,如果没有激励性的施政和法律框架,负责任的森林经营就难以实现。因此,捐资者、开发银行和政府都集中力量支持和改善施政结构和立法,以期改善森林经营。金字塔,一个为世界银行制定的分析工具,明确了"施政和法律框架"需要满足的关

键因素(Mayers,2003)。确保"施政和法律框架"发挥作用的重要条件有 7 个:

(1)明晰产权和资源所有权;

(2)森林资源保护;

(3)市场和投资条件,以及不存在负责任森林经营的不利因素;

(4)充分认识不同利益群体和机构的作用;

(5)配套的林业政策和立法;

(6)一套行之有效的实施措施;

(7)严格的监督和管理。

下面就每个方面分别进行讨论。

明晰产权和资源所有权:良好森林经营的一个必要条件就是产权和森林资源所有权要明确和稳定。各种权力,包括森林所有者和森林经营者的权力,以及任何习俗和传统权力,及其他权力,都需要给予明确的认可和保护。还应该具有不同利益群体能够接受的机制和程序,用于解决林地产权方面的矛盾。

森林资源保护:在许多国家,盗伐、非法采伐,以及盗伐木材的贸易都是构成对森林和负责任森林经营的主要危害。因此,有效制止普遍存在的非法采伐和乱砍滥伐是非常重要的。

市场和投资条件,以及没有不利因素:有利于长期规划和投资的条件对于良好的森林经营是非常重要的。没有或缺少这种条件可导致不适当的土地利用和不良森林经营行为。

充分认识不同利益群体和机构的作用:林业部门常常涉及一系列不同的利益群体,包括政府、工业部门、地方社区、原住居民和非政府组织。有一点很重要,对各群体的作用和权力进行协调和认可,以确保政策的制定和森林经营能够充分反映不同利益群体的利益,确保每个群体的权力和责任。

配套的林业政策和立法:支持可持续森林经营的政策和法律框架是非常重要的。另外,还必须有一个能够根据变化情况对法律和政策加以调整的机制。

实施手段:有效的法律和政策要通过一系列的手段去实施,包括法律手段、强制性措施、税收鼓励和扶持措施。需要通过强有力的制度来加强法律和政策的实施。

严格的监督和管理:如果对法律和政策的遵守情况加强监督,对违规机构加以惩罚,并对违法者绳之以法,那么政策和法律的实施就会更加顺利。

15.3 对负责任森林经营的理解以及实施的技术实力

施政和法律对于形成负责任森林经营的有利条件是非常必要的。认识和实施负责任森林经营的能力也同样重要。但这并不是一件容易事。森林是千变万化的,过去 10 年里,人们期望森林提供的产品和服务也发生了显著变化。尽管如此,在过去数十年乃至数百年时间里已经积累了大量的经验和知识,为开展良好的森林经营活动奠定了坚实基础。

有利于负责任森林经营的法律政策环境的 9 个要素包括:

(1)有关森林及经营措施对森林的影响的信息积累;

(2)明确负责任经营的森林或森林可持续经营的概念;

(3)森林经营和作业技术;

(4)开展环境保护和自然保护;

(5)社会需求和权力相结合；

(6)培训和能力建设；

(7)实施机制；

(8)资源；

(9)领导。

下面分别进行讨论。

有关森林的信息：了解森林、了解森林经营措施对森林的影响是所有森林经营活动的基础。对于森林的认识不仅仅局限于林木，还应该包括森林的价值和功能。

明确负责任森林经营或森林可持续经营的概念：在开展负责任森林经营之前，必须弄清什么是负责任森林经营。在过去 10 年时间里，人们已经普遍承认负责任森林经营就是以适当的方式使经济、社会和环境标准相结合，但关于究竟如何使经济、社会和环境三方面要素得以兼顾和平衡，却很少有统一的认识。

森林经营和作业技术：为了让森林提供所需要的产品和服务，有必要知道如何经营森林。这就需要制定适当的森林作业技术，包括营林、采伐、道路建设和其他森林经营措施。

开展环境保护和自然保护：在开展负责任森林经营的过程中，需要在人工经营森林中通过切实的技术手段，对提高生物多样性和减少环境影响的措施进行规划、实施和监测。这需要了解自然保护和环境保护的需要是什么，以及如何采取必要的措施。

社会需求及其权力相结合：负责任森林经营要求满足社会需求和社会权力。这就要求掌握一系列的信息，包括工人的需求和权力、采取协商的方法、参与式以及社区发展。

培训和能力建设：为了使负责任森林经营取得成功，与负责任森林经营实施有关的人群（森林经营者、田间工作人员、咨询专家、培训人员、研究人员、政府、社区和其他利益群体）必须经过培训，并具有足够的经验。培训应该被看作是一项坚持不懈的长期工作。

实施机制：过去的经验已经表明，在多数国家，如果森林经营者得到足够的支持，那么他们愿意按照良好森林经营的要求去做。这包括技术推广、财政鼓励和其他支持措施。采取阶段式认证的方式实现森林经营标准的要求，是近年来提供这种支持的一种重要方式（见第 17 章）。

资源：负责任森林经营的实施成本就所消耗的人力和财政资源而言是很高的，这也是在许多地方实施负责任森林经营的主要障碍之一。对于小型企业或社区企业而言，这通常是一个特别严重的问题；但各种规模和类型的林业作业都存在这个问题，这个问题可以分成两部分：改善森林经营达到标准要求所需的成本，以及森林经营水平达标后维持良好森林经营状况所需的成本。前者是投资成本，后者是作业成本。

领导：根据多数项目的开展以及来自负责任森林经营和森林认证取得成功地区的经验，如果有几个关键人物或组织发挥领导作用并推进负责任森林经营的议程，那么就能够取得较大成功。这个领导者可以是政府官员、非政府组织或行业代表。

15.4 标准制定和认证

森林认证能够验证负责任森林经营的实施情况，因此它明显依赖于前两个要素。另外，还有 9 个森林认证取得成功的充分或必要条件：

(1)可信的认证体系；

（2）不同利益群体达成共识的认证标准；

（3）认证机构和经过培训的审核员；

（4）认证的专业技术；

（5）接受认证；

（6）认证需求；

（7）充足的资源；

（8）积极有效的领导；

（9）满足市场需求的供给链。

下面分别进行讨论。

可信的认证体系：如果一个国家或地区有一个可信的认证体系，那么认证就容易取得成功。认证的可信度在于它能够满足认证申请者的需求，同时又符合那些认证需求人们的要求。

不同利益群体达成共识的认证标准：成功的认证应该是以负责任森林经营的标准为依据，这个标准应该得到广泛理解和支持。而标准的制定最好采用国家不同利益群体认可的标准制定过程。

认证机构和经过培训的审核员：如果没有认证机构和经过培训的审核员，认证就无法进行。大的公司有能力从其他地方去聘请认证机构和人员；但对于中小企业来说，缺少相应的认证专业技术力量会成为认证进程的一个障碍。

认证的专业技术：首先，在一个国家拥有一个充分运转的认证机构并非总是必要条件；但确实需要有经过培训的人员帮助森林经营者了解和申请森林认证，并为国家范围内的认证审核队伍提供专业技术指导。

接受认证：认证的一个主要障碍是参与认证或与森林经营有关的一个或若干群体对认证的概念缺乏理解或对认证不认可，这个问题可以通过增强人们对认证的认识来解决。

认证需求：如果没有对独立验证的需求或者对负责任森林经营实现验证的需求，那么就不可能有森林认证。对森林认证的需求可以是多种多样的（见第 1 章和框图 15.1）。

充足的资源：对于许多林业活动，按照森林认证的标准其成本远大于认证本身的成本，成本问题对森林认证是一个较大的障碍。然而对于有些机构，认证环节本身的成本也是一个巨大的障碍。特别是小规模的社区林业活动，其经营质量可能很好，但没有很好的书面材料上报，而且收入较低。一些认证体系和认证机构正在通过联合认证、简化认证程序或认证支持项目等途径，寻求该问题的解决办法（见第 19 章）。

积极有效的领导：如果某个地方有个别人员或少数人积极推动或支持认证过程，那么这里的认证通常就非常成功。如果在公司、非政府组织、支撑机构和政府机构中能有一个由训练有素且具有敬业精神的森林认证支持者组成的核心队伍，也将非常有益。

满足市场需求的供给链：即使市场对认证木材产品有需求，许多林业企业尚不能进入这些市场，因为供给链中这些加工生产企业在质量、价格、产量和可信度上不能够满足市场需求。如果这些供给方不具有竞争力，那么认证也无法保证产品能成功打入市场。

框图 15.1 森林认证的各种需求

对认证木材和纸产品的需求

到目前为止,森林认证的最主要动力之一是购买方和零售商(主要来自欧洲和北美洲)对来自认证森林的木材和纸产品的市场需求。这种需求对供应市场的一些国家和地区的森林认证起到促进作用,但这种促进作用有时并不明显,因为在许多国家森林认证的主要障碍在于缺乏上面讨论过的一些有利条件。

如果市场没有需求,那么以木材为主要产品的森林就不可能去寻求森林认证。因此,促进森林认证的一个主要方法就是刺激国际和国内消费者对森林认证产品的需求。

下述实例就说明了这一点:

(1)英国的百安居(B&Q)和美国的家得宝(The Home Depot)建材超市先后声明它们将向认证木材产品倾斜之后,促进了对认证的需求,森林认证数量显著增加。

(2)来自巴西亚马逊地区的木材有 80% 是用于巴西。巴西森林和贸易网络所做的工作在促进国内对认证木材需求方面已经取得一定的成功。

(3)热带林信托基金(TFT)向欧洲庭院家具零售商收取费用,为生产商提供技术援助,支持他们进行认证,在提供技术援助的同时也促进了对认证产品的需求。

对其他产品和服务的需求

虽然认证早期的发展动力主要来自传统的市场需求,但近年来已经有越来越多的认证被用来认证其他产品和服务,如碳、水资源保护或生物多样性保护(见第 21 章)。对于以市场为基础的传统森林认证不起作用的那些森林而言,如作为保护区或碳汇而投资经营的森林,这种类型的需求就能有效促进森林认证。这种做法还可以扩展到那些投资用于生产生活类的用品或由社区经营的森林。

投资者和捐助者

森林认证另外一个需求是向投资者和捐助者证明他们投资的森林是良好经营的。这种需求可以来自投资或资助国内林业的私有部门(银行或投资基金)、援助机构(多边、双边或基金会)或政府。

实例如下:

(1)世界银行投资的 PRODEFOR 项目在墨西哥资助社区森林进行认证,而墨西哥政府则把认证纳入森林法。

(2)英国政府要求英格兰的一些林地进行认证以便获得森林经营资助。

政府

前面已经讨论过森林认证可以为政府提供一个监督森林法和其他规定遵守情况的独立机制,例如,可以将森林认证作为森林租让协议或社区森林经营协议的一部分。当政府缺乏监督能力时,森林认证是特别有用的。

15.5 理解施政、林业和认证之间的关系

"开展森林认证的有利条件"的一个最重要用途在于系统总结三要素间的关系,并弄清以下问题:

（1）森林认证对施政和负责任森林经营的潜在支持作用；

（2）当某个条件达不到时对森林认证的影响。

现总结如下。

15.5.1 施政和法律框架

条件	缺乏政策支持对森林认证所造成的影响以及森林认证为这些政策带来的潜在影响
明确的土地产权和资源所有权：合法的和传统的林地所有权和资源所有权是否得到明确地承认和受到保护，以及被多数利益团体认可、用于解决土地所有权矛盾的程序是否存在？	如果林地所有权不明确，森林认证就难以实现。
森林资源保护：非法采伐和毁林是否得到有效控制？	如果非法采伐泛滥或得不到控制，良好的森林经营和森林认证就难以实现。
认识利益团体和机构的作用：是否所有利益团体和机构在林业中的作用能够得到协调和承认？	通过标准制定过程，及其参与和协商的要求，森林认证有利于更好地承认各利益团体的作用。
配套的林业政策和立法：是否提出并支持负责任的森林经营框架，以及是否不存在妨碍森林认证的法律和政策？	如果政策和法律与负责任的森林经营不配套，森林认证就难以实现。然而在有些情况下，森林认证有助于发现政策和法律上存在的问题，从而提供了改革的机会。
配套的执行措施：是否存在促进和加强法律和政策执行的机制？	森林认证有助于法律的执行，但仅仅靠森林认证本身是不够的。
监督：是否存在对负责任森林经营的法规和其他相关规定的监督和管理？	森林认证是协助对守法情况进行监督的有用工具。

15.5.2 对负责任经营的森林的理解以及实施的技术实力

条件	某个条件达不到时所带来的影响
了解森林资源，包括森林动态、活立木蓄积、生长量和收获量，及其对森林经营措施的反应。	当这些信息不具备时，只有大型林业企业才能够调查得到这些信息；即使这样，也需要花费很多时间。
明确负责任森林经营或森林可持续经营的概念。	如果关于负责任森林经营或森林可持续经营概念还没有达成共识，那么可以通过多利益团体国家标准制定程序获得一个国内广泛认可的关于负责任森林经营或森林可持续经营的概念。
森林经营技术，包括经营规划、采伐、营林和道路建设。	如果良好森林经营技术尚待制定或需要从其他地区引进，那么认证的进程就会比较慢，尤其是对于中小企业。
环境保护、自然保护规划以及对濒危物种和高保护价值森林的识别、保护和监测。	森林认证可以促进自然保护规划方法和专业技术的成熟。然而，如果没有现成的自然保护规划方法和专业技术，那么就要花费很高的成本去制定自然保护规划方法和专业技术。
与社会需求相结合，包括获取森林资源的权力、工人的需求和权力以及社区的发展。	森林认证已经促进了森林经营与社会需求相结合方法的形成。这种趋势对于大机构更加重要，小的林业企业即使没有这方面的专业技术也影响不大。
林场主、森林经营者和田间工作人员理解和执行负责任森林经营要求的能力，包括足够的培训和技术支持。	尽管对于大的企业而言森林认证能够带动培训项目的发展和内部能力建设，但如果已经具有这种能力，认证就会进行得更加迅速。

条件	某个条件达不到时所带来的影响
使森林经营达到负责任森林经营水平的要求所需要的充足的资源(人力和财力)。	对于许多中小企业以及发展中国家的大企业,资源缺乏是森林认证的严重障碍。
强有力和尽职尽责的领导:来自政府、非政府组织、公司和援助机构的足够数量的经过良好训练且有责任心的支持人员或者一个强有力的领导班子。	如果当地没有领导,森林认证就会比较慢。

15.5.3 对森林认证的需求以及进行森林认证的能力

条件	某个条件达不到时所产生的影响
本地区可用的和可信的认证体系。	如果当地具有得到广泛支持且被相关市场接受的认证体系,那么森林认证的进展就容易得多。
采用多利益团体协商方式制定认证标准。	如果国家没有认证标准,那么就不可能在国家体系下开展认证。此时可以根据森林管理委员会(FSC)森林认证的一般原则和标准进行认证;但如果在负责任森林经营的内涵上达不成共识,那么关于如何针对当地情况去理解森林管理委员会(FSC)的森林认证原则和标准就会存在很大分歧。
有森林认证机构和经过培训的审核员。	如果当地没有森林认证机构,就会构成对小企业认证的障碍。大企业可以从国外获得认证服务,但会增加认证的复杂性和难度。
当地具有理解和执行森林认证标准的专业技能。	如果当地不能针对森林认证的专业问题进行解释、开展培训和技术支持,那么认证过程在很多情况下会变慢。在当地没有认证机构的情况下,这一点特别重要。
林场主、森林经营者、原住居民和其他利益团体对森林认证的理解和认可。	如果林场主或森林经营者或其他关键团体(如原住居民、政府或工业部门)不支持森林认证,会对森林认证的进程构成障碍。
市场、投资者、捐助者、政府或其他能够对森林经营者产生影响的主体对森林认证的需求。	森林认证的驱动力一般来说是来自市场,无论形成森林认证需求的是那些购买林产品的人,还是投资者。如果没有认证需求,森林认证将因失去动力而受到极大限制。
供给链在提供"商品和服务"的类型方面满足市场需求的能力。	获得认证的供给方的一个关键的先决条件就是能够为有认证需求的市场提供其所要求的类型和质量的产品和服务,而且价格上要有竞争力。如果经过认证的供给方达不到这个条件,说明认证本身存在问题,这样的认证将丧失需求和认证的效益。
具备认证所需的资源(人力和财力)。	对于小林场主这可能是最大的限制因素。根据认证机构的报告,很少有大中型企业因认证成本问题而放弃认证过程。
强有力和尽职尽责的领导:足够数量的经过良好培训且有责任心的森林认证支持人员或者一个强有力的领导班子。	尽管在没有领导的情况下森林认证也可以进行,但如果有领导则会使森林认证的速度大大加快。

注释:

1. "开展森林认证的有利条件"是与 Richard Donovan 和 Rebcca Butterfield 合作开发的。

(雷静品 译 王虹 校)

16 森林认证的影响、成本和效益

16.1 认证能带来什么

在开始回顾认证的影响之前，有必要先从理论上推断一下认证能够产生哪些影响。因为只有弄清应该和不应该期望认证产生的那些效果，才能够评价认证的成功和失败。

不同的作者曾提出认证的一系列潜在效益(例如，Bass 和 Simula，1999；Vogt 等，2000；Bass 等，2001；Elliott，2001)，详见框图 16.1。然而，有些对森林认证的评价却因森林没有产生某些效益而提出批评意见，但实际上这些效益已经超出了森林认证力所能及的范围。

例如，有些评论员提出批评，说森林认证没能制止全球的毁林现象。如果这是森林认证的预期目标之一，那么森林认证当然是失败的。然而，正如第 1 章所讨论的，森林认证是作为林产品工业的一个市场手段出现的，它从来就没有被当作解决全球毁林这种宽范畴问题的一种方案。因此把这一点当作森林认证的失败或缺陷是不正确的。

框图 16.1 森林认证的潜在效益

下面总结了许多评论员提出的森林认证的潜在效益。应该指出的是不同的利益群体给森林认证的每种效益所赋予的重要程度是不同的，而且，由于发达国家和发展中国家的情况不同，它们从森林认证中所获得的效益也是不同的。

森林经营和经济方面的潜在效益
(1)提高了森林经营活动的标准；
(2)强化了资源管理；
(3)改善了森林经营系统，包括森林经营规划、监测、评价和报告的内部机制；
(4)减少了法律措施；
(5)长久的经济活力和新市场开发；
(6)容易进入市场并有时获得高价格；
(7)改善企业形象和经营理念。

潜在的社会效益
(1)解决森林经营过程中公众所关注的环境和社会问题；
(2)平衡林场主、相关利益团体和社会的目标；
(3)加强贫民和弱势群体的权力；
(4)扶贫；
(5)社区参与；
(6)提高工人的权力和生活条件。

(续)

潜在的环境效益
(1)环境保护;
(2)保持和提高生物多样性;
(3)维护和改善高保护价值森林;
(4)提高工人的权利和改善生活条件。

森林认证的最初目标及其预期效益如下:

(1)实施负责任森林经营,尤其是针对源自森林的林产品;

(2)提供一种机制,使得市场能够购买和促进销售来自良好经营的森林中的林产品。

另外,正如第14章和第15章中讨论的,森林认证在有些情况下可以影响施政和法律框架。

森林认证对小型企业和社区经营森林的影响已经引起人们极大的关注,因为不平等的措施使得他们更加脆弱。

因此,在这一章我们对森林认证以下几方面的影响进行研究:

(1)改善森林经营;

(2)林产品市场;

(3)森林施政;

(4)社区森林。

另外,还对森林认证的经济成本和效益进行了研究。因为财政和经济方面关系到森林认证能否作为长期可持续的、行之有效的工具。

16.2 限制因素

对森林认证影响的评价有很多限制:

首先,森林认证是一个新事物。最早的森林认证证书颁发距现在还不到10年,而实际运作的许多认证体系至今也只有2~3年时间。因此,关于森林认证影响的信息还很有限,还不够完整,尤其是热带林,那里的森林认证进展最慢。

其次,到目前为止所进行的分析多数集中于森林管理委员会(FSC)的认证体系,研究其他认证体系影响的非常少;因此,很难断定是否可以将森林管理委员会(FSC)认证体系的研究结论应用于所有认证体系。

再次,森林标准是复杂的,森林的结构和构成变化极大,正如第1章讨论的,森林经营的政策背景是动态变化的。因此,有时很难判断森林经营变化的确切原因。

另外,森林经营者因认证而采取的森林经营活动的系统信息是难以取得的。一个办法就是检查认证审核过程中提出的整改行动要求。虽然这可以提供一些非常有用的信息,并且是下面很多讨论的依据,但它不能够反映林业企业在开始认证之前为了达到认证标准而采取的森林经营改进活动。

最后,随着认证的发展,其影响也在不断发生变化,因此任何关于森林认证影响的评价都只能是暂时的,需要不断更新。

尽管如此,现在已有大量关于森林认证对各种不同森林影响的信息,这些信息有助于我们判断森林认证的一些主要影响(包括正面的和负面的),以便今后更有效地利用森林认证。

16.3 森林认证的影响

16.3.1 认证对森林经营的影响

森林认证在其10年的发展过程中受到的主要批评是,通过认证的森林绝大多数集中于温带和寒带,而热带林的认证进程则相对缓慢。造成这个问题的原因是,第一批通过认证的是那些需要对其森林经营活动做少量调整就可以达到认证要求的公司(Rametsteiner,1999)。

另外一点是,认证是以市场为驱动力的工具,而大量的国际木材和纤维贸易是来自温带和寒带森林,所以森林认证的最初影响主要发生在这些地区的森林也是合乎逻辑的。

因此,关于森林认证影响的信息多数是关于欧洲和北美洲森林的,这些地方的森林在认证之前就经营得很好。然而,也有一些森林认证是发生在热带地区,尽管在热带林中所占比例相对较小,但也可以提供一些关于森林认证实际影响和潜在影响的信息。

认证对森林经营的影响可以分成2种类型:

(1)对森林经营者的影响;

(2)对森林本身的影响,对那些在森林内和森林附近工作和生活的人们的影响。

下面分别加以阐述。

16.3.1.1 对森林经营者的影响

森林认证的一个最重要的影响就是通过制定和实施森林经营标准,将经济、技术、社会和环境方面的要求结合起来,赋予同等的重要性。从大的方面看,这些标准解决的问题包括劳动关系、劳动安全和健康、资源使用权、就业和社区参与,以及传统的林业问题(如资源清查、营林和采伐),改变了许多森林经营者对其自身作用和责任的看法。

这种影响已经远远超出了认证森林的范围。现在多数大型森林企业,无论他们在哪里,也无论经营水平高低,在这些问题上都已经提高了认识。

认证还为森林经营引入了第三方审核。这使林业企业的内部审核和监测已经有了改善,也使外界对林场主们的森林经营状况有了公正的看法。这一点对于那些不直接经营森林的林场主特别重要,无论他们是出租森林的政府部门还是将森林承包给资源经营者的小林场主(Baharuddin和Simula,2001)。

16.3.1.2 对森林本身的影响

(1)经营技术:全球范围的FSC认证典型案例研究已经证明认证森林普遍得到改善,有时改善较小,但有时则是经营模式上的根本改变(Muthoo,2001)。例如,在亚马逊盆地和东南亚的部分地区,有些认证的热带林严格按照国家和国际标准进行经营,与其周围许多其他森林的经营方式形成鲜明对比。

然而根据FSC认证的公开报告摘要中的整改行动要求可以看出,森林经营的改善,尤其森林经营方案和监测的改善,是在对林业企业的经营过程进行认证后发生的(Rametseiner,1999;Thornber,1999)。几乎有一半的认证都提出了关于经营方案的整改行动要求。这就提出了一个有趣的问题,是不是许多企业在准备认证的时候就已经对他们的经营活动进行了改善,只不过没有把这种改善的情况用书面形式反映到认证申请材料中。

(2)生物多样性保护和环境服务:在欧洲,认证的主要影响之一是提倡近自然林业(Rametseiner,1999)。实现近自然林业的充分条件是增加天然分布树种的比例、营造混交林,保护珍稀濒危物种及其生境，在森林经营中减少化学药品的使用。所期望的结果是增加认证森林中的生物多样性（Lindhe，2004）。然而这还需要在认证森林中通过严格的调查和监测来评价对生物多样性的影响。

通过更广泛的研究发现，森林认证加强生物多样性保护的作用是稳定的（Thornber，1999；Rametseiner，1999）。FSC 认证提出的整改行动要求能够加强对典型生态系统和珍稀濒危物种的保护，并对环境影响进行更严格的评价。这一结论得到 Gullison 的支持（2003），Gullison 认为 FSC 认证将使认证森林内设立起大面积的保护区域。

至于这些措施改善生态系统功能的程度如何，增加生物多样性或使濒危物种生存状况得以改善的程度如何，恰恰是自然保护生物学家们一直争论的问题，而且目前还没有可靠的技术能够真正评价生态可持续性，任何明确的回答都是不可能的（Ghazoul，2001）。然而，有一点很清楚，那就是认证对于森林经营者思考和实施自然保护措施具有明显的积极影响。

Gullison（2003）还指出，认证在制止热带地区的毁林或高保护价值森林破坏现象方面很少有成效。这主要是因为高贴现率、政治和经济的不确定性，以及很多地区的土地所有权不稳定等综合因素促使林地被皆伐，而不利于以可持续木材生产为目标的长期森林经营。这也验证了先前的论点，认证的主要目的不是制止毁林。然而，森林认证在促进生物多样性保护和其他环境价值方面确实起到积极的作用。

（3）社会影响：认证的社会影响更难量化。认证机构有充分的证据表明认证具有一系列社会效益，包括改善健康和安全状况，工人的权力得到尊重，增强了与地方社区协商和合作的能力。至于这些影响在不同国家和不同认证体系间的一致程度尚不清楚。

另外，在许多地区，森林认证已经提出了土地权属问题，但并没有解决这些问题。正如毁林问题一样，土地权属是一个需要由国家级管理部门出面解决的问题，而不是通过森林认证所能解决的。

总之，森林认证对生产性森林的经营具有正面影响，特别是在寒带和温带地区。森林认证对热带林的影响可能在今后几年会明显增强，因为热带地区的森林认证可能会加速，理由如下：

（1）制定了在地方可用并得到支持的国家标准；

（2）近期出现了越来越受欢迎的分阶段认证（见第 17 章），使森林经营者能够在改善森林经营期间获得市场效益；

（3）世界自然基金会（WWF）生产者集团（GFTN，2004）和热带林信托基金（TFT，2004）等机构对森林经营者在实际操作方面给予了支持。

16.3.2 对木材市场的影响

多数早期的森林认证都授予那些已经实现良好森林经营的公司。有些评论人士将此视为问题或失误。事实上，最初开展森林认证的原因之一是为了让购买方能够区分哪些产品是来自良好经营的森林，哪些产品是来自不可持续经营的森林。因此，为了使具有良好森林经营水平的生产者与那些不可持续经营的竞争对手区分开，对已实现良好经营的森林进行快速认证是森林认证的成功之处。

从全球范围看，认证林产品仅占国际木材贸易中的很小一部分。因此，认证对贸易的影响从总体上说是处于次要地位，尽管在某些贸易领域相对比较重要。

从贸易观点看，森林认证进程相对较慢的原因很多，最重要的原因是环境敏感市场(某些欧洲国家和美国)对认证林产品的需求量在木材贸易中所占份额相对较小。

在欧洲，零售商(尤其是购买配件自己组装的 DIY 行业，对顾客的透明度高)是最有力的森林认证支持者。这些公司在推动认证以及认证产品的销售方面有重大影响力。另外，在建材市场，由于对顾客的透明度不是特别高，供给链的压力还不足以促进在供应商中开展认证。但在某些欧洲国家的情况正在改变，特别是实施政府采购政策以后。

一些国家级和许多亚国家级政府机构正在实施政府采购政策，这将有利于购买"绿色"产品。公共机构对木材贸易能产生显著的影响。在英国，公共部门在建材市场中所占份额约为 15%，所以当政策向经过验证是合法的和可持续的木材倾斜时(参见第 14 章的讨论)，对市场将产生显著影响。然而，这样的驱动力比私有部门采购复杂，因为政府对于支持单一的认证体系比较谨慎，而且在指定采购认证木材时也小心谨慎，以免违反世界贸易组织的规定。

森林认证对热带材贸易的影响非常有限。在三个主要的热带木材产区(东南亚、南美洲和非洲)，非洲向欧洲市场提供木材数量占其木材产出量的比例最大。因此敏感的欧洲购买者对非洲森林工业所发挥的杠杆调控作用大于南美洲或亚洲。对来自上述这些地区的认证木材的需求量大于供给量，所以市场压力应该是有效的。尽管如此，在 2004 年年初，非洲的主要出口国还没有认证的天然林；而非洲向亚洲出口发展迅速。然而，这种情况可能会发生变化，因为这一地区的许多林业公司已经公开承诺要改进森林经营水平甚至要进行森林认证，这在前面曾讨论过。

另外，其他热带地区(尤其是南美洲地区)的许多生产者已经把对认证产品的需求作为进入欧洲和北美洲高价格市场的一种机制，并取得显著成效。因此，森林认证在南美洲的天然林中取得进展毫不意外。

许多参与森林认证的生产者的初衷之一是认为市场溢价将刺激森林经营水平得以提高。Bass 等人(2001)指出给予认证木材生产者的溢价很少，有时甚至没有。

敏感市场的市场利益常被推销认证产品的零售商获取，这些零售商通过推销认证产品维护他们的公司形象和市场占有率。任何价格的提高都是因为零售商那里缺乏认证产品，而不是因为购买者主观上为了实现可持续性而多支付的价格(Ramesteiner，2002)。一般而言，生产者得到的利益是达不到预期值的。在 FSC 为制定其百分比声明规则而进行的一项调查中，被调查者被询问是否曾获得认证产品的溢价，没有任何生产者回答曾经获得，而几乎一半的林产品加工者和三分之二的零售商回答至少有时能够获得认证产品的溢价。

因此，真正促使许多生产者进行森林认证的原因是他们害怕被市场淘汰，而不是为了获得溢价(例如，在南美，Frost 等，2003；Eba'a Atyi 和 Simula，2002)。

16.3.3　对森林施政的影响

可能到目前为止，森林认证的实际影响在林业政策和施政方面最大，而最初的关于这方面的预期是最小的。

国家林业部门最初对以市场调节为基础的认证概念采取排斥态度，因为森林认证从某种角度上暗示着国家法规不够完善或不够有效。而且，国家林业部门，像私有公司一样，通常也反对公众对他们的森林经营活动进行审查，因此不希望对国有林地进行认证。

然而,制定国家标准的过程,以及邀请政府参与这些过程,赢得了政府对森林可持续经营及其规则的理解。这已使一些国家机构根据认证体系对他们自己的经营标准进行调整,并认为认证体系对他们自身没有太大危害。

取得这些进展的地区,政府就有可能区别对待认证和非认证的森林,采取不同的监管强度(Vogt 等,2000;Molnar,2003)。但对这个问题尚需要慎重对待,只有在少数情况下才可以用第三方认证来取代政府管理(见第 5 章中"认可的信任度")。

与传统的林业政策制定相比,国家标准的制定还为不同利益群体的广泛参与提供了一个平台。具体表现在以下两方面的作用:

(1)首先,改变了权力平衡状况,更加重视对环境利益和社会利益的影响,改变了以政府利益和经济利益为主的状况;

(2)其次,提供了相互学习和磋商的机制。在这种机制中,有些小团体可能多年来对森林经营存在分歧,但却可以花时间交换彼此的观点,并最终找到折衷的解决途径。

越来越多的证据表明,不同利益群体的参与可以克服林业部门存在的许多问题,如腐败、毁林和非法采伐。

然而需要注意的是,在腐败、不可持续经营和非法活动盛行的地区森林认证不容易推行。正如第 15 章讨论的,良好的施政无疑是认证的重要有利条件(Rametsteiner,1999),而认证又能促进良好的施政。

16.3.4 对社区的影响

Molnar(2003)和 Bass 等(2001)研究了森林认证对社区森林经营的影响。正如一般所期望的,与高价格林产品市场没有良好联系的社区林业企业,从认证过程中获得的收益不多,但也还是有收益的。

约有 50 个社区森林已经通过 FSC 认证(Molnar,2003)。据报道,森林认证对墨西哥和危地马拉等国家的认证社区的影响是把认证作为维护社区土地权力的依据,获得高度重视并参与政治对话,能够获得较多来自捐助者的支持。

据 Bass 等人 2001 年的报道,已经进行认证的社区认为认证具有以下影响:

(1)森林经营技术更加严格,虽然可能会使地方或本地的经营活动的成本提高;

(2)更多的商业化工作程序和严格的财务管理,同时社区企业的专业水平得以改善;

(3)社区参与森林经营的程度提高,可以获得更加平等的利益;

(4)工作重心向出口市场转移,使得一些欠知名树种有机会在国际市场上被发现。

然而,森林认证只能是社区森林和加工林产品的社区企业的辅助工具。首先,他们必须以具有竞争力的价格生产出在类型和质量上符合要求的产品,然后才能把认证作为开发市场的有效工具。然而实际情况往往并非如此。因此,当捐助资金等外部支持结束后,由于不能继续从认证资格中获得利益,有些社区就放弃了森林认证。

16.4 森林认证的经济成本和效益

认证的效益不是白来的,执行认证标准和进行认证都要增加成本。另外,认证标准的一些要求可能还要使林场主支付先期成本。

认证的收益如何,如何将认证成本降至最低,这在不同地方情况有所区别,取决于认证是如何推行和实施的。认真考虑认证的期望收益何时超过认证成本是很重要的,因为它可以判断是否开展认证。

16.4.1　认证的效益

认证的主要效益是价格提高和占有市场。正如第16.3节讨论的,价格提高往往被产品加工链获得,而且随着认证产品的增多,这种价格的增加额只能是一种短期现象。尽管如此,这是一些认证先行者的一个重要收益,这种收益至少可以弥补他们的认证成本。例如,据热带锯材和胶合板材的一些生产者报道,由于这些认证木材产品的供给量非常有限,其价格增加额可达5%~65%。

占有市场对于某些认证者来说是一个更明显的利益。南非纸业就是一个很好的实例,他们成功地占有了欧洲的认证纸市场(尤其是英国、荷兰和德国三国的市场)。几个南美洲的公司也有相似的经验,他们通过生产认证胶合板、门和庭院家具赢得高价格市场,使认证投资获得经济回报。

然而,对于许多温带和寒带木材的生产者和供应商而言,森林认证已经变成了基本要求,购买者非常不愿意为认证产品支付额外的费用,虽然从产品的环境质量角度看森林认证增加了认证产品的价值。

16.4.2　森林认证的成本

认证的成本可以分为直接成本和间接成本。

直接成本是指森林经营和产销监管链的认证成本。热带林的森林经营的认证直接成本通常高于温带林,部分原因是许多认证机构都位于温带,还有部分原因是热带林从生态和社会角度都比较复杂。小企业的认证成本比大企业的认证成本高。

间接成本是与遵守认证标准有关的那些成本,包括为了符合认证标准而对森林经营和木材加工系统进行升级和改造而发生的成本。如果在认证之前森林经营水平已经比较高,那么这方面所做的努力就相对较小,温带地区的很多情况就是这样的。相反,如果公司缺乏很好的森林管理,那么这方面的森林认证间接成本可能就会很高,热带国家的很多森林承租商就是这样。

产销监管链成本取决于企业的管理体系,特别是管理措施和档案。许多木材加工公司同时生产认证产品和非认证产品,由于需要将两种不同类型的原料和产品区分开,就需要发生额外的成本。有些跨国运营的公司是在两种国际体系(例如,森林管理委员会(FSC)或森林认证体系认可计划(PEFC))下认证的,这也会影响认证成本。然而,产销监管链的成本通常只占森林经营认证成本的一小部分。

16.4.3　森林认证成本和效益的分配

一般来说,初级生产者的森林认证成本远大于产品加工者,而认证的效益(主要与市场营销有关)被供给链中的下线获得。因此,当前森林认证的最大获益者是产品加工商和零售商,而不是林场主和森林经营者。这是限制认证迅速推广和实施的一个障碍,如果不对森林经营者采取其他鼓励措施,经济效益的缺乏将不利于森林经营者进行森林认证。

(雷静品译　王虹校)

17 森林认证的阶段性方法

17.1 阶段性方法的必要性

随着市场对认证木材需求的不断扩大，特别是在要求较高的欧洲和北美市场，没有经过认证的产品是无法进入市场的。这样的产品通常来自热带地区和其他发展中国家，在这些国家森林认证进展缓慢。因此，必须找出造成认证发展缓慢的原因，以及解决问题的途径。这些途径要能扩大认证森林的区域和减小那些未认证木材在市场准入方面的障碍，前提是：这些未认证木材所来自的森林在改善森林经营方面做了积极的努力。

人们普遍认为，发展中国家在认证方面存在的障碍不可能在短期内解决。在第 15 章和第 16 章讨论的外部环境条件要么不存在，要么不适合，使认证成为一项长期而艰巨的工作。在施政和法律制度上存在着大量障碍，这使得个体经营者和承租商很难解决。另外在森林经营单位上总是存在着诸多的限制(Simula 等，2003)：

(1)许多国家森林经营体系还处于实施的初级阶段，主要过程(如资源评估、森林经营计划和监管体系)还没有发展成熟。

(2)认证标准实施需要大量资源，但是发展中国家却在制度、社会、人力、财力方面存在限制，这些方面的资源常常不足。

(3)标准的实施过程为期很长，常常持续几年，许多原因延缓了发展。定期评估的机制能够帮助森林经营者满足认证所要求的期限和所做出的承诺。

(4)另外一个严重的障碍是认证效益的不确定性(见第 15 章)。在认证没有完全实现以前如果没有短期的激励机制，对于从事长期的、需要花费一定成本来开展认证标准实施的经营者来说，很难说服其进行投资。

(5)为了满足标准，需要做大量的工作，森林经营者通常望而却步(Gretzinger，2003)。

阶段性认证方法能够解决这些问题。将标准分为几个阶段，这样可以将有限的资源集中于一两个任务中，而不是同时启动所有的任务。除此之外，外部支持也能为重点行动提供有效支持。

通过一系列阶段来执行标准的正式机制，特别是与验证相关的一些阶段，使得更易于评估负责任的森林经营方面的进展。反过来，这些措施也鼓励那些在认证全部完成之前就取得进展的森林经营者们。例如：

(1)在那些缺乏认证木材的市场中，鼓励消费者去购买那些分阶段认证的林产品。为了确认林产品是否属于这种情况，大多数购买者会要求出具认证正处于审核过程中的凭据。

(2)政府和投资机构对于特定的阶段提供减税、资助等方面的援助。

(3)金融机构要为认证提供优惠政策，或给予它们资金上的援助，这样可以减少认证承担的风险。

因此，认证阶段性方法的发展和应用为提高森林经营水平和扩大热带及其他地区木材市场准入方面发挥了巨大作用。

17.2 现行的模式和倡议

为了推动阶段性认证方式在实践中应用，不同的利益相关者制定出可供选择的模式和与之并行的倡议。我们可以将它们分为生产者倡议和采购者倡议。

(1)生产者倡议包括个体生产者的倡议、认证机构认证和体系制定的方法以及那些为了支持阶段性方法而有针对性的倡议。

(2)采购者倡议包括分阶段的私人购买政策的制定，以及最近新出现的允许使用阶段性认证产品的公共采购政策的制定。

17.2.1 个体生产者的发展

目前，许多认证的森林单位都采用阶段性方法，其遵从认证标准的要求也是随着时间在落实，这一现象越来越普遍。但是它却很少被认为是一种正式的方法，在进展过程中也没有与验证声明相联系。

17.2.2 认证机构和认证体系实行的阶段性认证

许多认证机构[1]开始提供与阶段性认证相关的服务，这项服务计划主要包括两大部分：

(1)预评估阶段；

(2)实施和发展阶段。

这一方法要求企业在规定的时间内做出承诺和制定计划以确保对标准的完全遵从。该方法取得一定的成功也表明社会需要这种认证方法。

一些认证体系也表现出了对该方法的兴趣。他们都赞成通过现有的体制来运用阶段性方法。但是只有从现有体制中找出一种可靠的方法，阶段性认证才能在管理上发挥作用。

17.2.3 支持阶段性认证的倡议

一些组织已经在积极地支持阶段性认证，这些组织包括：

(1)热带林信托基金(TFT)：该组织把从加工者和零售商那里收取的费用用于改进森林经营，以实现认证的最终目的(TFT，2004)。

(2)全球森林贸易网络(GFTN)生产者集团：世界自然基金会的全球森林贸易网络在许多生产国都设置了网络，这些国家都支持在一定时间内实现森林的可持续经营(GFTN，2004)。

17.2.4 模块的实施和验证

模块的实施和验证(MIV)是将标准分解成一些预定的模块，可以分阶段来实施，它是支持阶段性认证的一个重要工具(Nussbaum 等，2003)。

MIV 由两个部分组成：一组描述拟采取行动的模块，以及模块应当如何使用的框架体系。所有模块的完成是与认证标准的要求相一致的。

运用一组特定模块，了解每个组成部分的内容，其优点是保持评估和交流进展情况的一致性。同时，在评估之前，可以帮助选择那些必须完成的最低要求/基线的模块。

17.2.5 购买者的倡议

许多企业都从经过认证或者可持续经营的森林资源中获得需要的林产品，但是也有许多企业不能在短时间内做到这一点。因此，许多大型买家就使用阶段性方法来促进认证的开展。这些买家出现在整个供应链中，但零售环节尤其突出。

尽管在不同情况下程序各有不同，但是大体上包含以下阶段：

(1)确定产品的森林来源；

(2)确保原料的合法性，抵制非法和来源不明的原材料；

(3)抵制那些不可接受来源(如濒危生态系统)所生产的产品；

(4)优先购买在认证方面积极推进的供货商的产品，使其接受阶段性认证；

(5)最后，虽然认证尚未发展成熟，也要支持森林的全面认证。

购买者的主动性能唤起消费者和生产者在实现森林良好经营方面的共同意识，也引起了森林所有者的关注。但是，可能产生的问题是如果每个购买者都实行不同的标准，那么就会对此付出更高的成本，也会使情况变得更加复杂；不过初期迹象表明，购买者普遍愿意认可现有的阶段性认证，而不是坚持他们各自原来的做法。

目前，在许多出版物中都列出支持实行阶段性认证的购买者(TFT，2003；White and Sarshar，2004)。

17.2.6 公共采购

2000 年，八国集团领导人公开承诺参与国将在实践中寻求来自合法和可持续经营森林的林产品和纸张，这也促使政府在世界贸易组织和欧盟的制度下购买合法和可持续的木材产品。英国政府率先履行承诺，而法国和德国也在计划实施类似的政策。欧盟最近颁布了森林法实施、施政和贸易的行动计划(FLEGT)，将公共采购作为敦促成员国执行政策的重要工具。对合法资源的要求已经得到了出口国(如日本、英国、芬兰和美国)和一些贸易组织的支持。

虽然这方面越来越受到关注，但是目前仍然没有一套有效的系统来验证其合法性。认证是目前最具权威的机制，将法律遵从设定为标准的明确需求。但是，在认证还未接受的地方，阶段性认证也能用来解决这一问题，它将合法性验证作为其第一阶段。

17.3 开展森林认证的阶段性方法

阶段性认证可以用于许多地方，最常见的是使用在一些系统体系中，这些体系由认证体系、认证机构以及上面讨论过的其他组织来管理。框图 17.1 简要列举了这种体系在热带林产品经营中发挥的作用。

阶段性方法实施的主要步骤将在图 17.1 中列出，并在下面做详细阐述，具体应用方面我们将在第 17.4 节"在实践中实施阶段性认证"中做集中论述。

(1)预审查将用来找出现有经营和所选择的认证标准要求之间的差距，审核可由内部和外部的审核员执行。

(2)企业预先确定进度计划以缩小差距。审核员可以提出建议，但是主要承担责任的应该是森林企业或森林经营单位。

（3）在预审查和行动计划的基础上，森林经营单位可以参与到阶段性认证的执行当中。

（4）森林企业执行分阶段的行动计划。

（5）随后，对行动计划和森林经营的绩效进展方面进行定期的验证，审核由体系指定的审核员来实行。

（6）只有所有差距得到解决才是真正完成了认证审核，审核只有认可的认证机构才能执行。

基于上面探讨的程序，在制定阶段性认证方法中，有两个关键问题需要解决：

（1）阶段的定义；

（2）信息交流。

另外一个重要的方面是如何确保阶段性认证不会对小规模经营的森林构成障碍。接下来对以上几点做详细论述：

框图 17.1　热带林产品生产中阶段性认证的主要特征

以下是阶段性认证在热带林产品生产中的基本特征（Simula 等，2003）：

（1）全面认证是阶段性认证的最终目标。

（2）实施：

✓ 有一个协助森林经营者达到森林经营标准要求的机制。

✓ 实施机制需要在森林经营单位层次上操作。

✓ 应包含所有参与森林经营者的承诺。

✓ 需要制定一个进度计划，在特定时间范围内解决执行方面的差距。

（3）验证：

✓ 验证应该是基于明确的规定和程序基础上的独立审核。

✓ 应该尽量避免在审核过程中的利益冲突。

✓ 验证的过程应该保持公平透明。

✓ 应提供便于交流的、可证明验证过程的适当途径。如果有产品需要声明，也可以包括对产销监管链的验证。

森林认证的其他主要原则也适用于阶段性认证（比如，评价的可靠性、对所有规模和类型森林经营的非歧视性）。

17.3.1　阶段的定义

有两个方法来定义阶段：

（1）每个森林组织在对差距审核的基础上独立定义自己的步骤和阶段。

（2）预定义阶段，采用的方法可以如在 MIV 工具下对模式的定义。

在实践中，这两种方法的实行是很相似的，第一种方法的优点是能使森林企业更加集中于自己的组织结构上，第二种方法的优点是为连续一致的交流和理解奠定基础。

在每一种情况下，标准都被分解为许多部分，如法律、经济、环境和社会方面，无论是基于预审核还是基于设定的部分。如果没有适用于地方性的标准，那么可以采用国际标准和指标（C&I）（见第 14 章"国际森林可持续标准与指标进程"）和国家森林委员会（FSC）原则和标准(P&C)来定义各个部分。

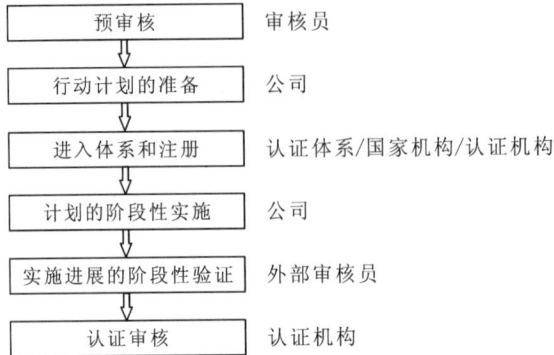

图 17.1　阶段性认证方法的一般程序

在对步骤和顺序的确定过程中通常要注意:

(1)行动计划的初次实行需要有一个最低要求(图 17.2)。

(2)森林认证中的阶段性方法是与购买行为的阶段性相联系的,因此必须与购买政策的要求相一致。如法律方面。

(3)森林企业应该有选择顺序的自由,这样能够使其在一个特定的时间框架内完成其他部分。

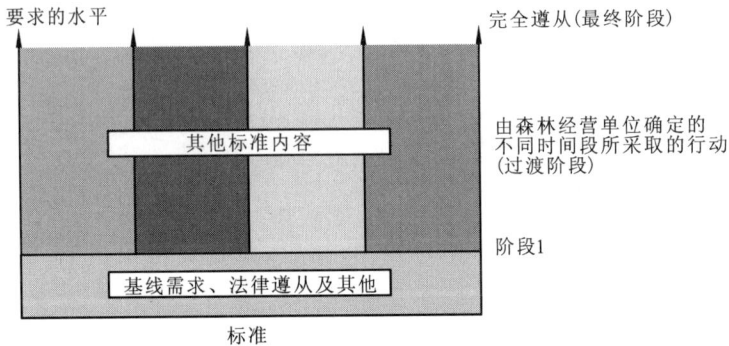

图 17.2　森林认证的阶段性方法的各个阶段

17.3.2　信息交流

有关阶段性认证中的任何信息交流都必须真实准确。许多从事林产品生产的人员都认为这种交流应该仅限于商业之中,而不是用于林产品的认证当中。这是因为,认证初期的森林管理可能不完善;除非(管理的)信息得到交流,否则对林产品认证的信息交流很有可能误导消费者。

如果要在林产品上标明一些信息,那么必须清楚地说明这样的产品不是源自经过认证森林的产品。另外,一旦要对林产品及其来源作市场信息介绍,就必须有适当的产销监管链的验证。

17.3.3 对小规模和社区森林的阶段性认证

在制定和执行阶段性方法的任何体系时需要考虑的一个重要问题是该方法对小规模和社区森林的可行性。和大型企业比，这些森林常常非集约化经营且目标多样化。下面为小规模和社区森林所有者提供一些有效的方法：

（1）简化指导方针或调整标准的要求；

（2）允许比大型林业企业执行分阶段实施步骤所需的时间更长；

（3）尽可能使用现有的组织结构，采用联合的方式开展各阶段的执行和验证；

（4）寻求外部的支持以及根据进展情况提供激励措施；

（5）建立社区和私人的伙伴关系。

17.4 在实践中实施阶段性认证

17.4.1 实施

正如上面提到过的，实施过程有三大步：

（1）对现状的一个基本的评估或审核，也叫做预评估；

（2）制定一个阶段性的、有时间框架的改善行动计划；

（3）执行该行动计划。

17.4.1.1 预评估/基线审核

任何的改进过程都需要一个良好的起点，那就是对现状的评估。其目的是：

（1）评估符合认证标准要求的程度；

（2）明确需要完全遵从标准存在的差距。

预评估的结果将成为行动计划的基准，指导计划的执行。

预评估可以多种方式进行，以下是其中一种：

（1）内部审核：由经营者或管理层进行。

（2）外部审核：由单位之外的某人进行，如（该行业的）顾问、消费者、资助方或投资者。

（3）独立审核：由被认可的独立的第三方进行，如认证机构或权威审核专家。

不管是由哪方进行预评估，他们都需要具备以下条件：

（1）熟悉（该领域）标准，包括针对具体的森林所在地和森林类型的标准解释。

（2）能有效地开展审核的能力。

（3）能充分考察（某个森林）技术、社会、环境和经济方面的问题（对于大中型森林，需要一个团队才能完成）。

（4）以书面或口头形式，为森林经营者提供浅显易懂的结果报告，并保证该报告能最大程度地为制定行动计划提供帮助。

17.4.1.2 制定行动计划

实施阶段性认证的核心是行动计划。该计划提出了解决现状和标准之间的每一个差距的具体进度表，从而实现完全遵从标准的要求。

在制定行动计划时需要森林经营者或管理层的参与，因为他们同时也是该计划的执行者。另外，在具体的问题上获取外部的帮助，如来自咨询专家、学术界、政府林业部门或非政府组织(NGOs)的信息也是很重要的。此外，进行过预评估的任何人员都对制定计划有帮助。

预评估应该阐明以下两点：

(1)怎样才算是完全达到标准，不需要再做其他工作。

(2)哪些方面还存在着现状和标准之间的差距，需要完善。

对于发现的每一个差距都必须制定一个计划实现对标准的遵从。然后，把这些计划结合起来，制定出一个完全遵从标准的一致的行动计划/项目。

对于发现的每一个差距，该行动计划都必须指出完善的各项细节，包括：

(1)谁确保该部分的执行。

(2)其他执行人员的详细信息。

(3)需要采取的行动，包括任何过渡性措施和完成每一个问题所需要的时间。

(4)需要怎样的人员、设备、资源以及培训。

(5)该过程将如何进行、报告和审核。

(6)完善差距的时间表。

很多情况下，行动计划都会持续数年才能完成。因此为了能应付变数和不可预知的情况，需要灵活地制定计划。可以先制定出第一年的详细计划，随后几年的计划可以不那么详尽。然后，再把这样的计划和审核计划有规律地结合起来，比如上文中提到过的每六个月审核一次。

下一个阶段是把完善每个差距的单个计划组合起来，制定出一个连贯的行动计划。

可能最好的方法是从确定总的执行时间范围(如3年或5年)入手这可以由内部决定，也可以受外部驱动，如顾客、投资者或政府。然后，计划用来完善差距的各种行动就可以纳入总的时间框架。以下方法对这个过程比较有用：

(1)确定出所有必须首先完善的差距，因为它们是完善其他差距的基础。

> 例如，如果既发现缺乏适当的运作程序，又发现操作人员缺乏培训，那么应该先解决前者，再解决后者。

(2)确定出所有为达到投资者或顾客最低要求而需要完成的任务，并在时间计划表中把它们排在首位。可能包括消费者所关心的林产品来源的合法性，或者投资者关心的环境影响。

(3)对于那些需要花一些时间完成的事件，要实现尽早开展工作，以确保整个计划按时完成。

(4)确保需要特定部门的投入以及那些需要大量资源的工作不相互冲突。

(5)总的来说，合理地平均分配执行各项任务所需费用，并确保一年的工作费用不超过该年的财政预算。

如果进度计划表需要数年才能完成，那么最好是在计划的开始阶段详细些，而留一部分到时间快截至的时候再具体规划。然而，这种做法有两个局限性：

(1)实际工作几乎总是比计划花更长的时间，任何进度计划表都应该注意到这一点。特别需要注意的是，不要把所有较难完成的工作都留到时间快截至的时候来完成。

(2)需要有常规的监督和审核系统，这样一旦有任何问题或任务延迟都能及时发现并解决。

17.4.1.3 行动计划的执行

计划的执行是整个过程中最重要的一环，因为它能切实地带来改进。在现实中，计划执行的方式多种多样，取决于林业经营单位不同文化和倾向。

最重要的是在此期间要有第8章描述过的类似常规的监督和审核系统。在此基础上，在必要的时候对行动计划进行修改或增加另外一些工作。

17.4.2 验证

在阶段性认证执行当中，为了向购买者、投资者、捐赠者或其他外部团体提供保证，通过验证确保实现了所作的承诺很重要。这对于内部实现监督和保持认证过程的进展也是同样重要的。

当验证用于外部交流时，主要有三种情况：

(1) 为保证行动计划基于精确的信息来源而对现状进行基线评估；

(2) 确认已达到一些先决条件，如合法性等；

(3) 随时确认行动计划的各项承诺切实进行了落实。

这些评估对于本书第二部分所讨论的类似情况也是必要的。

注释:

1. 例如，SGS 马来西亚公司和 SmartWood。

（刘再娥 译　凌林 校）

18 能力建设

18.1 能力建设需要

许多国家在实施森林经营认证能力方面存在一定的缺陷。某些缺陷不是只限于林业部门的，而通常是在标准化、认证和认可活动中普遍存在的。为了充分发挥认证的作用，具体的技术能力还需要加强，可以从以下几方面着手：

(1)对认证的益处和局限性的认识提高，认识到认证可以作为政策工具促进负责任森林经营和相关市场需求；

(2)制定认证标准和程序的能力，支持边缘化群体的参与，尤其是在发展中国家和经济转型国家；

(3)生产者实行负责任管理、遵守有关标准、进行内部审计，并建立有效的外部审计程序的能力(Thornber 等，1999)；

(4)进行外部审计的认证和认可机构的能力(在发展中国家要特别强调这一点，但在发达国家也不能忽视，原因在于，评估工作的质量决定着认证的影响和可靠性)；

(5)利用相关市场信息的能力，以及针对环境友好产品的市场需求来经营企业的能力，特别是对小规模和中型的企业；

(6)加强现有的体系，比如政府推广机制和农村发展银行，这样有助于解决社区森林和小规模森林拥有者的需求问题。

以上这些能力有一些可以通过培训而得到，然而其他的能力需要通过组织的发展才能达到。

如在第 14 章所讨论的那样，认证有助于建设更广泛的机构能力——例如，网络体系、改善利益相关者之间的认识、新的规划和政策制定的形式。这样广泛的机构能力建设对于向森林可持续经营过渡是非常重要的。正如 Elliot(1999)所指出的那样，如果认证是作为一个学习的过程纳入到国家的某些进程，那么它们可以得到更好地发展。

能力建设是实施可持续森林经营和森林认证的一个重要方面。实行负责任的经营和森林认证是一个跨学科的过程，它需要环境、社会和经济方面所有决策层面的专业知识(图18.1)。如果没有足够的信息，森林经营是不能达到可靠的标准所需要的水平。认证还对森林经营提出了新的要求，例如：监测、数据收集、培训、交流，同时要求有足够的能力去承担这方面的任务。

能力建设可分为以下几个方面：

(1)人力资源；

(2)机构和组织框架；

(3)信息系统为规划、实施和评估提供数据。

具体的每个方面将在下文讨论。

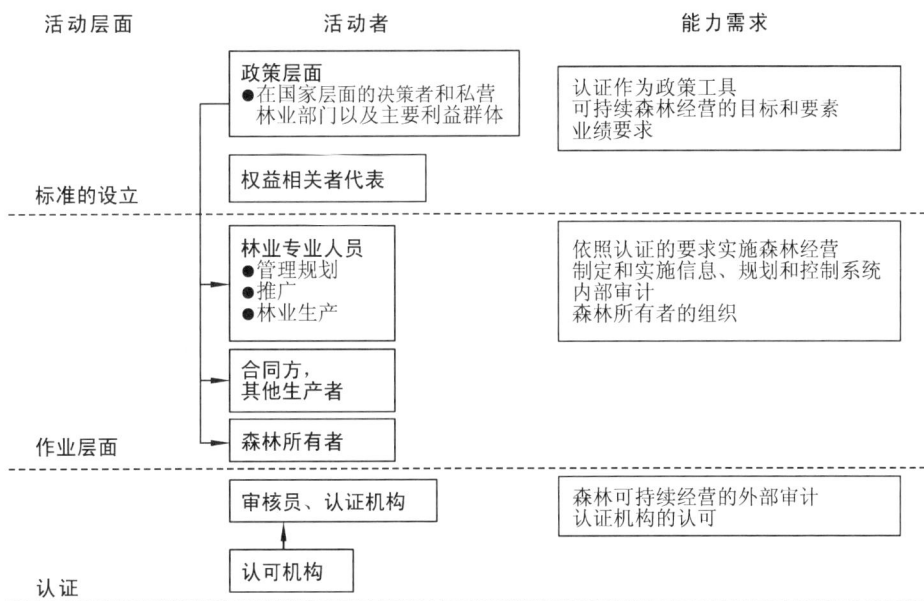

来源：Indufor-ECO(1990)

图 18.1　森林认证能力建设的要素

18.2　人力资源

　　森林是认证部门新涉及的领域，林业有许多方面不同于明确界定和易控制的传统工业认证。审核员需要对森林生态系统和森林管理原则有充分的认识。每个国家都有各自发展成熟的组织结构和森林管理责任制度，协调国家和私人林业组织的责任，推广经营良好的林业。了解森林管理实践、管理体制和组织设置，对于可靠的审核工作是必不可少的。

　　在不同层次，所需的各类专业知识如下(Indufor-Eco，1999)：

　　(1)政府机构和利益相关者组织(例如，私营部门和民间组织)的政策决策者应能做出可通报的决定，即作为政策工具的认证如何能最有效地用于推动森林可持续经营，如何避免对小规模的私有森林拥有者或社区森林不利的影响。

　　(2)利益相关者代表参与制定可适用于全国的认证标准，并且标准应该能够被理解：

　　✓ 认证标准的国际要求应当在当前国情下进行解释；

　　✓ 森林可持续经营的基本要求以及它们如何体现在有关的标准和指标中；

　　✓ 被建议的认证标准的经济、社会和生态的现实意义，包括在实际的森林管理中的标准的要求是否可以实现；

　　✓ 利益相关者间的矛盾如何解决，如何在发展过程中取得了共识。

　　(3)林业方面的专业人士，像森林管理人员、推广人员或顾问应该在他们管理的森林实施可持续经营，并且还要在他们提供管理建议或技术服务的国有、社区或私有森林里支持可持续经营。

　　(4)承包商和其他经营者进行采伐时需要理解认证标准对其作业的影响。

　　(5)私营的森林所有者组织有必要鼓励其成员参与认证，并对什么是认证和认证对成员意味着什么要有一个充分的认识。

(6)社区组织需具备一定的技能和知识，以促进管理制度的升级和提高工作业绩。

(7)森林管理的审核员需要接受认证标准的培训，以采用适当的方法进行指标的验证。如果企业想做一些认证的准备，则需要企业任用内部审核员；也会需要外部审核员，由独立的第三方验证机构或认证机构任用。

许多发展中国家和处于转型期的国家培养了一批具有良好资历和技能的专业人士。不过，认证将其他的利益相关者也纳入了决策过程，关于森林可持续管理如何在实践中解释和采用什么样最有效的措施来实现等复杂的问题，这些国家的准备还不够充分。

许多国家最近经历了政策改革和森林管理相关预算的削减。在一些国家，这导致了人员的裁减和一系列功能的剥离。这种趋势的直接后果是培训预算的削减和一些地方森林培训机构入学率的降低。同时，森林管理员的任务也比以前更为复杂，需要更广泛的专业技术和更高的效率。因此，为了使认证工作继续下去，有必要提供进一步的培训。

能力建设的主要目标群体在上面已经提到，需要进一步培训的主要领域如下：

(1)保护：国家森林管理的生态意义；

(2)社会秩序：国家森林管理的社会意义；

(3)管理：综合的森林经营方案；

(4)信息系统：规划和维护适当的综合信息系统；

(5)生产：影响小的采伐方式；

(6)推广方法：例如，森林所有者的组织、培训和沟通；

(7)规划：参与式规划的方法，包括利益相关者和与环境、社会、林业组织、管理部门之间的合作；

(8)行动：认证程序，特别是审核和验证。

木材生产和森林培育的传统主题也需要进一步培训，以满足负责任的林业标准和认证的需求和期望。

18.3 机构和组织框架

现有的体制框架，如国家林业部门、研究和培训机构，通常有必要的资源用于培训不同的目标群体。当他们不能提供培训时，就应该帮助他们发展。尽可能依靠现有的组织机构，可以提高他们的能力，这样有助于将学术概念应用于当地的林业生产实践中。

随着目前很多政府将经营权转让给私营实体。许多国家私营林业部门正在发展，私有化形式很多，包括从定期特许经营权到公共用地的私人所有等。私人投资于人工林是这一发展进程中的主要驱动力之一。在这种情况下，需要政府对工作人员、承包商和森林所有者在培训机构上给予支持。

只有私营森林所有者和其他运营商被正规的、有效的组织或协会支持，他们才能够大规模地实现森林的可持续经营，并从认证中获利。但是在许多国家，支持的力度还不够。

目前森林认证行业集中在少数几个发达国家，那里的市场主导者为世界各地提供相关服务。相比之下，其他认证机构仍局限于国内或区域市场和选定的国家。为了扩大评估工作的资源基础，迫切需要在世界各地建立具有审核能力的机构。

18.4　信息系统

传统的信息系统在提供木材资源数据上已相当全面。但是，可持续森林管理的概念更广泛，认证方面的数据收集已涵盖了经济、生态和社会的一系列参数，这些资料要全面、准确、可靠。认证审核主要是借助审核组织的信息系统，但是地区或国家的基本森林资料在核实很多认证的标准时也起到了非常重要的作用，特别是那些涉及景观水平方面的资料，如生物多样性或水资源管理。

信息系统的修订，一般要求包括以下几个阶段：

(1)确定认证和监测森林管理及其影响的数据需求。

(2)确定目前从森林资源、执法及其他监测系统收集来的数据。

(3)质量的评估和数据的涵盖范围(不同地域范围和不同级别森林所有权方面的可靠性)。

(4)评估当前的数据收集工作是否符合认证和森林管理监督的要求(数据如何才有代表性和可靠性，并通过何种方式找出差距)。

(5)在国家水平上，确定数据采集的发展需要，包括不同的数据收集系统之间的联系。

(6)确定适用于信息系统和数据收集工作的技术解决方案。

(7)分配资源和责任。

信息系统和数据收集的发展，可以促使不同层面的体系达到最大程度的相互联系。为此，在信息系统制定的规划阶段，就要全面地考虑数据收集原则，如抽样或数据形式。

新的技术，如遥感和地理信息系统(GIS)、全球定位系统(GPS)，为改进森林经营的监测提供了低成本高效率的方法。在新的信息系统中，初期投资是相当大的，但比起传统的做法，运营成本减少了，数据质量也提高了。但是，对于这种信息体系也存在着多种技术的可能性，其中有许多是不能彼此兼容的。因此，设计具体的信息系统时，应该充分考虑将不同组织的信息整合起来的需求。

为了从投资中最大限度地获取效益，认证审核有可能成为新的空间信息技术的一个关键用户；遥感技术也有促进认证审核的潜力。但在每一种情况下，要单独开发可操作的模块。尤其是，监督审核应更趋向合理化，通过空间信息系统所产生的信息提高工作质量。

（刘再娥 译　凌林 校）

19　小规模森林企业

　　小规模森林所有者或低集约化的森林管理者在寻求认证时所面临的障碍正在引起越来越多的关注。由于国家或地区的差异较大，所以关于这两者的认证体系都还没有确切的定义，不过普遍认为，这两种类型还有着特殊情况，主要有两方面：

　　(1)满足标准的要求存在困难；

　　(2)认证过程的复杂性及其费用问题。

　　对于许多小规模或低集约化的企业存在的另一个问题是获得和保持认证产品的市场。

19.1　标准的符合

　　许多问题结合起来，使得小规模和低集约化的森林管理的标准更具挑战性。这也要求所编写的标准需要适应不同的状况。

19.1.1　时间和语言

　　林业标准往往篇幅较长并用复杂的语言来描述。这很难避免，原因是可持续森林管理通常是一个复杂的活动，要求标准很全面并用精确的语言来描写。可持续森林经营的标准需要覆盖一系列内容，包括法律、社会、经济和环境等方面，并应确保它们可以适用于各种情况。因此，标准通常要用几十页的篇幅。

　　对于没经过正式的林业培训，或根本就没有时间或耐心去阅读、理解和思考标准的意义的森林经营者来说，这是一个直接的障碍。许多小规模和低集约化的森林管理者都属于这种类型。

19.1.2　不合适的要求

　　大多数制定的标准涵盖了许多森林的类型和情况。因此，标准应该包括所有有着重要影响的大规模林业运作所要符合的要求。然而，这些要求明显对于小规模或低集约经营的森林不相关，因为影响小得多。

　　　举例来说，森林管理委员会(FSC)的一项要求是森林组织应该为当地社区提供就业和培训的机会：见4.1节"森林管理委员会(FSC)的原则和标准"(P&G)。对于雇用员工和有承包商的公司来说，这个要求是相关、合理的。但对那些自主经营和管理的小规模森林企业，是不合适的。

　　　同样的，小规模森林企业抱怨最频繁的是所需文件的数量。因为大多数的标准需要有计划、程序、活动和监测的详细文件。有些文件对小规模森林也很重要，但是这种适合小规模森林的文件数量不多，并且很多时候还不够明确。

19.1.3　关于标准要求的阐述

　　在森林管理标准正式实施之前，为了在不同情况下进行解释，标准采用一种通用的形式。国家森林管理标准通常采用多种方式对要求进行阐述，因为它们对于当地情况已经比较熟悉，可以提供相关的法律、规章或国家准则。然而，在明确标准如何适用于小规模森林或低集约经营之前，对于进一步解释还留有余地。

例如，在巴西东南部低地采用的巴西FSC标准（2000年9月，指标4.1.2）要求森林管理者允许社区进入森林获取林产品和非林产品，前提是：遵照森林法律、条例、相关文件和标准的要求。

然而，对于小规模森林（或其他）来说，森林法律法规和标准的要求并没有明确的规定，使得小规模森林所有者只有自己进行规定。

在联合认证的情况下（见第10章），这种解释通常由联合体经理来做出。但对私有小规模的森林，这种解释存在着不确定性使其产生畏惧。

19.2　认证的成本和复杂性

认证机构（见第9章）执行的认证过程通常由认证体系和认可机构来界定。认证费用受认证过程复杂性的影响，同时也受报告、审核和保证公共信息可利用性等花费的影响。框图19.1给出了影响认证评估费用的主要步骤。

许多认证费用是固定的，不论是对小规模或大型森林企业这部分费用是相当的。例如，报告撰写、同行评审、翻译和差旅等费用基本上相差无几，不受评估森林的面积和复杂程度的影响。这意味着，对于小规模和低集约经营的森林，认证费用是昂贵的。由于没有具体的规定，评估过程有可能对小规模和低集约经营的森林来说费用过高，同时评估结果可能过于表面化。

19.2.1　问题的解决

小规模和低集约经营森林所面临的森林认证障碍日益受到人们的关注。克服这些障碍所使用的最常见的方法是采用联合认证体系（见第10章）。一些认证体系已经引入联合认证和区域认证的规定，详见框图19.2归纳的一些规定（见第13章）。

除此之外，森林管理委员会（FSC）制定了具体"简化"的认证程序，目的是解决认证的费用问题，尤其是针对小规模或低集约经营的森林（SLIMFs）的群体。为了确保这种"简化"的程序仅对这些森林类型使用，森林管理委员会（FSC）对SLIMFs进行了明确的定义，见框图19.3。

修正后的程序主要是降低预评估、报告、同行评审和周期性监测的费用。

框图19.1　认证评估的费用

预评估：这不是所有体系都要求的。预评估的进行会明显增加认证费用，特别是那些偏远地区的森林，会明显增加差旅费。

利益相关者的磋商：在评估之前，认证机构需要与利益相关者进行磋商（这取决于该体系的要求）。这会增加评估、问题反馈和建议等方面的费用。

主评估：进行主评估的费用取决于要求的采样密度（可能由认证体系规定）、运输费用和森林管理的复杂性（需要专业的团队成员）。

（续）

报告撰写：报告的要求因体系而异，报告越详尽，就要求有更大的公开性，但同时制作报告的费用也会增加。	

报告撰写：报告的要求因体系而异，报告越详尽，就要求有更大的公开性，但同时制作报告的费用也会增加。

翻译：报告可能会要求用一种或多种语言。如果不是本地语言，可能就需要翻译。

同行评审：同行评审能增加评估的透明度和可信度，但会给每次评估增加固定的费用。

纠正行为：对于整改所采取的措施(CARs)可能需要实地检查。这会增加相当多的额外差旅费和花费大量的时间。

监督：认证机构被要求进行的监督采样频率和强度会增加评估过程的费用。

复审：多数证书的有效期通常是 5 年。复审可能涉及全面的审核，或者类似于监督复核。

框图 19.2　小规模森林企业的认证体系(SFEs)

体系	标准中的 SFEs 体系规定	程序中的 SFEs 体系规定
森林管理委员会(FSC)	2005 年 1 月，要求国家倡议在国家标准中考虑小规模或低集约化管理的森林(SLIMFs)。必须为小规模和低集约化管理的森林制定出可供选择使用的指标及获得指标的途径。	SLIMF 群体认证——针对改进的程序。
森林认证认可计划(PEFC)	可以为个人、团体、地区认证制定的标准。标准的制定过程没有具体的规定；但是国家 PEFC 计划由国家林业组织或国家林业部门制定，因此标准制定过程中 SFEs 具有较好的代表性。	联合认证。区域认证。
芬兰林业认证体系(FFCS)	在区域经营和森林经营单位水平上就标准的落实进行职责划分，减少了小规模森林所有者要做的一些事情。	两种群体认证：(1)通过森林管理协会联盟的区域认证。(2)通过地方森林管理协会的群体认证。
可持续林业倡议(SFI)	没有具体的规定。在作业规模上，如果认为核心指标不相关可以被替换。与美国林场协会(ATFS)达成互认协议，此协议专门针对小规模非工业性质的企业，这使得在美国林场协会下被认证的森林同样也能得到 SFI 体系的认同。	个体森林经营者可以选择退出。免费美国林场协会认证评估。美国林场协会在 2003 年开展了实验性的群体认证项目。
加拿大标准化协会(CSA)	没有具体的规定。对于小规模森林企业，针对确定的森林区域(DFA)通过公众参与的方式设置目的、指标和目标是比较困难的。	CSA 可对确定的森林区域上(DFA)进行认证，针对小规模企业或非连续作业区的联合认证是可能的。

框图 19.3 FSC 标准界定的小规模/低集约经营森林(SLIMFs)

FSC 界定的 SLIMFs 允许认证机构决定哪些森林有资格使用"简化"的认证程序进行评估和监督。该标准可以在国家或次国家水平上由 FSC 认可的国家倡议进行修改。

小规模森林：FSC 认可的国家倡议规定：100 公顷或 100 公顷以下的森林可被认为是小规模森林。这个界限可以增加，最高上限为 1000 公顷。

低集约经营的森林：当收获率低于全部生产性森林面积上的年平均生长量(MAI)的 20% 时，可视为低集约经营森林，或者是以下两种情况：

(1)年采伐(从全部生产性森林)少于 5000 立方米；

(2)在认证的 5 年有效期内，每年平均采伐(从全部生产性森林)少于 5000 立方米。

国家倡议可能会制定较低的采伐标准，或者在年平均生长量方法(MAI)不能使用的地方采取其他措施。

用于非木质林产品经营的天然林也被认为是低集约经营森林。

（刘再娥 译　凌林 校）

20 森林认证体系的选择

正如在第三部分中叙述的，各种不同的森林认证体系的数量正在不断增加。结果导致运用森林认证体系的各个组织，例如森林管理部门、购买方、投资方或者资助方，还包括政府部门以及非政府组织不知道采用哪一种认证体系。

这已经成为森林认证过程存在的主要问题，迄今为止还未得到很好的解决。本章主要是对一些森林认证体系的适用性进行阐述，回顾一些现存的认证体系，给需要进行森林认证或评价的机构提供适当的建议。

20.1 现行的森林认证评估体系

政府间森林论坛(IPF)在1996年就建议各个国家应该遵循以下的关于森林认证的概念和原则：

(1)公开所有类型的森林、森林所有者和经营者，无歧视；

(2)可靠性；

(3)真实性；

(4)节约性；

(5)吸纳各种对此感兴趣的团体参与，包括当地社团组织；

(6)森林可持续经营的透明度。

当然这并不意味着任何团体都要遵循以上的原则，这些只是十分概略的森林认证条款。因此，各个认证组织需要尝试制定更加详细的认证概念和原则。

1997年，荷兰政府制定了关于木材可持续经营认证的最低标准，允许木材认证合格之后贴上标签在市场上销售(Dutch Ministry of Agriculture, Management and Fisheries, 1997)。此标准成为了Keurhout木材商标体系的基础(终止于2003年)。经过修改，2004年荷兰政府公布了新版本的标准体系。

2000年到2001年间，有5个不同的活动为全球指标的确定提供建议：

(1)GTZ森林认证项目工作报告2(Vallejo and Hauselmann, 2000)提出了原则、标准、指标来评价森林认证体系对可持续发展的贡献。文献中归纳和总结了相关的法律条文、国际上认可的标准化指南、认可和认证、公民以及非政府组织所期望的效益。

(2)2000年，欧洲纸业联合会(CEPI)的比较模型(CEPI, 2000)，提供了一些标准和指标，比较了国际和国家森林认证体系，以及提供了这些体系自2000年运作以来的一些信息。但是该模型没有给出这些建议指标的基本原理。除此之外，还有一些被公认的局限性：

①关于林业业绩标准的实际内容信息较少；

②在推动森林可持续经营的实际操作中，认证体系的效力和效率方面的指标提供不足。

考虑到第一版的比较模型存在一系列的问题，CEPI计划于2004年公布一个修正的版本。

(3)澳大利亚农林渔业部(Australian DAFF, 2000)发布一个报告，提出森林认证体系评估的关键要素和潜在的业绩指标，并针对现有的认证体系和有关倡议作出了一个初步的评价。这个报告是为澳大利亚政府制定战略规划而准备的，也向当前国际论坛上感兴趣的各利益方通报森林认证进一步发展的情况。

（4）国际森林工业圆桌会议（IFIR）在其建议的国际社会相互认可框架的基础之上，提出了可信赖的森林可持续经营标准和认证体系的建议标准和指标。同 CEPI 模型一样，没有阐明建议的标准和指标的理由。由于体系间互认缺乏进展，IFIR 在标准方面没有进一步的行动。

（5）FERN 基于一组 ENGO 的目标和标准比较分析了四种认证体系。在 2004 年又对 8 个体系作第二次比较（Fern，2001a，2004）。

2000 年以后还有一些其他方面的活动：

（1）2000 年，世界银行和世界自然基金会森林保护和可持续利用联盟公布了一个纲领性的文件，阐述了改进森林管理和认证的目标，为可靠的森林认证体系提出了 11 条标准（World Bank-WWF Alliance，2000）。在此基础上，还制定了一套工具，"评估森林认证体系的问卷"（World Bank-WWF Alliance，2003），检验认证评估体系是否满足这些标准。2004 年该方法将用于外业测试，联盟将用于识别所有认证体系是否达到 2 亿公顷的认证目标，以及世界银行将用于指导其向森林和林产品的投资。

（2）2004 年，英国政府开始进行评估，确定哪个森林认证体系能够满足其公共采购政策，即能够保证市场交易的木材和纸张是来源于可持续经营的合法森林。

尽管如此，目前没有一个举措有能力建立国际对话的基础。每个认证体系都受到了一定的支持和批评。通过对各方论点的分析发现有两个主要的原因，可以解释为什么现有的一系列标准和比较分析还未解决这场辩论：

（1）体系的目标不同：不同的利益群体希望森林认证体系实现的目标不同。因为这些不同的目标，森林认证体系之间有各自的属性，这些属性虽然相近但是很难达到一致。因此，"一套标准"能够确保一个群体的目标，可能就无法满足其他群体的目标。

（2）细节不够：众多的森林认证标准和开展的分析希望简单明了，尽量避免较多的条款。但是，正如我们在第一部分中所说的，正是认证体系工作方式的细节才能影响评估的成果；因此，概括的分析是不够的。

20.2　为森林认证体系评估制定标准

如上所述，任何一个评估认证体系的工具都需要认识到不同森林认证体系有不同目标，而且还需要足够的技术细节条款。因此，任何的森林认证体系评价方法必须包括以下的内容（Nussbaum 等，2001）：

（1）确定目标：首先，认证体系的目标应该明确。

　　例如：如果木材购买方主要关注木材是否来源于合法的森林资源，这就是一个明确的目标。

（2）将体系的目标与特征相联系：一个体系的要素和特征是其目标的体现，所以为了实现一定的目标，必须考虑到体系的要素。

　　例如：如果合法性是目标之一，就必须考虑到哪些标准是法律方面的？在实践中通过认证过程是否得到检验? 产销监管链控制是否能够保证经鉴定的产品均是来自合法的森林资源。

(3)制定标准:最后,制定的标准需要在实践中不断检验。

在图20.1中讨论的这个程序是针对所有的认证体系提出的,每一个阶段都将在下面的章节中讨论。

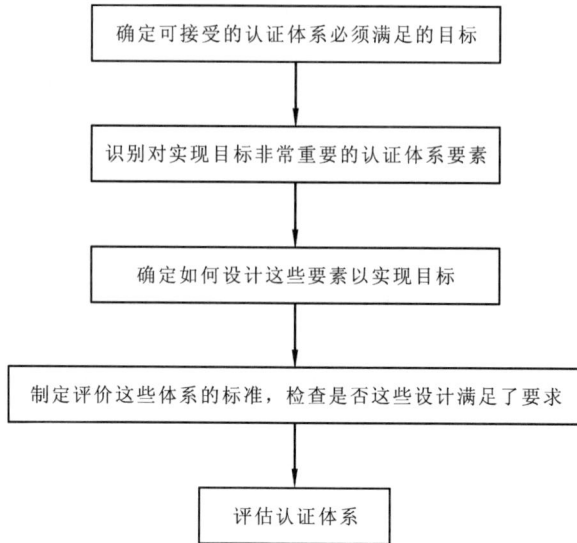

图20.1　需要制定和使用评估认证体系是否实现特定一组目标的方法

20.2.1　目标设定

任何的认证体系都有一个或者多个目标。一些目标显而易见,一些比较隐秘。对任何认证体系的评估都具有一定的针对性,包括直接的和潜在的目标。如果没有清晰可确认的目标,评估时就很难判断,从而出现问题。

因此,评估体系制定的第一步就是确定使用者的目标。

框图20.1提供了一些目标方面的例子,尽管这些例子比较简短而且不是十分系统,只是从一些报告、发言以及和一些权益相关者的讨论中得出的,但可以看出大体集中在两个关键问题上:

(1)一些目标和认证体系的构建有直接关系,另一些则不是。

(2)大多用户会有不止一个目标,而且一些目标之间可能相互冲突。

框图20.1　森林认证体系用户实际和潜在目标的范例

从一些报告、发言、政策文件和讨论中收集来的实际和潜在认证用户的总体目标和具体目标如下:

(1)需要进入更好的市场。

(2)顾客需要经过认证的产品。

(3)符合环境保护政策,确定森林是否可持续经营。

（续）

（4）本单位有野生动物方面的工作，因此认证意味着珍稀物种的保护。

（5）需要一个条款明晰、要求简明和费用合理的体系，这样本单位可以进行认证，而后恢复常规经营活动。

（6）需要一个能够满足小规模经营者的体系。

（7）作为一个理性的投资机构/政府援助机构，需要确定投资能否确保可持续的发展。

（8）承认和保障使用森林的权力，能够像我们的祖先一样传承给后代。

（9）作为一个负责任的贸易公司，希望能买到合法的木材资源。

（10）我们需要给有良知的消费者传递一个简明的信息。

（11）我们希望我们的企业没有与环境保护背道而驰。

（12）作为一个跨国企业，只有全球性的、而且符合商业发展的体系才能对我们有用。

（13）我们希望使用的认证体系能够是得到最广泛认可的。

（14）我们希望对森林的采伐利用不会破坏关键的森林生态系统和它们的生物多样性。

引自：Nussbaum 等(2001)。

20.2.1.1　目标类型

关于森林认证这里主要有两种类型的目标：直接与认证体系构建相联系的目标；间接与认证体系构建相联系的目标。

（1）直接与认证体系构建相联系的目标。这种目标能够被进一步分为两种类型，一种是仅仅与体系构建的一到两个方面相联系的目标，另一种是比较复杂的，与体系构建的多方面有联系的目标。

一些目标与体系构建联系很明确，因此，很容易知道体系的哪些方面对其有影响，有哪些方面需要包含在体系当中以实现此目标。

例如：如果一个关键的目标是保护森林的高价值生物多样性，则对森林保护的高要求就必须包含在标准中。

尽管如此，目标和体系之间的联系还是比较复杂，而且需要体系在多方面满足要求。

例如：如果一个体系的目标在于保证产品来自可持续经营的森林，这需要以下综合的要求：

①一个适当的标准以保证森林的可持续经营；

②一个有效的认证过程，保证森林真正满足标准；

③保证森林产品从生产到最终销售过程的可信性，抵制不合规定的木材产品进入市场。

在这种情况下，必须分析每一种认证体系，在满足所有需要的情况下选择最适合的体系。

（2）间接与认证体系构建相联系的目标。除了以上讨论的这种目标之外，还有一种间接的目标需要更加关注。这些目标需要综合考虑各个使用者的情况。主要有以下两点：

市场准入：只有当认证体系是市场所接受的，它才能提供进入市场的机会。认证体系本身——无论多好——只有在市场对其认证的产品感兴趣时才能提供市场机会。

风险管理：避免因为环境保护运动或者社会压力而带来的消极影响，这是一些零售企业参与森林认证的一个原因。与市场准入一样，搞清楚哪个认证体系受到保护和社会发展组织的认可，比不同体系的全面评估更加重要。

在这些情况下，虽然在目标和体系构建之间没有直接联系，但可能存在一些间接的联系，因为其他使用者可能通过是否满足自己的期望目标来评判体系的好坏。所以搞清楚其他用户的目标是很重要的；同时，实现目标与体系构建之间没有必然的联系，明白这一点也十分重要。

20.2.1.2 目标冲突

多数用户希望体系能够同时满足他们多个目标。这不是问题，因为一个体系能够轻松地实现多个目标。然而，当几个目标之间发生冲突时，问题就产生了。这里有几个例子：

(1)认证费用与其他目标间的冲突：任何一个额外的要求都会增加认证的费用，这就关系到竞争力、可持续性和公平性等方面的问题。

(2)公平性和严格标准间的冲突：认证体系应该大家都已经认识到，即使是资源有限的经营单位也应该能进行认证。如小规模森林企业、社团森林企业和发展中国家的森林单位，但同时又希望保持认证过程的高标准、严要求，以确保只有良好经营的森林能通过认证。

(3)保密性和透明度间的冲突：认证过程的透明性是认证体系可信的一个重要保证。但是，对于一些公司，过度地公开其信息存在一定的风险，因为一些竞争者和购买者可能从中谋利。

最近大多关于森林认证的讨论都是关于如何避免这些冲突而展开的。因此，应该明确目标而且分析哪些地方可以兼容，哪里可能发生冲突。

一旦可能发生冲突的目标被确定了，就应该确定解决的优先顺序。主要是确定必须要解决或不能解决认证就无法进行的那些目标，并把它们与可以找到折中办法目标区分开。

如果要向其他团体解释对认证体系进行的评估，有必要明确哪些地方采用了折中方案，为什么要采取该方案，以帮助其他团体判断这一折中方案是否符合其目标要求。

20.2.1.3 为一些特别用户定义目标

通过以上的讨论，进行森林认证评估的第一步就是确定用户进行评估的目标。如果该目标已经记录在案，比如记录在政策文件当中，则将相对简单一些。

例如，八国集团制定的政策主要致力于：

(1)21世纪议程和相关倡议中关于可持续发展的原则。

(2)最近联合国森林论坛(UNFF)批准的关于制定森林政策和标准需采用多方达成共识的途径。

(3)关于非法木材采伐的处理措施，由1998年八国外长会议确立的森林行动方案规定的。

因此，八国集团对认证体系的分析是基于以下目标：

(1)有利于可持续发展。[1]

(2)要求多方达成共识的标准设立。

（3）提供一个运行机制来抵制非法来源的木材。

同样，公司和工业协会进行的认证也会有许多目标，这可能在他们的报告、政策文件以及对投资者的承诺中有体现。

如果对于这些问题没有事前考虑，建立评估的目标是很困难的。在这种情况下，单位和企业花时间来确立评估的目标是非常必要的。这也是分析认证体系必要的先决条件，也可能成为十分有用的内部梳理过程。

20.2.2　目标与体系构建间的联系

目标与体系构建间的联系可能是准备认证体系评估的最复杂的工作，包括三个阶段（见图 20.1）：

（1）为了实现目标需要确定哪些要素最为重要。

（2）确定不同的要素应该怎样构建以达到预期的产出。

（3）制定标准用以评价要素是否符合要求。

20.2.2.1　确定重要要素

对于不同的目标，需要确定认证体系中哪些要素最为重要以保证实现这些目标。每个目标都需要考虑四个方面：

（1）标准：其内容和制定的方法（第 3 章）；

（2）认证过程：包括确保可信性的技术要求和机制（第 4 章）；

（3）认可：包括要求和可信性（第 5 章）；

（4）声明的控制：包括产销监管链和标签使用（第 6 章）。

对于一些目标，这里可能仅仅只有很少的关键要素与其相关，而对另一些可能整个系统对其来说都很重要。对于后一种情况，确定不同要素的重要性十分必要，因为这有利于确定哪个是最需要优先考虑的因素。

20.2.2.2　如何构建每个要素

对现行的评估认证体系倡议的回顾，见"现有的森林认证体系的评估"，从中可以看出，多数困难出现在这个阶段。通常，对于哪种要素更为关键这个问题，如果能在各个利益团体间达成一致意见，那么对于基本原则就容易达成共识。分歧通常存在于如何构建具体需要以实现目标。

例如，在标准的制定过程中应该包括权益相关方在内这一点很容易达成共识，但是，不同的标准制定过程在如何采纳权益相关方的意见、保证他们平等的权力和影响力方面可以不相同，尽管这些体系都可以称为"多方参与"的过程。

同样的，在标准中应该包括保护生物多样性，这一点也很容易达成共识，但是将生物多样性的破坏程度降到最低和积极保护与提高生物多样性是不同的要求，尽管两个标准都包含了保护生物多样性的问题。

因此，确定每个关键要素应该怎样构建以实现预期目标十分重要。在本书的第一部分提供了关于认证体系构建分析的详细叙述。

20.2.2.3　评价标准的制定

体系的要素构建一旦确定，就应该为使用者提供直接的标准用来评估是否达到以下

要求:

(1)认证体系包含重要的要素;

(2)各个要素的设计能够实现预期的产出(或目标);

保证标准的准确性和一致性对于不同的使用者来说是十分重要的。如果严格按照上述程序进行评估,将会有太多的标准,因此人们一直尝试着简化,但是一旦标准的细则过于简单就有可能产生一个问题,即不同的使用者会有不同的理解,在一致性上出现偏差。

这一过程结束的时候产出应该是一个清晰、客观的标准,可以解释和说明,并为评估认证体系提供良好的基础。

20.3 合法性临界值方法

评估认证体系的另一个方法,就是合法性临界值方法(WBCSD,2003),它是由世界商业可持续发展理事会(WBCSD)制定的,以应对森林对话所提出的相关问题(Forests Dialogue,2004)。

这个模型只有在特定利益相关者群体的要求是合法性情况下才能进行评估。这些合法性要求提供了一个比较的尺度。实践中,它完全类似于前面所叙述的目标识别,但是合法性临界值方法增加了有用的图形要素和清晰的内容定义。

如图20.2,这一模型的纵坐标由标准或属性以及认证的合法性措施构成,具有透明的"临界值"或合法性的基准/信任度,得到相关利益相关者团体,如消费者、政府、NGOs 和工业组织的认可。如图中的三条线 T1、T2、T3 所表示的。

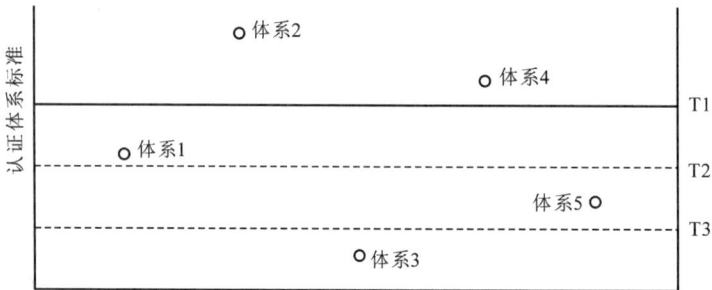

图20.2　合法性临界值模型,展示三个
临界值和五个体系所处的相对位置

对于具体的利益相关者团体来说,通过这一模型,能够提供一种明确而公开的方式来判断哪些体系具有合法性。

例如,三个临界值可以定义为:

(1)T1:一个"高"的门槛标准。认证体系只有具备这个条件才能为某利益相关者考虑,例如采购产品的消费者。这个高标准可以指对一个国际性森林可持续经营标准和指标体系有影响,通过多方参与的过程建立,由可信的第三方验证,并具备产销监管链。

(2)T2:一个认可的"中等水平"临界值。举例来说:制定了小规模森林单位或发展中国家的供货商能够采用的认证体系要求,这样才能被特定的利益相关者所接受。与 T1 相比,这个临界值的等级属性数量要少一些,鉴于小规模森林所有者或社区森林企业的能力不同。

（3）T3：一个认可"最低"的临界值。如来自合法来源的木材。在得到特定利益相关者团体承认前一个认证体系必须能做到合法性验证。

在图 20.2 中，体系 2 和 4 都是可信任的森林可持续经营的认证；体系 1 主要受到小规模森林企业或发展中国家的认可；体系 5 只适合于合法来源的木材，体系 3 没有达到任何目标。

合法性临界值方法的成功取决于利益相关者的以下能力：

（1）定义合法性的临界值：这里有各种潜在的方法。一个极端是任何一个利益相关者都可以指定和使用自己的定义，另一个极端则是取得一个能够被广泛认可的临界值。两者之间的折中方案可能对于一些临界值达成广泛的共识，但对于可接受的认证体系的某些最低要求可能始终存在一些小的分歧。

例如在上面的例子中指出的，一些利益相关者可能决定可以证明是合法性的就足够了，但是其他团体只支持可持续森林经营的认证体系（T1）。

当本方法不能达成共识时，它可能会为针对分歧的辩论提供一个更为明确的基础。

（2）构建一个实际而可信的体系评估方法：建立一个评估认证体系的方法学也是很重要的。这需要有足够的透明度和严格性来确保所有利益相关者团体参与的可信性。

（3）确定一个评估认证体系的机构：理想的情况是，一个独立的而且被利益相关者认可和尊重的机构，采用协议好的方法和临界值。

20.4　总结

短期或中长期内森林认证的体系可能会有所增加。因此评估森林认证体系的机制、以帮助不同的群体选择他们所需要的体系在一定时间内仍是必要的。

可供选择的方法包括：

（1）利用各种现存的标准，例如欧洲纸业协会（CEPI）、非政府组织（NGO）、国际森林产业圆桌会议（IFIR）、世界银行的评价机制以及各个不同评价机制的联合使用。

（2）利用"合法性临界值方法"和 Nussbaum 等人（2002）作过的详细讨论制定一组认可的标准。

（3）使用诸如"合法性临界值方法"，在 WBCSD（2003）中有详细的讨论。

注释：

1. 这一方法已经被德国发展机构（GTZ）在评估认证体系的标准中所采用（GTZ，2000）。

（刘再娥 译　凌林 校）

21 森林认证的新应用

林业市场具有通过提高收益来资助森林可持续经营的潜力，这点近来更加受到关注（Landell-Mills 和 Porras，2002；Pagiola 等，2003；Scherr 等，2003）。这些市场虽然处于初级阶段，但已日益突现出来，尤其是碳汇方面，存在的贸易潜能是最大的（Katila 和 Puustjärvi，2003）。其他服务，比如生物多样性的保护或水土保持也提供了重要的机会。出售环境服务功能提出了用何种途径确定补偿的问题。鉴于这个原因，森林认证在逐渐突显的林业市场领域可能发挥重要的作用。下面本文对此进行深入探讨，首先是碳汇方面，然后是其他环境服务方面。

提供一个降低投资风险或增加资助渠道的机制，也使得森林认证变得重要，并且在越来越多的领域得到了应用。这将在本章进行更详细地阐述。

最后，本文介绍了 10 年森林认证所取得的教训、经验、技能以及对于其他自然资源领域认证所做出的贡献。

21.1 碳汇

碳汇的独立验证或认证与《京都议定书》执行的灵活机制相关。碳汇主要形成于造林或再造林区域[1]，可以被看作是在清洁发展机制下的一种缓解气候变化的措施（Auckland 等，2002）。

对碳汇的认证与可持续森林经营认证存在着潜在的、大量的协同关系（参见框图 21.1）。将二者联系起来，或将它们同时应用，相互协调，可以降低成本，同时有助于确立碳汇的保持和增长在森林经营框架中的地位，尽管二者采用的审核规定是彼此独立的。

21.1.1 一般方法

现行的 ISO 9000 的认证体系和 ISO 14000 的一系列标准也适用于森林和碳汇的认证。小规模的私有林所有者在这两方面的审核中面临着挑战。合适的联合认证方法已经用于森林认证当中，可以帮助解决小规模森林所有者提出的问题。

框图 21.1 森林经营认证与碳汇认证的协同关系

> 森林经营认证与碳汇认证协同的潜在领域可能包括：
> （1）共同的方法、定义和概念能否得到发展。
> （2）两者都需要能力建设。
> （3）森林经营认证和其他管理工具是否能通过提供土地利用改变和蓄积量增长的变化数据来贡献于准确资源清查的准备工作。
> （4）森林经营认证如果继续发展，能否验证对碳汇有影响的积极或消极措施的实施或缺失。

（续）

> （5）森林经营和碳汇认证的审核过程能否互为补充，即使二者要求独立的程序和认可。
>
> （6）现有的认证体系（如 ISO 9000 和 ISO 14000 系列标准体系）的一般流程，如森林管理流程一样，通过增加专门的碳汇项目是否也适用碳汇认可、验证和认证体系。
>
> （7）联合认证如何为私人（小规模）森林所有者减少认证的障碍（如成本），以实施森林认证行为，并促进碳汇活动的实施。
>
> （8）在一定程度上，是否回收的碳汇收入可以为私人领域提供额外的财政支持进行森林经营认证（如限额管理），或者反过来，森林经营是否可能为碳吸收带来附加值和市场优势。

21.1.2 验证信息

森林认证可以验证该森林处于管理之下，但不能直接说明森林中碳的储存与流动情况。然而森林认证能够说明土地利用的变化与碳储存量的增长变化。它也能阐明积极与消极的管理措施对碳汇的影响。

在清洁发展机制下，社会环境、造林和再造林产生的碳汇在项目区域内和区域外的影响必须经过分析。如果影响较大，则必须根据主权国家的程序进行解决。森林经营认证包括对社会和环境标准的评估和认证，还提供基础信息和社会环境影响的连续监测。

此外，森林认证有助于解决与碳汇及其认证有关的问题：

（1）长期性：在森林经营单位或群体水平上进行安排，以维持或增加碳储备，把其作为认证目标的一部分。

（2）泄漏：这关乎到项目区域外任何温室气体的产生，这种气体的产生量是可测量的。泄漏必须从项目中扣除。除其他原因外，泄漏也能由于项目的作用和干扰，导致项目邻近地区的毁林或过量采伐。森林认证可以提供这些方面的信息。

（3）额外性：森林认证可以为森林的管理提供一个可能的基线标准，以帮助判定森林是否符合 CDM 机制的要求。

（4）不确定性和风险性：这里存在着大量的协同效应。准确的资源清查有利于森林和碳汇的认证；负责任的森林标准可以避免火灾和与碳吸收有关的其他灾害；如果碳汇项目规模较小，区域或联合认证对碳汇项目来说表现的风险性比个体较低。

（5）生物多样性影响：主要加强对碳汇的关注并纳入认证标准。

（6）交易成本：通过联合审核可以在一定程度上达到规模经济，对于小规模的拥有者来说，联合认证可以使小林农获得碳汇效益。

最后，可以从林产品（记录碳储存量/流动）中辨别其他领域存在的潜在协同领域。产销监管链认证是森林认证的一部分，可以说明被交易产品的来源，还有助于提供已收获林木中碳的数据。同时使可持续性及碳中性联合标识成为可能（包括以生物能为基础的电能和热能）。然而，对林产品中碳的计算方法仍未能达成共识，这是未来探索的一个领域。

一种风险是对碳汇的认证将增加交易的成本，从而减少了进入市场的机会。减少交易成本的途径之一是将森林的碳认证与现存的森林认证方案联系起来。两种现存的认证 SGS 与

Smartwood，已形成了他们自己的认证方案，可以独立地认证现有的固碳量和碳汇的数量。

21.2 其他环境服务

除了碳汇认证外，独立的森林环境服务认证也是为森林经营寻找资助来源的强有力工具。此类可能性包括，诸如涵养水源，控制侵蚀或保护生物多样性。这种情况下，认证或验证行为可能是以市场为基础、以法律为基础的，或基于项目的，因此常常可能与可持续森林管理的绩效认证相连接。

任何具体的验证主要关注的是基线的建立和项目影响的估计。它也常常是市场导向的，通过一种以服务功能的数量和质量为基础的途径使森林的环境效益转换为一种市场的服务。

环境服务的验证和认证仍处于发展的初始阶段，但是它将会迅速发展起来。哥斯达黎加在这一认证方面一直走在前列，其他国家紧随其后。

如果要为相同森林区域提供森林管理质量和环境服务的认证，最好联合评估，这样具有成本有效性。在许多地方标准和指标中，适当的森林覆盖率的维持被作为一种指标，用于评价保护水资源和生物多样性的环境服务。初期，这有可能是一种控制认证成本的途径。从更长远来看，则需要更多具体的、完善的指标。

推动森林相关的环境服务的动力是要建立一个清晰渠道，给与那些被确认提供了预期服务的人以报酬。因此，在当前的情况下，许多国家主要采取的措施是：通过税费的形式对自然资源使用者收费，这些资金大部分纳入到公共管理或公共的项目中。这一机制作为主流机制未来将不再适合。

独立的第三方认证可能对土地管理者尤其有用，土地管理者在处理高保护价值或者要求透明和可追溯的环境服务补偿时需要公众的信任和认可。私人投资者或其他环境服务受益者希望看到他们支付的价格物有所值。

在美国，政府的资金(税收)和私人资金通过非政府组织(NGOs)用于建立保护区、保护户外娱乐场所和有价值的栖息地，如湿地。此外，大量税收提供给土地所有者大量资金，可以改善保护区的自然环境。因此，保护区的天然环境是否被严格管理和保护需要验证，这样，良好的环境服务才可以永久地(为实现其具体的生态目标)提供给人们。

其他的方法，例如，国际环境服务(如有关气候和生物多样性的问题)的转移支付，它使用的就是 GEF 机制。重要的是证明这些基金被用于资助全球增量效益，即没有这一支持时，这些国家不可能在基线之上产生任何效益。

有时候服务方面的改进，如：水的服务功能，在与基线数据的比较下，应该在数量和质量上有量的变化。对提供这类服务，建立一个森林和其他土地利用实践相联系的科研基础是非常重要的，也有助于制定验证这些服务的成本有效和可信赖的方法。就生物多样性保护来说，普遍的生物多样性水平应该保持或提高；在没有项目干扰的情况下，需要对生物多样性减少的基线状况进行比较。问题是：在没有一个特定的、基于市场的方法来维持服务的情况下，有多少生物多样性的服务功能被"提供"了？"额外性"的要求又部分涉及环境价值的增量问题，有时可能很小，如果与所发生的成本比，包括放弃某种土地利用方式时的机会成本(Katila 和 Puustjärvi，2003)。

21.3 风险转移和获得资助的方法

对森林进行投资，尤其是天然林的管理，往往被认为是高风险的，这是其本身特点决定的，也因为潜在投资者缺乏相关知识（Moura Costa 等，1999）。另一方面，资助方越来越愿意将其投资多样化，并且给与"绿色投资"项目优先权。对于公司公开发行的上市股票的可持续性评价也对这些公司提出了新的要求，要求公司提供关于资源利用和环境社会影响方面的信息。

森林认证可以作为一种工具，用来减少森林工业以及顾客的环境和社会的风险。例如：恶劣的环境管理可能造成山坡的破坏，引发泥石流，污染当地河流和减少渔业产量。这将导致当地人对企业的不满，同时又要进行大量的修复活动。

对于森林管理者而言，因为有较低的风险记录，增加了管理规定、减少了董事会面对指责的可能性，因而获得了更多的益处，包括减少财政和保险成本（Crossley 和 Points，1998），认证显然是一种应对公众风险的安全手段。

通过认证获得国际发展援助资助渐成趋势。例如，近年来世界银行森林策略采用认证作为一种缓解风险的安全有效工具（参见框图 21.2）。

美国海外个人投资公司（OPIC）是另一个将认证看作是森林投资（公司可参与其中的投资）要求之一的财政机构。最近，欧洲许多 NGOs 要求对森林部门出口的信誉机构所采用的标准进行复核。这些做法以及许多投资基金，都是利用认证作为减低风险的工具。"负面宣传"的风险也可能促进认证在国际性林业企业中作为一种工具来应对社会和环境所产生的影响。

框图 21.2　世界银行关于认证的森林策略

世界银行已接受森林的独立监管原则。然而，尚未认可任何一种认证体系。但将就它们是否与世界银行原则和标准一致进行评估。世界银行认识到：目前国际社会为了使这场讨论中可接受的标准和方法协调一致，正在进行"相互认可"的辩论。

产生公平的结果，并且要提高森林的社会价值需要规划。在有些情况下，对地方层面透明度和可靠性的极大需求，将要求采取利益相关者的评估来替代商业性的第三方评估。

世界银行将鼓励政府对森林管理和森林恢复提出标准。标准要关系到地方，同时也要满足国际认可的森林可持续经营（SFM）的原则和标准。世界银行还支持政府建立有代表性的利益相关者团体和森林监管机构。

引自《世界银行》(2003)。

21.4 其他部门的可持续认证

森林部门是第一个涉及可持续管理认证概念的主要自然资源部门。尽管其他部门也就可持续性的某些方面提出了解决办法（如咖啡和巧克力的公平贸易），森林认证在认证发展方面是全球领先的，它提出了要实现可持续发展就要将经济、社会、环境因素联系起来。

现在人们对其他自然资源部门（如棕榈油、棉花和大豆）制定的标准或认证体系越来越感兴趣。对这些新标准和条例来说，森林部门的经验是宝贵的，表现在以下几个方面：

（1）对标准的要求：尽管每个部门都需要自己的标准，但是似乎有很多方面是相互重复的，尤其是关于社会和环境方面，因此，森林标准可以作为发展其他自然资源部门标准的一个借鉴来源。

（2）标准制定过程：森林部门制定标准的过程借鉴了很多经验，如多权益相关者的重要性，发展过程当中的透明度等，这些都适用于其他自然资源部门。利用相似的程序，可能产生一个拥有广泛支持和值得信赖的标准。

此外，森林部门在国际标准的制定方面已处于领先地位。这些标准包括了必须由国家解释的一些要求，这对于其他自然资源部门而言也是同样重要的。它们可以从森林部门标准的制定中汲取这些经验。

（3）认可和认证：森林的认可和认证机制方面的程序和问题同样适用于其他部门，因此，森林认证过程的经验教训（以及手册中讨论的内容）都与其他体系相关。

（4）产销监管链和声明：不同的森林认证体系已采用了很多不同的产销监管链和声明的方法。这为其他部门更好的发展提供了有用的信息，什么是可行的，什么是不可行的。

（5）多重体系：森林部门面临着越来越多的认证体系，这些认证体系良莠不齐。积极方面，一系列的体系可以促进不同方法的发展和执行，也可以开展对各自优缺点的广泛讨论。消极方面，国际上关于体系可信或可行性的讨论已花费了大量的时间、精力和金钱（而且将会继续下去）。这些经验可以帮助其他部门避免这些问题。

总之，本书和其他关于森林认证的出版物中的信息和讨论同样适用于其他自然资源部门，可以作为其他部门的标准和认证发展中一个极其有价值的基础。

注释：

1. 1989 年 12 月 31 日前在毁林的地方开展造林是允许的。

（刘再娥 译　凌林 校）

附件 1　现有体系综述

简介

　　正如第 13 章所讨论的，自森林认证出现以来 10 年的时间里，一系列认证体系不断涌现，本附件提供了 7 个主要认证体系的详细介绍：

　　1. 智利国家认证体系（Cert for Chile）；

　　2. 加拿大标准化协会［Canadian Standards Association（CSA）］；

　　3. 森林认证管理委员会［Forest Stewardship Council（FSC）Scheme］；

　　4. 印度尼西亚生态标签基金［Lembaga Ecolabel Indonesia（LEI）］；

　　5. 马来西亚木材认证理事会［Malaysian Timber Certification Council（MTCC）Scheme］；

　　6. 森林认证体系认可计划［Programme for the Endorsement of Forest Certification（PEFC）Schemes］；

　　7. 北美可持续林业倡议［North American Sustainable Forestry Initiative（SFI）]。

　　这些材料是由认证体系自己提供的，给读者一个独特的视角，感受这些认证体系的发展和运作。每个体系之间的对比分析已经在第 13 章中介绍了。

　　每个体系的负责人员提供了以下方面的内容：

体系类型

　　森林认证体系采用的方法和途径很多，因此要求负责人首先明确一个体系是国家层面的还是国际层面的标准，是一个国际倡议，或是不同体系间相互认可的项目。

应用范围

　　有时候在讨论认证体系的范围常常不是很清楚，有些体系可以到处使用，而有些体系只能在特定的国家或区域使用。有些体系适用于所有的森林类型，而有些体系只适用于一种森林类型。

创立时间和发展历史

　　一个体系的历史演变对了解该体系通常是有帮助的。它是如何开始的？最初谁参与了？后来的发展如何？成功的主要方面是什么？面临的挑战以及后来的变化怎样？

结构和管理

　　谁拥有和管理该体系？是某一个国家的机构还是一个专门从事该项工作的组织？有成员么？管理架构是怎样的？最终由谁做出决定？他们是如何发展到目前的状况的？

标准

这一部分内容是了解标准是如何制定的，以及都有哪些要求。这些标准的制定采用权益相关者参与的过程了吗，或者只是专家的工作？什么时候完成的？是否有修订计划？是绩效标准还是体系标准？如果是绩效标准，它的业绩要求是从什么地方得出的？

认证方式

认证是如何进行的？是通过认证机构，还是认证体系本身参与？对人员和过程都有哪些要求？认证哪些内容？是采取单独认证还是也包括联合认证或区域认证？

磋商和公众信息的要求

磋商和通报信息已经成为关注的焦点，因此对每个体系都就这一点进行了考察。这部分将讨论需要什么信息和为什么需要。

针对小规模林场主的规定

在许多国家都发现森林认证的风险成为小规模林场主参与认证的主要障碍，他们负担不起认证的成本和处理不了所包含的复杂内容。因此，这部分考察各个体系在消除这种障碍时在多大程度上寻求解决的机制。

认可制度

认可有多种方式，可以是专门针对森林经营标准的，也可以是更加宽泛的方式，根据其他标准的现有制度，如环境管理体系认可。这项工作可以由国家认可机构、国际认可机构或是认证体系所属的机构来进行。

现状

这里考察了各体系 2004 年的状况，如机构的规模，认证的森林面积有多少公顷，目前正在开展的工作是什么等。

产销监管链

多数体系都包含有产销监管链认证。这里考察了具体的要求。产销监管链是基于追踪每一块原材料的来源，还是采用百分比控制，或是采取购买控制的方式？百分比方式允许认证材料和非认证材料混合使用，通过标签和声明指出认证材料的百分比。

标签和标识

许多体系都有标识和允许为产品贴上标签，这一部介绍如何进行标识和标签控制，以及标识是如何被使用的。

政治环境和展望

尽管对每个体系的考察应该尽可能地客观，但是无法忽视它们各自所处的不同的政治环境。因此，这一部分将概述每个体系的支持者和反对者，并提示其产生的原因。

该体系的信息获取

这一部分能够了解到各体系相关信息进一步获取的方式，主要是从网上，但经常可以从出版物的途径获取。

（王虹　韩峥 译校）

CERTFOR

一、智利国家认证体系(CertforChile)

体系类型

这是一个由专门为此创立的机构来负责运作的国家体系。

应用范围

该体系标准(CERTFOR)专门适用于智利本国环境和社会背景下的人工林。

创立日期和发展历史

在智利,针对人工林的一系列标准和指标的制定始于 1999 年,当时是林业研究所(IN-FOR)执行的一个研究项目的研究内容,该项目由欧盟资助、土壤协会的 Scandiconsult 和 Matthew Wenban-Smith 协助进行。在 1999 年末,该项目制定出首套标准与指标草案(以蒙特利尔的标准和指标为基础)。尽管制定这套标准和指标花费了很大精力,但那时候智利的林业行业需要的是一套适合智利林业部门现实情况的、吸收来自公共和私有部门倡议经验的森林可持续经营的认证标准。这一任务要求所有国家层面的利益相关者,以及一些主要的国际利益相关者的参与。

2000 年智利基金会、INFOR 和智利林主协会建立了合作关系,目的是在 INFOR 的前期工作基础上整合相关的知识和经验来重新制定出一套国家标准。该项目由智利开发公司(CORFO)、CORMA 和林业公司资助,总资金为 45 万美元,其中的 50% 来自公共基金。

智利基金会被指定作为项目秘书处来负责项目的管理,而 INFOR 作为项目的合作方主要负责技术方面的工作。

该项目的目标是制定出针对人工林、南水青冈属山毛榉纯林和南水青冈属树木次生林,并且得到国际认可的国家森林认证标准。因此,其首要任务就是制定出一套获得国际认可的森林认证体系,其中包括针对认证机构的认可体系。

该项目是基于这样一种看法:一项认证倡议主要是基于一种自愿的和私人的决定,因此需要林业公司明确地表明其需要制定和实施这样一种体系。但是,也就因为其自愿性和私人性的特点,任何新的认证体系都需要符合现行的法律框架要求。因此,根据智利的森林资源经营情况,考虑环境法律框架,包括 DL 701 森林法和所有其他的相关法律规范是非常重要的。

2001 年 1 月智利开始了标准的制定工作,同年 5 月制定出了第一份草案并开始进行实地检验,同年 9 月又出版了草案的修订本以征求公众的意见和建议。2001 年 10 月和 2002 年 1 月还分别召开了两次公众咨询会。2002 年 2 月该标准得到了高等委员会的认可,并且在

2003 年 10 月颁发了依据本标准进行认证的第一份认证证书。

结构和管理

该体系的所有者是 CertforChile，它是一个获得国家和国家法律认可的、非盈利性的独立组织。该组织由一个理事会来管理，理事会成员包括跨部门的利益相关者的代表，有来自环境机构、大学、公司、小林主、大型木材加工公司、买方集团、研究机构，以及其他私立的环境非政府组织（ENGOs）和非政府组织（NGOs）。CertforChile 也是一个会员组织，免费接收来自各相关团体的会员。同时，该组织也是遵照智利法律进行注册并合法组建的一个慈善性基金会，由会员选举出的理事会负责管理。

考虑到利益相关者对社会和环境关注方面的变化，以及智利法律和政治环境的改变，高等委员会决定本标准将每 5 年修订一次，以便吸收科学的最新进展和技术的改进。因此，其颁发的认证证书的有效期也相应为 5 年。

秘书处负责该体系的日常运作，目前由智利基金会负责行使其职能。

标准

1. 组织

本标准是按照政治和技术小组的等级结构来制定的，共有 4 级主要的利益相关群体：

（1）最高的决策群体是高等委员会，其由代表国内各社会团体利益的德高望重的人士组成。

（2）第二级群体是技术委员会，其由代表环境非政府组织、林业行业、土著居民、专业团体、研究机构和学术团体、环境和林业政府机构，以及小林主的专业人士组成。

（3）第三级群体是工作组，其包括一个 5 人小组（2 名代表来自智利基金会，1 名来自 INFOR，2 名来自 CORMA），该小组负责向技术委员会进行汇报。具体来说，工作组负责准备提交给技术委员会进行评估和修订的文件草稿，并且根据技术委员会的建议，将其提交给高等委员会进行讨论和批准。

（4）第四级群体是非常重要的国际咨询专家小组。所有的咨询专家都是 FSC 的审核员并且长期协助本项目的开展，在他们的指导下该体系采纳了许多关键性的决策。

2. 标准制定基础

在制定智利森林可持续经营认证标准过程中，主要考虑了以下内容：

（1）现有的、有关森林可持续经营的定义和国际协定，例如蒙特尔进程和 FSC 原则与标准；

（2）林业研究所 2000 年 12 月制定的标准草案；

（3）国际咨询专家通过与典型利益相关者的会谈确定的关注点；

（4）环境敏感市场的关注点；

（5）智利林业部门的实际情况。

同时，本标准的制定也以几个国际标准为基础，并且正努力寻求建立符合良好森林可持续经营相关要求的程序，同时还考虑到了不同利益相关者对人工林的主要关注。制定本标准的目的是：使人工林经营不再仅集中于一些官僚政治的规范，从而带来一些积极的改变。这也是本标准制定的原则、标准和指标能够与其他相关的国际森林可持续经营标准相媲美的原因所在。

3. 标准的结构和应用

本标准将确保通过被认证的实体能够满足符合本国实际情况的，并且获得国际认可的森林可持续经营实践的特定要求。此外，本标准还将有助于确定那些有突出表现的森林经营实体。

本标准的层次结构包括以下几类：

（1）原则：指那些具有全球特征并且确定了概念性框架的因子，其功能是作为实现可持续经营主要目标而进行的各项活动的基础或指南，并被看作是森林经营的长期最终目标。

（2）标准：指确定、限制和准许原则实际应用的那些关键因子、尺度和过程。通过这些标准，才可能实现森林经营可持续性的定期评估，并由此确保经营实践得到真正和持续的改善。

（3）指标：指那些可以被定量测定或定性描述的因子，以便定期评估其趋势并且确定其符合标准某一特定方面的程度。

（4）最小符合度：指为表明适宜水平的符合程度所需的某一指标的定性或定量最小值。

4. 标准制定过程

2000年，为了制定和认可本标准，专门批准成立了一个两级机构，第一级是认证高等委员会，由智利社会中德高望重的人士组成，这些人士代表了广泛的环境、社会和经济利益。第二级是认证技术委员会，包括各领域的众多技术专家。

一个任务小组承担了标准的起草工作，该小组的主席是外部咨询专家 H J van Hensbergen 先生，成员包括来自 CORMA、林产工业协会、智利基金会和 INFOR 的代表。同时，来自瑞典 SSC 认证的 Borje Drakenberg 先生进行协助。任务小组在2001年1月开始工作。

任务小组的工作与先前 INFOR 的工作相似，但除此之外，外部咨询专家还进行了第一轮与各利益相关者（包括环境和社会非政府组织、政府机构、林业公司和土著居民等）的咨询活动，以便确定标准制定工作的关键问题。

在2001年5月中旬，任务小组制定出了标准草案和审核员手册，并且在 H J van Hensbergen 先生和 Matthew Wenban-Smith 先生的各自带领下，两组审核员对该草案进行了实地检验。在实地检验后又对草案进行了修订。2001年9月举行了一次公开会议将标准草案向公众公布，作为与相关利益群体进行更详细磋商的一项活动。紧接着在2001年10月26日，召开了有更广范的利益群体代表参与的首次公开咨询研讨会，参加者包括几个非政府组织、企业代表、独立专家、学术团体、国际组织如 FAO 代表、林业工人、土著居民、森林认证倡议技术委员会的成员，以及来自国家标准研究所、农业和畜牧局、智利安全协会、智利林业局、智利林主协会、农业部、智利开发公司和林业研究所（INFOR）的技术代表。任务小组对这次咨询会的成果进行了认真整理，并依据收集到的反馈意见和建议对标准进行了再次修订。2002年1月又召开了第二次公开咨询会，该咨询活动结束后，重要问题全部修改完毕，修改后的标准递交高等委员会批准通过。

从上述活动可以看出，本标准是通过各种咨询过程来制定的。在这一过程中，反复征求了各利益相关者对标准草案的意见和建议。但是，标准的最终批准由高级委员会决定，各利益相关者并没有正式参与其中。

本标准以绩效为基础，但和大多数标准一样，其对经营体系有特定的要求。这些要求主要集中体现在经营规划、培训和标准执行人员的职责等方面。

认证方式

该体系最终将由那些依据 CertforChile 颁布的指导方针而获得智利国家标准学会认可的审核公司来使用，预计审核员的首次认可将在 2004 年进行。

作为一种过渡方式，高等委员会已经确定了颁发证书的程序，即依据有森林经营审核经验的审核公司的审查结果来进行。但审核小组必须包括已经接受 CertforChile 认证标准培训的成员。审核小组组长应是一名经验丰富的森林经营审核员，同时具备丰富的、以绩效为基础的森林认证审核经验。

1. 审核、报告和评估程序

审核员负责公司文件的核查和实地的业绩检查，同时要求每一个森林经营单位的审核都要进行广泛的利益相关者咨询活动。最后，按照预先确定的格式准备一份报告，并提交给 CertforChile 进行专家评审和评估。

2 名独立专家和进行认证的森林经营单位将对该报告进行修订，他们有权对报告中给定的分数和其他内容提出意见和建议。最终报告的修改参考这些意见和建议，审核小组必须公布最终报告，并决定是否推荐或拒绝对该森林经营单位进行认证。

每一项原则的平均分数达到 3 是森林经营单位进行认证所需的最小值，但同时要求任一原则或标准对应的指标不能为零分。并且如果有一项标准得分为 2，那么只有在森林经营单位承诺将修正所有主要不符合项的情况下才能进行认证。

2. 决策程序

高等委员会依据下列要求来颁发认证证书。首先，为了确保最高的可信度，高等委员会应根据多数人的意见进行决策；另外，证书和所附的报告必须完全公开；同时，鉴于这些证书将在国际市场上通行，因此这一过程还必须有国际审核员的参与和专家评审。

CertforChile 体系的所有权和管理由 CertforChile 的高等委员会负责。高等委员会有权也有责任来决定证书的颁发方式，同时也可以赋予自己颁发人工林经营 CertforChile 证书的权力。

为了确保这些证书具有国际可信度，在审核过程中审核小组应包括国际成员，尤其是审核小组组长应具备国际背景，并且具有担任其他森林经营认证体系审核组长的经历。

为了确保所颁发的证书不会影响 CertforChile 体系的声誉，所有的决策必须得到高等委员会的同意。

此外，决策时，为确保所有相关事项均被考虑，每一份认证报告都应当进行综合的专家评审，评审专家组必须包括一名国际专家和 2 名智利专家。

专家评审报告应返回给审核组长作为决策参考。

在报告递交给高等委员会进行决策之前，技术委员会成员应首先对所有的证据进行审查。但是为保持其独立性，专家评审报告不需经过技术委员会的审查。

高等委员会的秘书负责证书的管理并审核认证木材的贸易量。

磋商和公共信息的要求

CertforChile 审核程序要求审核员进行广泛的利益相关者咨询活动，审核员必须联系尽可能多的利益相关者。可以通过信件、电话或电子邮件进行联系。需要的话，所有的利益相关者都可以要求与审核员进行面谈。

CertforChile 要求通过认证的公司公开其森林经营规划的主要内容和监测结果，CertforChile 将在其网站上公布审核报告。

针对小规模林场主的规定

CertforChile 认为联合认证是独立认证的一种有效替代方式，因为对于中小型林主来说，独立认证的成本过高。

目前，已经制定出了 CertforChile 联合认证标准，为中小型林主通过认证提供了可能。从根本上来说，除了满足森林可持续经营的要求之外，联合认证体系使审核成本降低成为了可能。因为高额的审核成本会将许多小林主排除在认证产品市场之外。本标准适用于那些希望进行认证的中小型林主的森林。

联合认证允许开展同类活动的群体进行联合，并实施内部控制以减少外部核查强度，从而降低审核成本，这些核查活动是确认森林可持续经营标准是否得到遵循所必须的。

但是，联合认证可能无法为那些缺少内部控制体系或进行多种森林经营活动的林主节约资金，在这种情况下，调查的强度和认证报告的复杂性可能会远远超过可能节约的费用。

应当指出的是，每一个联合认证的成员都必须符合 CertforChile 标准的所有要求，成员之间不能共同分担标准在某些方面的责任。例如，每一个成员的森林中至少有 10% 保留了原生植被。

对于联合体及其成员在经营体系中应分担的责任，联合体内部可以有一定程度的灵活性。在某些情况下，联合体仅负责内部审核和认证检查的调控；但在另外一些情况下，联合体也可以承担进行经营活动的责任，包括体力工作。

联合认证体系需要重点考虑的是：确保每一位成员在森林经营中都保持同样的绩效水平，同时，必须向审核员提供相关证据来表明联合体的每一片森林都确实平等地遵循了该标准。

认可制度

1. 目前的制度

目前并没有正式的审核员认可体系。高等委员会规定：审核员应具有按照森林绩效标准进行认证审核的经验，并且具有国际背景；审核组长则应具有按照国际认可体系进行森林可持续经营审核的丰富经验。有关审核过程的最终决策将取决于高等委员会。

2. 未来的安排

将来审核员需要获得智利国家标准学会（INN）的认可。目前，INN 已经授权审核员对国际标准化组织（ISO）的一些标准进行审核。INN 采用的体系包括在认可之前首先对认证机构进行初步调查，并且通过一家代表 CertforChile 的公司对认证机构进行年度监测。目前，CertforChile 已经确定了标准对审核员的培训、经验以及审核小组组成的要求。

据说一些国际森林审核公司已经向 INN 申请并期望获得认可，预计 2004 年将有一些公司获得认可。只要有一家认证机构获得了 INN 的认可，那么上述的现有制度将失效。

现状

1. 认证面积

共有 92.69 万公顷的森林获得了认证。

其中包括：

（1）Bosques Arauco 公司（松树人工林）：257300hm^2；

（2）Celco 和 Cholguan 林业公司（松树人工林）：446100hm^2；

（3）Valdivia 林业公司（松树人工林）：223500hm^2。

2. 主要成绩

（1）2002 年 11 月，CertforChile 成为了泛欧认证委员会（现更名为森林认证认可计划体系）的成员；

（2）2004 年 2 月，PEFC 体系宣布启动公共咨询期来评估 CertforChile——智利国家森林认证体系。这是被评估的第一个非欧洲体系。

3. 规划

计划在 2004—2005 年制定针对天然林的森林认证标准。

产销监管链

已经制定出了产销监管链（CoC）认证标准。该标准获得了高级委员会的批准并进行了实地检验，内容包括产销监管链的常规程序。

产销监管链的主要目标是将认证木材与其生产的产品联系起来。为了达到这一目标并且将最终产品标注为认证产品（也就是说确保来源森林符合森林可持续经营的标准），与认证木材相关的每一个环节（从森林到流通渠道的零售商）都必须拥有产销监管链证书。

目前依据 CertforChile 标准对认证原材料进行认证，但是 CertforChile 也单方面地承认PEFC 和 FSC 体系。

CertforChile 的产销监管链标准采纳了世界公认的认证木材计算的 3 种主要形式：

（1）物理性分离；

（2）百分比进＝百分比出；

（3）百分比声明。

本标准在原则 3a、3b 和 3c 中明确了对这 3 种形式的要求。进行产销监管链认证的机构可以选择上述任何一种形式，但必须符合本标准规定的要求。同时，不能将这 3 种形式的木材原料随意混合。

普遍适用于这 3 种形式的内容，例如文件、记录、投入和产出程序等，请参见原则 1、原则 2 和原则 4。

在产销监管链标准中并没有习惯性地要求加工过程必须符合环境和社会的要求，但是CertforChile 在其原则 5 中采用权重因子，要求将环境影响（例如有毒废物和河流污染）和社会影响（例如童工、工人健康和安全）降至最低。

标签和标识

所有通过认证的公司都会获得 CertforChile 标识使用指南，内容包括正确使用该标识的规则和使用说明。

政治环境和展望

自 1999 年以来,智利在森林认证方面有两个主要的倡议,其中
CertforChile 体系已经得到政府以及大多数林业公司的支持;另一个体
系(ICEFI)目前还没有定论,它是采用一种参与式方法,着手致力于
天然林的经营认证,并得到了环境非政府组织,如 CODEFF 的支持。图1　CertforChile 的标识

具体来说,认证体系的主要支持者如下:

(1)政府:通过激烈竞争,CertforChile 赢得了政府的资助。政府认为森林认证的发展是
机遇和挑战并存,特别是在智利林产品非关税贸易壁垒和市场准入方面。

(2)林业人员:CORMA 完全支持 CertforChile 体系,因为该体系是针对本国森林经营的
标准。

(3)中立的非政府组织:这些非政府组织将森林认证看作是促进森林可持续性的一种市
场工具。

(4)学术界:大多数学术界人士都非常支持 CertforChile 体系,尤其是那些提倡社会参与
和主张将环境和生态理念融入森林经营活动中的年轻学者。

(5)工业部门:工业部门需要的是最可能实施的标准,要求能够根据当地的情况对标准
进行调整,同时有专门的管理机构来确保利益相关者的参与。

一些非政府组织对 CertforChile 体系也持有异议,他们将该体系的制定看作是为了与
FSC 竞争,并且他们不相信 CertforChile 标准能够充分解决其关注的问题。

最初,工业部门对认证体系持非常谨慎的态度,但随着 CertforChile 体系的制定,大多
数的认证体系已被接受。尤其是随着森林认证在智利的发展,许多公司在森林经营方面已经
取得了长足的进步,特别是对生物多样性和社会问题有了进一步的了解,针对这些问题还制
定出了专门的管理体系。因此,近年来非政府组织,例如 ICEFI 和 CERTFOR 变得更加热衷
于将两个体系(CertforChile 体系和 ICEFI 体系)联合起来,尤其是在天然林领域。

该体系的信息获取

如需了解更多的信息,请登陆 CertforChile 网站:www. certfor. org。

联系方式:

Aldo Cerda,执行秘书

电子邮件:acerda@ fundacionchile. cl

电话: + 56 2240 0328

Maria Ines Miranda,技术官员

电子邮件:mmiranda@ certfor. org

电话: + 56 2240 0349

(胡延杰　黄文彬 译　陆文明 校)

二、加拿大标准化协会(CSA)

体系类型

CSA 森林可持续经营标准,"CAN/CSA-Z809-02 可持续森林经营:要求和指南",是一套更加正式的根据加拿大的地域范围制定的国家标准,已经得到了加拿大标准化委员会(SCC)的批准。国家标准的地位意味着它完全符合加拿大的国家标准体系及其所有支持程序和要求,包括制定、实施和修订。

CAN/CSA-Z809-02 标准是北美地区唯一一套按照国际认可和批准的标准制定程序制定的森林可持续经营标准。该标准得到了加拿大国家一致性评估项目的进一步支持,允许审核员、认证机构和申请单位开展独立的第三方认证。

由于加拿大对森林可持续经营有三个主要的基本要求,CAN/CSA-Z809-02 标准包含三个独立的部分,共同构成 CSA 森林可持续经营的要求:即公众参与要求、绩效要求和森林可持续经营体系要求。CAN/CSA-Z809-02 标准是由加拿大森林部长委员会在国际赫尔辛基进程和蒙特例尔进程的基础上,结合加拿大本国的森林可持续经营标准制定的。

该标准列出了森林经营者必须遵循的一些要求,以便向消费者和公众表明森林经营采取了负责任的和可持续的方式。

应用范围

在加拿大,94% 的森林由联邦和省政府负责管理。CAN/CSA-Z809-02 标准适用于加拿大所有的森林类型、森林权属和经营规模。根据标准的要求,该标准的适用范围是确定的森林区域(DFA)即具体的森林区域,包括林地和水域面积(不论所有权或使用权)。确定的森林面积是指那些通过 CAN/CSA-Z809 标准认证的林地面积。

创立日期和发展历史

作为一个国际认可和批准的标准制定组织,CSA 是由省级和联邦政府机构、加拿大林业企业、科研人员和其他利益方于 1993 年成立的,目的是为加拿大制定可信的森林可持续经营标准。根据国家标准的要求,1993 年成立了森林可持续经营技术委员会(SFM TC),由 32 名成员组成各方利益均衡的团体来制定 CSA 森林可持续经营标准。1996 年 10 月,通过森林可持续经营技术委员会的工作,CSA 出版了两套加拿大国家标准:《森林可持续经营体系:说明文件》(CAN/CSA-Z809-96)和《森林可持续经营体系:指南文件》(CAN/CSA-Z809-96)。

所有的加拿大国家标准都要求每 5 年进行一次评审。2000 年,CSA 和森林可持续经营技术委员会开始了对 CAN/CSA 森林可持续经营标准的修订程序。2002 年, 标准修订版作为一个文件进行出版, 命名为《森林可持续经营: 要求和指南》(CAN/CSA-Z809-02)。2003 年, 该文件被再次确定为加拿大国家标准。

加拿大森林在提高生活质量、维持环境完整性、供应纸张和建筑材料及其他林产品方面都具有重要的贡献, 其影响不仅限于国内。在加拿大, 这些森林由加拿大公民所有, 加拿大拥有多种森林类型和独特的生态环境, 有数百个依赖森林生存的社区。

CSA 建立于 1919 年, 在制定统一的标准方面具有久远而丰富的历史渊源。在 80 多年的时间里, CSA 的标准及其认证产品已经对全世界产生了积极的影响。正因为如此, CSA 与加拿大对森林可持续经营感兴趣的广泛利益方合作, 共同制定 CAN/CSA-Z809 标准和林产品市场项目。

在加拿大, 各省都有关于森林保护、保持和可持续经营方面的严格立法和政策。这个法律框架根据加拿大的森林经营状况而持续改进。除了使用法律法规的工具之外, 森林经营单位还从使用自愿的工具中获益, 例如, CAN/CSA-Z809 标准帮助他们实现森林可持续经营的目标。该标准为森林经营单位提供一个持续改进森林经营绩效、鼓励各利益团体关注公众参与的体系。

结构和管理

CSA SFM TC 在标准制定过程中得到了来自公众咨询的支持, CSA 标准制定者负责起草标准并在标准完成后出版。依照顺序, 加拿大标准化委员会通过批准 CSA 标准作为加拿大国家标准, 最终赋予其一个较高的地位。

CSA SFM TC 的成员是由 CSA 和技术委员会主席根据 CSA 利益方均衡的要求选出来的。能够确保所有的社会部门都有代表参与, 没有任何一个团体能够控制文件的技术要求。

该标准是采用 CSA 认可的一致性程序制定的。在这里, "一致性"意味着"充分一致, 而非全体一致"。除了数字上的要求之外, 该程序还要求对所有的反对意见进行评论和解决。

技术委员会的组织结构包括来自所有主要利益方团体的代表。为了确保不让某个利益方团体控制投票结果, 要合理地平衡每类投票成员的最多和最少人数。

除了 5 年一次的正式标准评审, 如果任何机构有解释标准的要求, CSA SFM TC 的一个二级委员会就会查看所收到的解释标准的要求并反馈意见, 然后将其提交给 CSA SFM TC 进行评审和批准。如果得到批准, 提出这个要求的人就会看到这个解释, 其他的使用者也会知晓, 加拿大标准化委员会也会通知所有认可的认证机构去了解这个解释以便确保他们在审核过程中包含这个新的信息。另外, 所有更新的信息和新闻也都要发布在 CSA 林产品集团的网站上: www. certifiedwood. csa. ca。

CSA 项目经理负责对标准进行管理, 例如回答疑问和会见利益方以解决有关的问题。

标准

根据 CSA 标准制定的要求, 成立了 CSA SFM TC 来起草标准。CSA SFM TC 有四个议事组, 即科研/专业/实践部门、一般的利益方/环境团体、政府/管理机构和商业利益方, 四个议事组须达到矩阵式平衡。

1996 年 CSA SFM TC 全体投票表示接受标准, 即 CAN/CSA 809-96(要求)和 CAN/CSA

Z808-96（指南）。同年10月，CSA森林可持续经营标准得到批准并作为加拿大国家标准正式出版。

正如上面所提到的，所有的加拿大国家标准都要求每5年进行一次评审。2002年12月，CSA SFM TC完成了对CAN/CSA-Z809-96和CAN/CSA-Z808-96为期18个月的评审，包括公众咨询和公开评审周期。强制评审的目的是采纳新的和当前的研究和实施经验，持续改进标准的内容和适用性。

2003年7月，CSA SFM TC不仅一致批准了标准CAN/CSA-Z809-02的修订版，加拿大标准化委员会还批准其作为加拿大森林可持续经营国家标准。通过评审过程，大家更清楚地认识到合理的森林经营应该成为加拿大森林可持续经营的基础。为了建立起合理的森林经营与森林认证之间的联系，需要有三个主要的要求：公众参与要求、绩效要求和体系要求。

这三个主要的要求被作为CSA-Z809-02标准中CSA森林可持续经营的要求，并且每个要求都在标准的特定章节中提出来。因此，CSA森林可持续经营标准是以严格的公众参与程序、国家森林可持续经营标准和支持要素以及ISO 14001体系要求为基础的。

通过5年的实践，加拿大的森林经营者清楚地认识到管理体系例如ISO 14001是强有力的工具。由于认识到这一点，CAN/CSA-Z809-02标准与ISO 14001标准保持一致的。关键是要有一个管理体系来帮助持续地履行CSA森林可持续经营的要求。对管理体系的要求可以看作是通过系统的方法来实现公众参与和绩效要求的途径，并最终可以促进合理的森林经营和持续改进。

正是这三个要求的结合使CSA森林可持续经营标准不同于其他现有的森林经营标准。

CAN/CSA Z809-02标准的绩效要求是以加拿大森林部长委员会（CCFM）的森林可持续经营标准、要素和指标为基础的。CCFM的森林可持续经营标准和要素是与蒙特利尔进程和赫尔辛基进程完全一致的，都得到了世界各国政府的认可。我们有理由相信CCFM的标准及其支持要素代表了被广泛接受的加拿大森林价值的最佳实践。

在CAN/CSA Z809-02标准中，CCFM森林可持续经营标准被全部采纳，但对要素进行了适当的修改以适用于确定森林区域（DFA）水平上的需要，并已成为CSA森林可持续经营的要素。

CAN/CSA Z809-02标准通过三种基于绩效的方法，解决了大量与森林可持续经营有关的问题。首先，强制性的CCFM标准和相关的CSA森林可持续经营要素必须采取公众参与和价值、目标、指标、对象（VOIT）的一套程序应用于确定的森林区域（DFA）。例如，CSA森林可持续经营要素1.4，保护区和具有特殊生态意义的地点，要求森林经营单位在确定的森林面积范围内考虑保护区和具有特殊生态意义的地点，实施合适的经营战略，对其进行长期维持和保护。这些战略是通过有关的价值以及与保护区和具有生态意义的地点有关的基本目标、指标和对象的应用而确定的。

标准5.4（vi）部分允许任何个人或利益群体提出在确定的森林区域上与森林可持续经营有关的价值或问题。这些问题必须通过标准中提供的一种或几种方法，并通过公众参与程序来解决。

标准还要求森林经营单位通过一个绩效矩阵来清楚地确定、设立和记录对确定森林区域的绩效要求。该矩阵必须通过公众参与程序来完成；必须说明CCFM标准在确定森林区域水平上的应用、CSA森林可持续经营要素、价值、目标、指标和对象（VOITs）、对象的依据、法律要求、达到目标和对象的含义、监测和测量要求和可接受的差异水平。该矩阵将成为以透明和公开的方式对森林经营单位的可持续经营绩效进行交流的重要工具。

认证方式

认证(注册)是由加拿大标准化委员会认可的认证机构来开展的。当前认可的认证机构名单可以在加拿大标准化委员会网站(www. scc. ca)上查到。

CAN/CSA Z809-02 标准认证是授予那些满足标准要求并成功通过审核的"确定森林区域"。确定森林区域即明确的森林区域,包括林地和水域面积(不论所有权或使用权),基于区域或地区开展 CAN/CSA Z809-02 标准认证。认证的申请者或持有者可以是个人、组织(例如,一个公司)或所有满足标准要求的森林经营单位的联合体。

所有评估小组组长和审核员都要求满足 ISO 19001 和 CSA PLUS1134 标准。小组中必须有一位注册的林业专业人员(RPF)或持有加拿大环境审计协会(CEAA)颁发的加拿大环境审计(CEA)(森林可持续经营)特派函的人员。SCC 是环境管理体系(EMS)的审核员,认证机构依据 ISO/IEC 指南 66 授权加拿大环境审计协会(CEAA)及其批准的环境管理体系(EMS)审核员。另外,CEAA 批准的森林可持续经营审核员要持有批准的环境审核员(CEA)特派函(森林可持续经营)。

磋商和公众信息的要求

CSA 要求标准制定过程要有广泛的公众参与。最初的标准出版要采用 CSA 管理的公开程序,进行数年的讨论和相关工作。另外,在加拿大通过分发 1500 多份标准草案进行广泛咨询,引起了广大利益方的兴趣。之后,又在蒙特利尔、多伦多和温哥华召开公开会议进一步征求意见。2000 年,CSA 再次征求公众的意见,并结合各方意见对标准原稿进行改进。

标准本身也高度强调公众参与的要求。实际上,标准要求森林经营单位寻求全面的、持续的公众参与,与当地社区的原住居民合作。公众确定森林对环境、社会和经济方面的特殊重要性的价值。公众也参与森林规划过程,与森林经营单位共同确定和选择森林可持续经营的目标、指标和对象,以确保这些价值得到实现。标准关于公众参与要求是当今全球认证标准中最严格的要求之一。由于加拿大的森林主要是国有林,因此,加拿大森林认证标准中包含公众广泛参与森林经营方案制定过程的要求是至关重要的。森林经营满足标准中关于森林可持续经营要求的前提条件是森林经营单位和当地社区之间要建立起良好的关系。

审核期间,审核员要对标准的所有公众参与要求的执行情况进行核实。这可以通过多种方式,包括(但不限于)随机电话联系公众参与程序的参与者,在定期会议期间观察公众咨询小组,秘密会见公众咨询小组成员。最后,标准要求所有的森林可持续经营方案和评估报告要对外公布。加拿大通过认证的森林公布在网站(www. CertificationCanada. org)上进行维持和更新。

针对小规模森林所有者的规定

CAN/CSA-Z809-02 标准适用于加拿大国家所有的森林权属和森林类型。作为持续改进程序的一部分,CSA SFM TC 定期对标准的内容和质量进行更新以反映科学的进展和标准应用过程中积累的经验。标准在各种森林权属(包括私有林)的适用性是 CSA SFM TC 承诺加强的地方。

认可制度

加拿大标准委员会(SCC)认可标准制定机构，如 CSA。实际上，SCC 对 CAN/CSA-Z809-96 和后来的 2002 版的标准制定过程都进行了监督。SCC 还对在 CAN/CSA 森林可持续经营系列标准下注册的认证机构进行了批准。

另外，SCC 也认可认证机构，例如，加拿大环境审计协会(CEAA)。再由认证机构如 CEAA 决定审核员的雇佣或由认证机构聘请审核员，按照 CAN/CSA-Z809-02 开展审核工作。

现状

2003 年 12 月 31 日，加拿大通过 CAN/CSA-Z809 标准认证的森林达到 2840 万公顷。在加拿大，CAN/CSA-Z809 标准是森林认证的主要标准，预计到 2006 年底，将有 7170 万公顷的森林通过该标准的认证。

产销监管链

2001 年，为适应来自广大利益方的要求，建立起 CAN/CSA-Z809 和林产品与消费者之间的联系，创立了 CSA 森林可持续经营计划的产销监管链和森林可持续经营标准要求。一旦森林经营满足了森林可持续经营的原则要求，下一步的工作自然就是加强来自 CAN/CSA-Z809 标准认证森林的林产品的认可和推广。

现在，CSA 产销监管链的要求在市场上是最严格和最可信的。CSA PLUS1163 列出了这些要求，详见《来源于通过 CAN/CSA-Z809 标准认证的确定森林区域的林产品的产销监管链》。除了一些关键要求，例如检验原材料来源和存货监测与控制，CSA 产销监管链还包括环境管理和产品声明方面的要求。CSA 产销监管链计划是唯一包括这些要求的产销监管链体系，它相信认证的林产品应该通过对环境负责的方法来生产。

产销监管链计划通过 CSA 国际林产品集团进行管理和推广。当前，已经有覆盖 78 个地区的 44 家企业通过了产销监管链认证，还有一些企业的认证程序正在进行。一旦森林经营单位通过了 CSA PLUS1163 的认证，它就会选择申请在其产品上使用 CSA 国际森林可持续经营标签。

2001 年 7 月，CSA 国际林产品集团创立了林产品标签计划。在该计划下，CSA 国际林产品集团为森林经营单位提供了通过产销监管链和产品标签进一步证明其对森林可持续经营承诺的机会，参见图 2。

在林产品和木质产品制造过程中，可能会有一个或几个阶段涉及到从树木转变成最终产品的过程。经过这个转变过程，认证产品的所有权可能会发生几次变化。这些转变或所有权的变化被称为从森林到消费者的产销监管链的环节。这些环节的例子可能包括确定森林区域、运输方式(运输工具例如卡车、轮船、铁路)、使用认证林产品的生产设备(初级、二级、再制造、附加值)、重新包装认证林产品的店铺和仓库、与林产品没有直接关系但在一段时间内拥有所有权的贸易商/经纪公司。

产销监管链的范围由经营单位来确定。通常产销监管链包含认证林产品从经营单位拥有所有权或控制权的环节到产品流通链条的下一个环节，或到最终消费者。

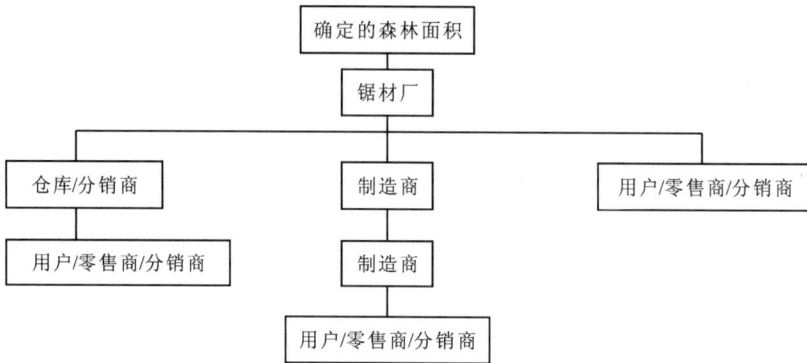

图2 加拿大标准化协会林产品产销监管链

认证林产品有多种形式。包括(但不限于)以下形式：

(1)传统林产品，如原木、锯材或胶合板；

(2)副产品或加工及再加工过程中的剩余物，如木片和锯屑；

(3)再加工的产品，如纸浆和锯材；

(4)最终消费产品，如锯材；

(5)复合产品，如纸、门、窗框和家具；

(6)非传统林产品，如蓝莓、蘑菇或圣诞树。

标签和标识

2001年，CSA国际为生产认证林产品的企业创造了一种新的标签，这些企业的原料来自经过CAN/CSA-Z809认证的森林木材，并通过认证的CSA PLUS 1163产销监管链跟踪。CSA森林可持续经营标签上有松类和落叶树种的图案，以及CSA标识。

CSA国际的林产品标签计划拥有数十年的产品标签知识和经验，并与森林可持续经营相结合。CSA森林可持续经营标签可以向消费者表明贴有该标签的林产品是来自经过CAN/CSA-Z809认证的森林，并经过独立的产销监管链的审核。这就为林产品的供应商和采购商创造了一个良好的机会来证明和宣传他们对于森林可持续经营的承诺。

在CSA国际林产品标签计划框架下，有三种产品标签方法(图3~5)。这些方案是基于认证林产品的存货管理方式决定的。

图3 方案1：实木的最小平均百分比体系

该方法的前提条件是：只有在投入到一批产品生产中的认证原材料（来源于通过 Z809 认证的森林）的数量达到或超过所设定的最小平均阈值的情况下，这批产品才能贴上 CSA 森林可持续经营标签。应用 CSA 森林可持续经营标签的要求是，认证木材原材料（来源于通过 Z809 认证的森林）的最小平均投入量达到 70%（体积或重量）。另外，没有木材原材料（包括投入的其他木材原材料）来自有争议的地方。这个标签就可以出现在产品或包装上。

图 4　方案 2：复合产品的最小平均百分比体系

该方法的前提条件是，只有在投入到一批产品生产中的认证原材料（来源于通过 Z809 认证的森林）的数量达到或超过所设定的最小平均阈值的情况下，这批产品才能贴上 CSA 森林可持续经营标签。应用 CSA 森林可持续经营标签的要求是，认证木材原材料（来源于通过 Z809 认证的森林）的最小平均投入量达到 70%（体积或重量）。另外，没有木材原材料（包括投入的其他木材原材料）来自有争议的地方。这个标签就可以出现在产品或包装上。

图 5　方案 3：物理分离（隔离）

使用这种方法时，收到认证木材、木材原材料及木材产品后要对其进行清楚的标记或物理分离，另外，还要保证认证原材料在运输、搬运、加工、生产或再生产的整个过程中始终清楚地保持认证的身份。这个标签要出现在产品或包装上。

政治环境和展望

主要支持者：现在，越来越多的国家和国际采购商在其采购政策中特别指明优先采购"经过认证的"的林产品。这种需求的增加有几个方面的原因。一些采购商承诺作为对社会和环境负责任的领先者，希望通过其采购政策和实际操作履行其承诺；另一些采购商则只是对其利益相关者期望的一种简单回应；还有一些集团是迫于压力和威胁、或者面临被抗议以及其他负面的影响，通过采取环境保护行动来清理其供应链。

从日益增加的优先采购认证产品的采购政策清单上，可以看到这种全球范围内优先采购政策和重点的转变。从根本上说，购买者是在寻找一种保证，即他们采购的产品是来自经过认证的森林。不考虑其动机，一个清晰的趋势在市场上浮现出来：加拿大林产品的采购者越来越多地寻找认证的产品。这一趋势从近期 IBM 商务咨询服务报告《不列颠哥伦比亚省林产品市场的绿色趋势》中已经得到确认，报告指出"有明显证据表明林产品市场上有一种绿色趋势，包括来自不列颠哥伦比亚省的林产品，这种绿色趋势是真实存在的，购买者相信这种趋势会继续。我们相信如果林区和生产者没有采购相应对策的话，将会面临负面的影响"。

随着接受通过 CSA 森林可持续经营项目认证的林产品的机构数量持续增加，CSA 森林可持续经营标准正不断满足购买者采购政策的需要。例如，接受 CSA 森林可持续经营标准以满足认证需求的机构有：

(1) 84 Lumbers；

(2) 安得森窗户；

(3) 时代华纳；

(4) 森泰斯住宅；

(5) 霍马克卡片；

(6) Lowe's；

(7) 马斯克壁橱；

(8) Masterbrand 壁橱；

(9) McCoy's；

(10) 汤普森旅行用品；

(11) Office Depot；

(12) Pella 窗户；

(13) Staples；

(14) Wickes Lumbers。

该体系的信息获取

关于 CSA SFM 更多的信息可以免费登录 CSA 网站（www. certifiedwood. csa. ca）获取。

联系方式：

CSA 国际森林产品委员会

90 Burnhamthorpe Road，Suite 402

Mississauga，Ontario，Canada

L5B 3C3

Email：csawood@ csa-international. org

Tel：+905 – 275 – 0284 or +866 – CSA-WOOD

Fax：+905 – 272 – 2491

（王香奕 译　王虹 校）

三、森林管理委员会(FSC)

体系类型

森林管理委员会(FSC)是一个独立的、非营利性的非政府组织,作为一个由会员组成的联合会(Associación Civil, or AC)在墨西哥注册,其成员包括来自全球范围的环境、社会、木材贸易、林业专业人士、原住居民组织、社区林业团体和森林产品认证机构。采用国际性的运作模式,由位于波恩的 FSC 总部以及全球范围的国家倡议来提供服务。FSC 为独立的认证机构提供国际性认可,并提供一个林产品标签体系,作为来自良好经营的林产品的一个可信赖的证明,即这个森林能够满足 FSC 的森林经营标准,也就是 FSC 的原则和标准(P&C)。

应用范围

FSC 体系适用于国际范围,各个国家的认证机构都可以申请认可,世界各地的森林管理和加工企业可以要求具有国际认可的机构获得 FSC 认证。森林管理的原则和标准适用于生产性的热带、温带、北方森林或人工林,没有任何差别。

创立时间和发展历史

20 世纪 80 年代,毁林列入环境组织的工作日程,尤其是在英国。1985 年,地球之友(FoE)发起了第一个关于毁林的消费者森林运动,包括对抵制那些销售来自皆伐的热带木材林产品的零售商,或者是来自不能替代的择伐的林产品。同年,世界自然基金会(WWF-International)招聘了第一位森林保护官员,开展热带林政策方面的有关行动。

消费者公众意识的提高,引导零售商开始关注毁林问题。英国的百安居集团(B&Q)领导了这个潮流并修订了其采购政策,FSC 后来执行总裁 Timothy Synnott 被聘为顾问来帮助制定这一新政策。通过鼓励众多当地的环境组织如 WWF、地球之友、雨林行动(RAG),以及供应商和参与木材贸易的集团,百安居和 Synnott 开展了木材来源研究的第一个项目,但这仅仅是一个独立的事件。

木材使用者、贸易商、环境组织和人权代表在 1990 年 3 月齐聚加利福尼亚,认识到需要一个诚实可信的体系来识别良好经营的森林,使其成为良好林产品的来源。会议得出结论:该体系应包含关于良好经营的森林的全球统一认识,森林经营的独立审核和一个全球伞形组织。FSC 的名称由此产生。

1991 年,认证工作组聚集在美国的旧金山讨论不同机构都能够遵从的认证标准,这个标准需要一个固定的目标，使得认证项目能够进行监测，既保护公众的利益也能保护认证产品，同时需要一些机构能够具体来执行。认证工作组成员来自 11 个国家的 30 个机构。该工作组推动了 FSC 的成立和发展。同年在 WWF-UK 的引导下，第一个采购商团体成立。

1992 年联合国环境与发展大会又称 UNCED 地球峰会在里约热内卢召开。UNCED 将森林原则应用于自然资源，主张森林资源和林地应当被可持续地经营以满足当代和后代社会、经济、生态、文化和精神的需要。

1993 年 9 月 130 位来自全球的代表聚集在加拿大的多伦多，参加了 FSC 成立大会。与会代表秉承了由尽可能广泛的权益相关者共同确定的里约森林可持续发展理念。

1993 年 10 月就创立 FSC 达成协议。1994 年 8 月，最终确定的原则和指标以及理事会条例，获得创立 FSC 的成员投票一致同意和批准通过。同年，FSC 秘书处在墨西哥的瓦哈卡成立，Timothy Synnott 受聘为第一任执行主任，墨西哥以外的首个国家代表处是 1995 年在英国成立的，批准了国家倡议第一阶段的联系人。

1996 年，按照 FSC 墨西哥的法律成为一个法人实体；制定了针对人工林的第 10 个原则；首个 FSC 认证产品出现在英国的市场上；四个认证机构（科学认证体系 SCS、SGS 林业 Qualifor 项目、雨林联盟 SmartWood 项目和土壤联合会）获得了 FSC 的认可，可以进行世界范围的森林管理和产销监管链认证。为小规模林地认证（联合认证）探索的新途径在 FSC 大会上通过。

1997 年，FSC 董事会批准了"基于百分比声明的政策"，公开认可 FSC 认证的原材料含量不足 100% 的产品。

1998 年，批准瑞士 FSC 标准，即第一个 FSC 国家标准获得通过。同年晚些时候，通过了对小规模林地的联合认证的政策。

1999 年，在墨西哥召开的 FSC 会员大会第二阶段会议上批准了对原则 9 的修改和对联合标准 6.10 和 10.9 的补充，对"预防机制"给出定义，同年年底签署了第 10 个认可合同。

2000 年，另外三个认证机构被认可，七个国家倡议被批准，德国的认证标准被通过，制定和细化了一批主要政策，又增加了 100 个新成员。

2001 年 9 月，产销监管链联合认证政策起草稿征求意见，11 月 FSC 收到了瑞士 Göteborg 市颁发的国际环境奖。

2002 年，第三届 FSC 大会在墨西哥的瓦哈卡举办，来自 44 个国家的 200 多位代表参加了大会。

根据一项管理队伍改革的建议，2003 年年初 FSC 总部由墨西哥迁址到德国的伯恩。年底，4000 万公顷的森林通过 FSC 森林经营标准的认定。

结构和管理

FSC 是一个会员组织，通过由个成员和成员机构指定的代表参加的全体大会做出决策。全体大会是 FSC 最高的管理机构——由 FSC 理事会主席作为大会主席。

大会分成三个议事组：社会、环境和经济议事组，分别代表着三分之一的投票权，议事组的设立是为了维持不同利益方投票权的平衡，而不必限制每个议事组的人数。每个议事组的票数依其成员进行平等的划分。在国际层面，每个议事组进一步分成两个分组：南方和北方，分别拥有 50% 的投票权。按照联合国的规定，北方组由高收入的国家组成，南方组由低、中和中高收入的国家组成。每个分组中各个人会员的投票权限制在该分组总投票权的10%，这也体现了没有限制准入而实现投票权的平衡。

大会的决定是通过占全体成员法定人数的66%的赞成票情况下做出的。在FSC，森林工业部门、私有林主是与零售商、认证机构、咨询专家和其他经济体分在经济组中，因此林地所有者和其他经济体共同占有FSC三分之一的投票权。

具体运作时，理事会执行主任和工作人员从事日常工作，并向成员选举出的理事会负责。另外，一些理事会任命的委员会也帮助开展管理方面的工作，例如执行委员会和争议解决委员会，他们处理争议，例如关于认证评判或者认证企业的行为等方面的问题。

考虑到大会的形式是三个议事组并分别划分成南方和北方两个分组，因此理事会由9人组成，他们是由成员每3年选举一次产生的。为了确保其连续性，每个日历年有三个理事退休，然后通过邮寄式投票或大会选举来产生新理事。

理事可以是FSC的个人会员或者是会员机构委派的代表，他们在理事会讨论时代表着分议事组（如南方或北方）的观点和关注的内容，而不是简单地代表其所服务机构的观点。被某个成员机构委派的理事是不能被该机构的其他代表所替换的。如果一个理事离开了FSC的成员机构而成为另一个相同议事组（分议事组）机构的人员，在征得两个机构书面同意的情况下，该理事仍可以保留在理事会中。如果该理事加入了属于其他议事组的机构，他必须辞去理事的职务。FSC没有承诺商业利益，认证机构和工业联合会在理事会没有代表。

在每年的第一次会议上，理事会通过大多数投票的方式选举主席和副主席，也同时选举出财务总管和秘书。理事会通过寻求一致意见做出决定。如果不能达成共识，就要通过投票做出决定。通常需要六人同意才行，理事会的法定会议人数至少要7人。

在国际层面之下，FSC通过国家倡议开展活动。国家倡议的主要目的是：
（1）在本地和区域范围内推动FSC及其使命；
（2）扩大FSC的接触面和为本地接触的程度；
（3）鼓励当地组织的积极参与；
（4）制定和验证国家森林管理标准；
（5）和国际成员能有效地工作；
（6）支持认证活动的成功实施并进行监督。

标准制定

1. 发展

1991年一个工作组相聚旧金山，讨论不同机构都可以使用的认证标准，该认证工作组成员分别来自11个国家的30个机构。他们要求采用相对稳定的"客观性"监测认证项目，既保护普通的生产者也保护认证生产者。这些需要某种类型的机构来实施。

1993年森林管理委员会（FSC）成立；1994年9月，创立FSC的成员和理事会一道正式决定并批准了第一版FSC森林管理的原则和标准，当时仅有原则1—9，原则10于1996年2月由FSC成员和理事会批准通过。1999年1月修订后的原则9和标准6.10和10.9通过FSC成员和理事会的批准。

今天的原则和标准含有10个原则和56个标准。

2. 框架和可操作的森林管理标准

原则和标准本身并是为实地认证活动所设计的,但它是一个包罗万象的全面的原则,要求在实地操作时被解释和采纳使之可操作。这样做的目的是为各地的森林经营标准提供一致的框架,并确保森林认证在全球范围内取得一致的结果。

尽管原则和标准适用于全球性的,但是森林经营标准是国家的、区域的和地方性的。有两种类型的标准:一个是认证机构的临时性标准,是在国家或区域标准还没有被认可之前使用的;另一个则是由国家工作组制定的国家、区域和地方性的标准。两种类型的标准由 FSC 理事会按照是否遵从全球性原则和标准予以批准。一旦国家或区域的标准被 FSC 批准通过,所有当地和国际的认证机构,要在认证过程中使用这些标准。

对于这些国家和区域的标准,FSC 要求有证据证明:三个议事组(社会、经济、环境)及其相应的工作组参与到标准的制定过程中,并经过了广泛的咨询。同时,它与其他类似的或相邻区域的标准是相协调的。国家/区域的标准应定期评估(每 3~5 年),在必要的时候进行修订。

3. 基于绩效的标准

FSC 是基于绩效的认证体系,例如生物多样性问题(包括保护地)、认可和尊重原住居民的权利、利益平等共享、杀虫剂和遗传改良材料(GMOs)的使用等,在所有 FSC 批准的标准中都必须有明确条款。

认证方式

所有的认证是由独立的认证机构(第三方认证)进行全球性的评估,这些认证机构必须履行了全面的评估过程,并且获得 FSC 认可的。那些负责森林资源管理的实体(个人、企业、机构、联合会和行政单位),具有管理相关森林企业或林地的合法地位,才有资格开展认证。一个例外是,小规模林地所有者的联合认证是由一个法律实体机构牵头,通常作为这些联合认证的代表机构来进行认证的。在这种情况下,群体各成员和进行认证的法律实体间应有清晰的合同,并且要求有对这样的群体进行管理的规定。

FSC 要求评估小组具有足够资质的人员来评估拟认证森林的社会、环境和经济影响,确保遵从 FSC 的原则和标准。最低要求是至少要有一位成员具备这些经验和技能。

通常认证机构每个评估组的成员必须具有:

(1)拟评估国家的工作经验;

(2)拟评估国家的语言知识。

此外,针对森林管理经营机构的评估,认证机构评估组的一些成员应具备以下方面的知识:

(1)拟评估的森林正在采用的森林经营体系(包括营造林);

(2)当地森林的状况。

对于产销监管链的评估,评估组的一些成员应:

(1)接受过产销监管链认证培训,例如国家认证机构联合会或者专业的质量保证公司所提供的培训;

(2)指定的室内培训。

基于 FSC 标准的认证审核由以下要素组成:

（1）文件审阅，通常是审核机构对办公场所进行考察期间进行的；

（2）外业考察，了解各种森林作业以及其他地点实际执行计划的情况；

（3）访谈，审核小组将进行广泛的访谈，包括与工作人员、合同方、权益相关者的访谈，收集相关的背景信息。

审核是由评估小组或者 FSC 授权的认证机构的审核员来进行的，并完成该审核机构的评估报告。在做出最后认证结论之前，FSC 要求对评估报告进行技术评审，由至少两位无利益关系的、可信赖的、具备对报告的质量进行分析的、有能力的专家进行。另外，认证机构必须就根据同行评审进行考察和记录采取的改正行动和措施。

一旦认证发布，在认证机构指定的时间期限内是有效的，但通常不超过 5 年。要求进行年度审核，包括现地和办公室的考察，以确保继续遵从认证的标准，并实施监督。

磋商和公众信息方面的要求

FSC 的标准是通过参与式过程制定的，在面向公众的国家或区域标准制定过程中，需要环境、经济和社会机构的参与，以及各机构的成员单位和其他利益相关者的参与。除了标准的制定以外，权益相关者的咨询也是认证过程的一个重要组成部分。尽管需要对一些信息进行保密，但是 FSC 认证要求公众公开一系列文件摘要，包括认证评估报告、被认证机构的管理计划以及被认证的森林定期监测的结果。

（1）FSC 要求认证机构在认证审核前 30 天向权益相关者公布拟进行认证的计划。

（2）审核期间，FSC 需要向权益相关者、专家和利益方开展广泛的咨询和协商。

（3）授予认证证书需要认证机构向公众公开报告摘要。报告的内容参照 FSC 的要求，除了一些规定的内容，摘要必须说明对权益相关者的意见是如何考虑的，并给出认证是在哪些"条件"下授予的。摘要必须在认证机构的网站上公开，摘要和评估报告还要提交 FSC 总部备案。

（4）获得认证的土地所有者必须应要求提供森林经营方案中主要内容的综述，以及对经营方案产生影响的监测结果。

最后，FSC 要求认证机构将 FSC 就认证机构的认可报告摘要对公众公开，并应包含要求提供的各类信息。同样地，FSC 每年公布所有认可的认证机构的更新信息。

针对小规模林场主的规定

到目前为止，FSC 已从两方面推进了小规模林场主参与认证：

（1）鼓励国家工作组专门针对小规模林场主制定森林管理标准的指标（适合森林经营的规模和强度，例如，环境影响评价、濒危物种的安全、保护地、经营方案和监测强度、高保护价值森林的评价）。

（2）从 1998 年开始开展的联合认证，使得：

①降低了每个成员的评估成本；

②降低了规划、管理和其他实施成本；

③增加进入新市场的机会；

④增加群体中各成员培训和教育的机会。

通过目前小规模的和集约化经营程度低的森林（SLIMF）项目，FSC 意在进一步推动小规

模林场主的认证,例如,SLIMF 有助于解决下列问题:

(1)认证的成本;

(2)对认证信息的需求;

(3)对认证标准解释的需求和明确获得认证所需要的事项;

(4)对更加灵活的评估体系的需要。

一些认证机构已经为小规模林场主引入了特别的机制,例如 SGS 的小规模林场主体系(SES),是专门设计的、用来降低小规模林场主认证成本的体系。

认可制度

认可过程和对获得认可的认证机构的管理是 FSC 的内部事务。FSC 授权认证机构开展两种类型的认证:一种是森林经营认证,是独立的第三方森林经营的认证,依照是否遵从 FSC 有关森林经营的原则和标准中的环境、社会和经济标准来进行认证。第二种是产销监管链认证,是对从森林到林产品的物资流动过程的验证,从加工商和贸易商,直至最终用户。

FSC 具有一整套的内部认可过程,适用于全球,具体又分为初期内部评估和年度监测。这一程序建立在国际标准化组织(ISO)体系的基础上,但在运作过程中受到 FSC 董事会的监督。对希望提供经 FSC 批准的森林经营和产销监管链认证服务的公司或非营利机构,FSC 的认可过程是强制性的,而且 FSC 有一整套完善、明确的关于获得和保护认可资格的要求。鉴于一个国家标准的开发和是否为 FSC 接受,认证员可以使用临时性 FSC 标准,也要经 FSC 总部批准。

认可合同有效期 5 年,并需要年度审核。合同要符合以下条件:

(1)支付 FSC 的各项费用;

(2)遵从 FSC 的年度审核要求;

(3)遵从 FSC 整改行动要求(CARs);

(4)遵从 FSC 专业方法;

(5)遵从合同指定的其他义务。

针对获得认可的认证机构的年度审核包括由 FSC 工作人员在认证机构办公室开展的年度报告审核,以及在认可的范围内对每一种类型认证的认可证书持有者进行至少一个外业和一个内业的审核。如果认证机构签发了大量的认证或者有对认证机构的投诉,审核的内容就会更多一些。

将来 FSC 总部的认可业务部门将会以一个独立的机构进行运作,从而确保标准设立过程和认可体系完全分离,这也符合 ISO 的相关规定。

当前的状况

表 1 显示了 FSC 认证 2003 年 12 月 31 日前的状况。

表 1　**FSC 认证的状况**（截止到 2003 年 12 月 31 日）

森林经营管理认证的面积	40422684 公顷
森林经营管理认证	569 个
产销监管链认证	2853 个
拥有森林经营管理认证和/或产销监管链认证的国家	72 个
认可的认证机构	12 个
订可的国家倡议	32 个
国家/区域 FSC 标准获得批准的国家	9 个
区域办公室（非洲、亚洲、欧洲、拉丁美洲）	4 个
FSC 成员（国家）	561（61）个

产销监管链

　　FSC 要求产销监管链认证与森林经营认证是分开的。如果机构希望在其产品的不同阶段使用 FSC 的标识，即从收获开始到最终产品，就应进行产销监管链认证。每个流通链条上对认证木材有控制的实体必须分别进行产销监管链认证，才能保证在产品上使用该标识。但是，如果最终产品的销售商没有改变产品的形状或包装，只进行对产品的简单出售，同时如果购买者不需要 FSC 产品的声明，则销售商不必进行产销监管链的认证。

　　产销监管链认证采用了另一套标准，包括 6 个原则和 25 个标准。

　　FSC 基于百分比声明的政策允许公司销售 FSC 认证的原材料含量不足 100% 的产品。该项政策的目的是减少业界面临的障碍，即依赖很多供应商，而目前并非全部供应商都获得了认证。另外也降低小规模森林生产者在市场供应中所处的不利地位，因为它们与大型综合性林业企业共同供应一个市场。

　　但是，FSC 认证的产品不能含有下面所列举的未认证的原材料：

　　（1）非法采伐的木材；

　　（2）基因改良的木材；

　　（3）木材来自于有明确证据表明传统习俗或社会民众权利被侵害的地区，或与土著居民或其他社会群体有严重争议的区域，包括发生冲突和暴力；

　　（4）来源于高保护价值的森林。

标签和标识

　　FSC 有三个注册商标：

　　（1）森林管理委员会（FSC）的全称；

　　（2）FSC 缩写；

　　（3）FSC 标识，包括对勾（对号）、树木标识和缩写词 FSC。

　　FSC 标识既可用于普通项目的标识也可用于产品的标签。该标识是 FSC 的组成部分，自从 FSC 成立以来一直也没有改变过。

　　通过接受培训的指定机构和 FSC 认可的认证机构来提供商标服务（例如，许可和监测），这些机构作为授权机构，可以根据具体的合同条款来管理 FSC 的商标。

被授权的认证机构必须根据与 FSC 签署的授权协议条款来管理商标的使用，对象是从它那里获得 FSC 证书的个人或机构。被指定的机构也有义务批准和控制其地域范围内非认证者对 FSC 标识的使用。FSC 秘书处负责批准和控制其他用户、国家倡议、被指定的机构和被认可的认证机构对 FSC 标识的使用，并对标签使用的监督负总责。

FSC 标识的主要用途是促进木材产品来源于认证的森林。标识可以用于这类产品本身，也可以用于标签或包装上(即在产品上使用)。认证机构必须确保产品属于以下情况：

(1)实木产品，木材通过 FSC 授权的认证机构认可，证明是来源于被 FSC 批准认证的森林；

(2)实木产品集合体可以将标识置于集合体上，但单个产品通常不能使用标识；

(3)非木制林产品，通过 FSC 授权的认证机构认可，证明来源于被 FSC 批准认证的森林；

(4)切片和纤维产品，生产过程中至少占总重量17.5%的切片或纤维原料通过了 FSC 的认证，并且至少占总重量30%的新的原生材切片或纤维通过了 FSC 的认证；

(5)组装的木材产品至少要包含占体积70%的 FSC 认证的木材或原生纤维。

FSC 的标识也可用于非产品上的使用，主要有三大类：产品宣传、宣传 FSC 批准的认证森林、对 FSC 自身的宣传，以及对 FSC 支持或联系。例如产品目录、宣传单、广告、报告等。

现在标识的使用必须遵从 FSC 设定的图像要求。标识至少 10mm 高，并有 FSC 的版权声明"FSC 商标©1996 Forest Stewardship Council AC"。标识的外围必须是空白，不能有文字和图。标识的颜色和色彩对比应确保图像是清晰可辨的，标识的设计要素不得有任何改变，包括版权符号、字体、色度、高宽比。必要时认证注册代码予以显示。只要可能，必须有准确的说明。

政治环境和展望

在 FSC 项目众多的支持者中，在政治、社会和市场影响方面发挥显著作用的两类群体应当被特别指出：一类群体是由环境 NGO 组成的群体，包括是国际性网络或国家层面的组织，例如世界自然基金会、绿色和平和地球之友。另一类群体是由零售商、国际上领先的 DIY 连锁店、家具店和邮订业组成的，例如 B&Q（英国），Home Depot（美国），IKEA（瑞典），Migros(瑞士)，Neckermann（德国），OBI（德国），OTTO（德国)以及很多其他零售商。对于众多的环境 NGO 来说，FSC 是唯一可信任的认证体系，因为它是建立在以下基础之上的：

(1)它的标准是客观的、全面的、独立的、可测定的、基于绩效的，无论是环境标准还是社会标准；

(2)权益相关者平等和广泛的参与；

(3)包括可信赖的产销监管链的标签体系；

(4)可靠独立的第三方评估，以及年度外业审核。

此外，还有：

(1)对参与方和公众完全透明；

(2)在森林经营单位层面开展工作(而不是在国家和区域层面)；

（3）成本有效和自愿的；

（4）显示了森林所有者和经营者对于森林经营改善做出的积极承诺；

（5）适用于全球和各类权属体系，以避免市场方面的歧义和曲解。

对于零售商，环境 NGO 的支持是至关重要的。除此之外，出于营销的目的，他们需要一个全球体系，既适用于热带森林，也适用于温带和北方森林，并且认证的林产品使用一个共同的标识。

该体系信息的获取

有关 FSC 的信息和文件可从以下网址获得：

（1）www. fscoax. org；

（2）www. fsc-info. org；

（3）www. gtz. de/forest_ certification。

联系方式：

FSC International Center

Charles-de-Gaulle 5

53113 Bonn

Germany

Tel：+49 – 228 – 367 – 660

E-mail：fsc@ gsc. org

（王虹　韩峥 译校）

四、印度尼西亚生态标签基金(LEI)

体系类型

该体系是一个自愿性的国家倡议,由独立的、获得印度尼西亚生态标签基金(LEI)认可的认证机构来负责认证的运作。LEI 是一个致力于通过认证来促进自然资源和环境可持续管理的独立机构。

应用范围

该体系的建立是针对印度尼西亚的生产性森林类型。在印度尼西亚,针对生产性森林有3 种经营类型,即天然林经营、人工林经营和社区林的经营。各类型在森林培育和社区参与方面具有显著的差异。生产性森林是在印度尼西亚国家土地利用背景下森林类别中的一种,另外还包括防护林和涵养林。

创立时间和发展历史

LEI 制定的各认证体系的日期如下:

(1)1998 年:生产性天然林可持续经营(SNPFM)认证体系;

(2)2000 年:产销监管链认证体系;

(3)2002 年:人工林可持续经营(SPFM)认证体系;

(4)2002 年:以社区为基础的森林可持续经营(CBFM)认证体系。

LEI 创立于 1994 年,最初是作为一个独立的多利益相关者的工作组,由广受国内外非政府组织、私人部门、政府官员和学术团体尊敬的 Emil Salim 教授担任主席。工作组得到了当时的林业部长——Djamaludin Suryohadikusumo 先生的大力支持。

工作组的任务是为生产性的天然林的认证制定国家体系并进行机构能力建设。体系包括生产性的天然林可持续经营的一套标准(包括标准、指标、准则和验证因子)、评估程序、最低要求、认证决策程序和申诉机制。在体系制定过程中,工作组参照了国际热带木材组织(ITTO)制定的森林可持续经营标准和指标、森林管理委员会(FSC)的原则和标准、国际标准组织(ISO)的环境管理体系,以及 Tropenbos 的森林可持续经营标准制定的等级架构。

为了确保制定的体系能够被所有利益相关者接受,工作组采用了一种透明的多利益相关者程序。通过举行一系列的多利益相关者咨询会,来确保听取来自非政府组织、私人部门、政府机构和学术团体的意见和建议。

1998 年 2 月 6 日,工作组正式组建为印度尼西亚生态标签(LEI)基金,Emil Salim 教授自 1998 年 2 月至 2001 年 9 月任基金主席。其后至今,由 Djamaludin Suryohadikusumo 先生担任主席。

在推动生态标签认证过程中,LEI 恪守以下基本原则:

（1）在体系制定的各个阶段，以及认证实施和检测的过程都采用多利益相关者程序；

（2）在自愿的基础上，由独立的第三方进行认证；

（3）认证是促进森林可持续经营的一个手段，而不是其最终目标。

LEI 希望成为一个独立的、以选举为基础的机构，其主要目标是通过实施一套可靠的生态标签认证体系来促进自然资源和环境的可持续管理。

LEI 的使命如下：

（1）促进那些确保自然资源和环境可持续经营的公共政策的制定和实施；

（2）制定并实施一套自然资源和环境可持续经营认证体系；

（3）制定并实施一套认可体系以确保对认证执行过程进行全程监督和监测；

（4）建立实施自然资源和环境可持续经营认证体系的国家能力（包括人力资源和制度）。

目前，LEI 已经完成了针对生产性的天然林、人工林、社区林的森林可持续经营认证体系，以及产销监管链认证体系的制定。

为了获得国际认可，自 1999 年以来，LEI 在一项联合认证计划（JCP）中与 FSC 进行合作来实施生产性的天然林认证体系。

结构和管理

LFI 组织和管理结构如图 6 所示。

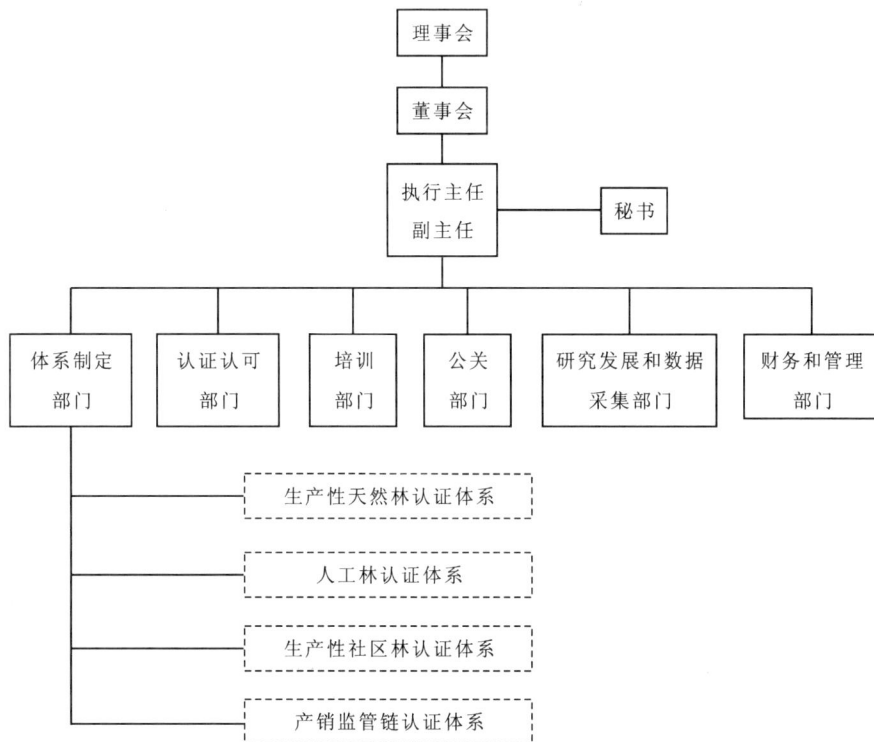

图 6　LEI 的组织和管理结构

理事会是 LEI 的最高机构，由理事会任命的董事会负责日常的监督和检查；负责董事会事务的执行主任所领导的一个执行机构负责处理秘书处的日常事务和 LEI 的各项职能，以及认可的职能。

理事会由 LEI 创建机构任命的 8 名成员组成，每一位成员都是长期关注环境问题并且在此方面成绩卓著的知名人士。理事会成员具有不同的背景，反映了 LEI 认证的多利益相关者的特性。

董事会由 3 名成员组成，通过理事会会议从理事中选举产生，目前由董事会来指定 LEI 的执行主任。需要注意的一点是：LEI 目前处于过渡阶段，最终是成为一个以选举为基础的组织（按计划其应在 2004 年年底完成）。

LEI 主要的政策决定，包括体系的变动，都应告知各利益相关群体，并且通过公开的咨询过程来进行决策。鉴于透明性是该体系的主要原则，体系通过网站和其他媒介进行信息传播，开展公众咨询来听取各方的意见和建议。同时，还通过各种媒介将决策展示和传播给所有的利益相关群体。

执行机构负责日常事务的管理，该机构由执行主任领导。

LEI 作为认可机构，负责批准法律实体(诸如认证机构)采用 LEI 体系进行认证，同时监督和控制 LEI 认证体系的实施过程。另外，确保国家有足够的认证实施能力也是 LEI 的职能之一。

培训机构通过标准化培训，提供充足并合格的评估人员和决策小组成员。人事注册机构（PBR）负责对介入认证活动的评估人员或决策小组成员进行登记和监督。

省级交流论坛(PCF)是 LEI 在省级层次的合作伙伴，在认证过程中可以提供森林经营单位在森林经营方面的可靠信息。认证评议委员会(CRC)是一个处理纠纷的独立机构。认证机构是被批准可以利用 LEI 体系进行认证活动的机构。目前，在印度尼西亚共有 3 家采用 LEI 体系的认证机构。图 7 列出了 LEI 认证的国家结构。

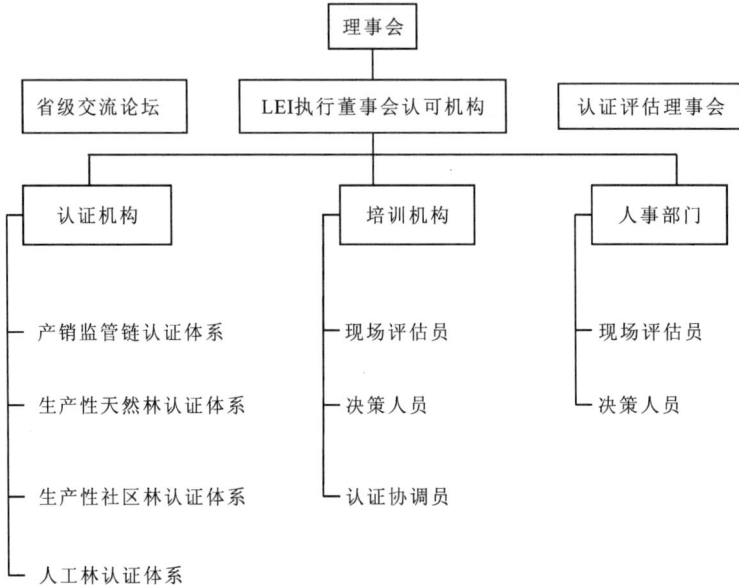

图 7 LEI 认证的国家结构

标准

本标准是通过多利益相关者程序制定出来的，参与者包括了政府、学术团体、环境和社会非政府组织、特许森林拥有者协会，以及其他林业从业者。截至目前，LEI 已经建立了 4 个认证体系：天然林经营认证体系（1994—1998）、人工林经营认证体系（1998—2002）、社区林经营认证体系（2000—2002）和产销监管链认证体系（1997—2000）。1999 年年末，在 LEI、FSC 和 FSC 认可的认证机构（SGS 和 Smartwood）进行了以 LEI 标准为基础的联合评估之后，进一步修订了天然林认证体系。同时要求所有的体系都必须每 5 年评估一次。

本标准以森林可持续经营为主要目标，采取等级架构：3 个涉及森林主要功能的原则（经济/生产、环境和社会），原则下面有标准、指标以及针对每一个指标的规范。有 3 种类型的指标可以实地测定：森林经营活动的投入、过程和产出。换言之，在指标层次，标准被体现为森林经营的实际绩效。因此，本标准既是绩效标准也是体系标准。图 8 描述了 LEI 认证标准的等级架构。

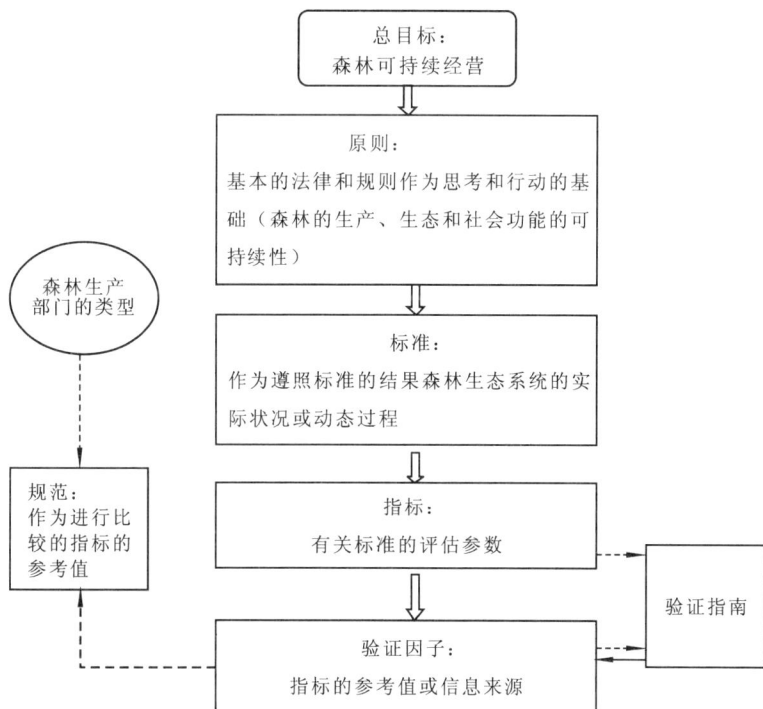

图 8　LEI 认证体系标准的等级架构

对每一个指标的详细说明界定了该指标的绩效要求，分为 3～5 级：优秀、良好、中等、差、极差。每一级都是投入、过程和产出的一种综合表现，并且必须符合针对特定问题的国际标准/惯例和政府法规的要求，或其他广泛接受的森林经营措施（对于特定问题，当没有定性或定量的绩效标准时）。

在决策过程中，或是在将森林经营的实际绩效与要求的绩效进行比较时，决策者必须考虑到森林经营单位当地的生物物理特征（也就是森林经营单位的类型）。同时，采用层次分析法（AHP）作为决策工具。

认证方式

依据 LEI 认可标准的规定，被 LEI 认可的独立认证机构才可以进行认证活动。

组织、政府、个人或社区群体(在社区林经营认证情况下)都可以申请进行森林经营认证。

在 LEI 认证体系中，实地评估人员和决策人员是不同的。对实地评估人员的要求如下：

(1)必须至少有 3 年从事林业或生态、社会和森林工业生产工作的经验；

(2)必须通过评估人员的培训。

基于评估经验和培训经历，将评估人员分为 3 种级别。同时，要求所有评估人员都必须接受 LEI 的培训并且在人事注册部门进行登记。决策者必须是在林业方面经验丰富的高级专家。在最终决策时，要求 6 名专家中至少有 3 名是当地专家，这些当地专家由被评估森林经营单位所在地的省级交流论坛推荐。

认证证书的有效期为 5 年，在此期间对其进行监督审核，监督的频率依赖于绩效的等级：

(1)铜级：至少进行 4 次监督审核；

(2)银级：至少进行 3 次监督审核；

(3)金级：至少进行 2 次监督审核。

获得 LEI 认可的独立认证机构负责进行监督审核。

磋商和公共信息的要求

认证机构在实地评估之前必须进行公众咨询活动，目的是使公众关注这一特定森林经营单位进行的认证过程，同时欢迎公众对评估和决策过程提出意见和建议。公众咨询开始时应在国家和当地的大众媒体(例如报纸)上，以及互联网上发布相关公告，鼓励公众将有关被评估森林经营单位的信息传递给认证机构。另外，在发布公告后的至少 30 天内，森林认证机构必须在当地召开一次邀请相关利益群体(包括省级交流论坛)参加的公开会议。在实地评估和决策过程中将考虑所有相关的意见和建议。

认证过程的概要和进行认证的森林经营单位的相关信息(例如地点、年产量、森林类型和对当地发展的贡献)都会通过认证机构或认可机构的网站向公众公布，并且可以根据要求提供有关认证的更详细信息。

针对小规模林场主的规定

对于由个人或社区群体经营的小片森林，LEI 已经制定了专门的认证体系：社区林经营认证体系。由于在范围、社区经营活动的类型和强度、权属和投入资本等方面的差异，该认证体系有一套不同的测定指标和简化的程序。但对体系实施各方的要求则与天然林和人工林森林经营的认证体系相似。

认可制度

认可制度确保了 LEI 与认证机构之间没有利益冲突。制定 LEI 认可体系的重点就是要确保 LEI 体系的认证机构具备合格的资质。

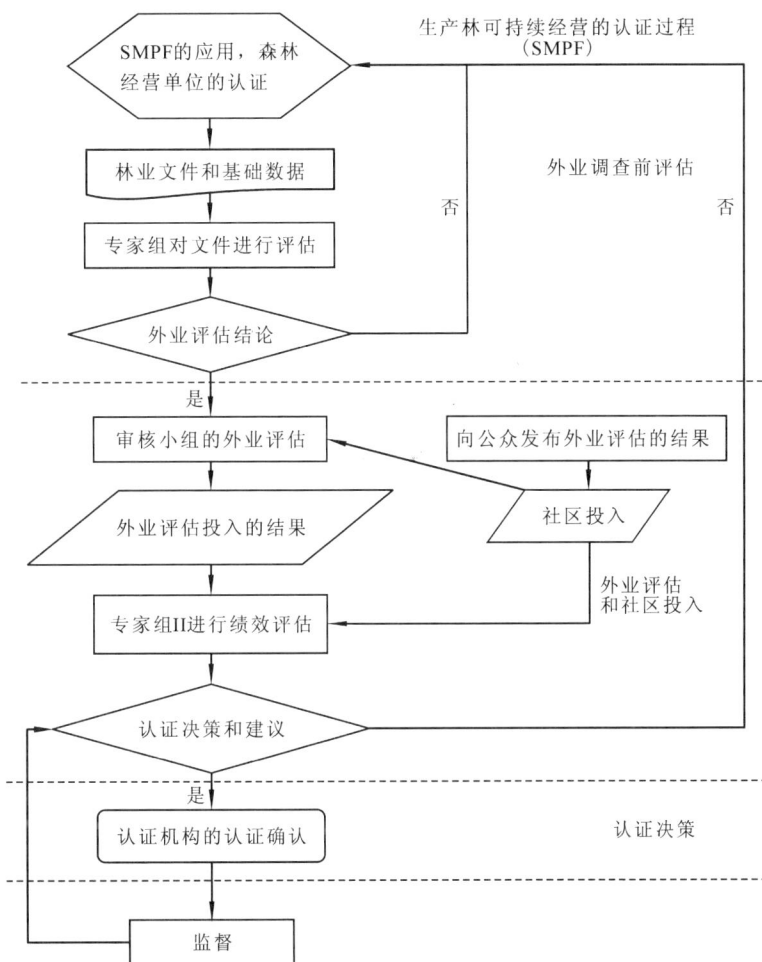

图9 生产林可持续经营的认证过程

LEI 认可体系的先决条件是培训机构、认证机构和人事注册机构必须相互独立，进一步评估的标准包括组织管理、人力资源开发、财务资源和经验。

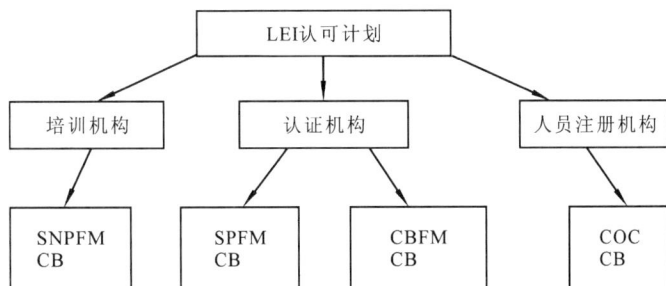

图10 LEI 认可体系

（CB：认证主体；SNPFM：生产性天然林可持续经营；SPFM：人工林可持续经营；CBFM：社区林经营；COC：产销监管链）

现状

自1999年以来,在一个联合认证项目(JCP LEI-FSC)框架下,LEI和FSC在印度尼西亚联合进行了生产性的天然林可持续经营认证活动。根据联合认证项目(JCP)的协议,在印度尼西亚,认证评估采用的是LEI的标准和指标,但只有同时满足LEI和FSC要求的森林经营单位才能被授予森林可持续经营认证证书。

目前在印度尼西亚,有3家LEI和2家FSC认可的认证机构在进行天然林生产可持续经营的认证活动。

截止2003年12月,LEI已经培训了下列人员:

(1)273名生产性的天然林可持续经营(SNPFM)的评估人员;

(2)81名产销监管链(CoC)的评估人员;

(3)26名人工林可持续经营(SFPM)的评估人员;

(4)81名SNPFM决策小组(专家组)成员;

(5)13名CoC决策小组(专家组)成员;

(6)13名SPFM决策小组(专家组)成员。

此外,LEI还在11个省建立了省级交流论坛。

截止2003年12月,在联合认证项目(JCP)框架下已经对14个森林经营单位进行了认证评估,总面积达252.77万公顷,其中一个森林经营单位(面积90975公顷)获得了认证。

产销监管链

LEI制定产销监管链的目的是确保木材工业使用的木材来自可持续经营的森林(即认证森林)。

产销监管链以追溯木材流通至认证来源的原则为基础。产销监管链认证的整个程序如图11所示。

标签和标识

有权使用LEI标识的群体包括:

(1)证书持有者:包括已经获得LEI认证机构颁发的认证证书的森林经营单位、LEI认可的培训机构和个人注册机构。标识的使用类型可以分为以下两种:

①产品上使用:标识被粘贴在产品上或包装标签上;

②产品外使用:标识出现在证书持有者的正式报告、公司简介、印刷品、促销手册、广告、宣传手册、出版的小册子、信纸、名片和其他销售媒介上。

(2)非证书持有者:包括已经获得LEI批准可以在某种媒介上展示LEI标识的机构或团体,例如政府机构、非政府组织、教育和培训机构、分销商和批发商。使用标识的目的是宣传LEI体系或那些粘贴LEI产销监管链标签的产品。销售媒介包括有关自然资源可持续经营的促销宣传册、海报、橱窗粘贴物、宣传手册、网站和传单等。在这种情况下,非证书持有者使用标识的性质是产品外使用。

图13描述了可以用作其他形式的LEI标识。

```
                    ┌──────────┐
                    │   开始   │
                    └────┬─────┘
                         │
               ┌─────────┴─────────┐
              ╱   产销监管链认证申请   ╲         ┌──────────────────┐
              ╲                     ╱◄────────│  木材运作体系的文件  │
               └─────────┬─────────┘          └──────────────────┘
                         │
              ┌──────────┴──────────┐
              │  森林产品流系统的专家识别 │
              └──────────┬──────────┘
                         │
             ╱───────────┴───────────╲
            ╱   森林产品流体系的透明化    ╲
            ╲───────────┬───────────╱
                        │
              ┌─────────┴─────────┐
              │   专家组的决策分析   │
              └─────────┬─────────┘
                        │
              ┌─────────┴─────────┐
              │    决策过滤I       │
              └─────────┬─────────┘
                        │
                  ╱─────┴─────╲        否      ╱──────────────╲
                 ╱  适合否?    ╲───────────►  ╱      汇报       ╲
                 ╲             ╱             ╲──────────────╱
                  ╲─────┬─────╱
                        │ 是
              ┌─────────┴─────────┐     ╱──────────────────────╲
              │ 外业评估员进行外业检查 │◄──╱  外业指南应用格式作业设计  ╲
              └─────────┬─────────┘    ╲──────────────────────╱
                        │
               ╱────────┴────────╲
              ╱    外业数据         ╲
              ╲────────┬────────╱
                       │
             ┌─────────┴──────────┐
             │ 外业评估员撰写报告并介绍 │
             └─────────┬──────────┘
                       │                ╱──────────────╲
             ┌─────────┴────────┐      ╱  决策的规则和标准 ╲
             │    专家组分析      │      ╲──────────────╱
             └─────────┬────────┘
                       │
          ╱────────────┴────────────╲      ╱──────────────╲
         ╱ 专家组决策和建议（过滤II）    ╲◄───╱    向公众发布    ╲
         ╲────────────┬────────────╱    ╲──────────────╱
                      │
            ┌─────────┴─────────┐
            │  木材追踪认证的决策  │
            └─────────┬─────────┘
                      │
                ╱─────┴─────╲
               ╱  适合认证否? ╲───┐ 否
               ╲             ╱   │
                ╲─────┬─────╱    │
                      │ 是       │
             ╱────────┴────────╲ │
            ╱    向公众发布       ╲│
            ╲────────┬────────╱  │
                     │           │
                ┌────┴────┐      │
                │   停止   │◄─────┘
                └─────────┘
```

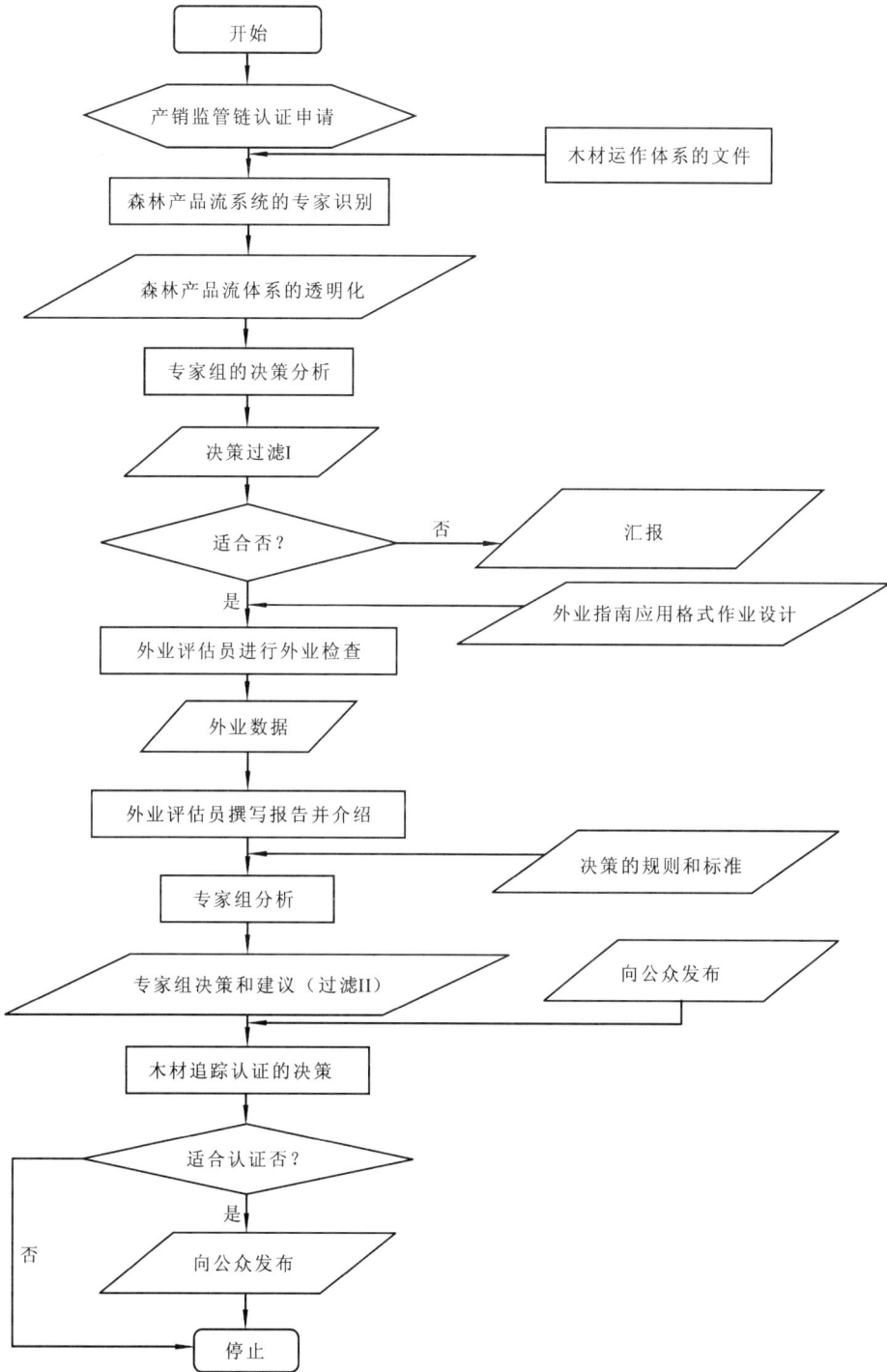

图 11 LEI 木材回溯认证程序流程图

政治环境和展望

LEI 认证体系的制定是通过多利益相关者的过程，那些承诺实现森林可持续经营的政府

图12　LEI 标识标准

图13　LEI 的标识

官员、森林企业家、非政府组织和学术团体都参与了该过程。

　　该体系得到了政府(林业部)的大力支持,林业部批准 LEI 标准作为森林可持续经营的国家标准。林业产业协会、木材行业、学术团体和关注环境和社会事务的非政府组织也支持 LEI 体系,将其看做是一种促进森林可持续经营的方法。

　　为了进一步提高该认证体系的可信度,LEI 正致力于通过将自身转变成一个以选举为基础的组织,从而使其利益相关者的支持正规化。

该体系的信息获取

　　如需了解更多有关 LEI 体系的信息,,请登录下列网站:

　　(1)www. lei. or. id

　　(2)www. groups. yahoo. com/group/ecolabelling

联系方式:

LEI 秘书处

Jalan Taman Malabar

No 18Bogor16151, Indonesta

电子邮箱:lei@ indo. net. id

电话:+251 - 340 - 744

传真:+251 - 321 - 739

(胡延杰　黄文彬 译　陆文明 校)

五、马来西亚木材认证理事会(MTCC)

体系类型

马来西亚木材认证理事会(MTCC)木材认证体系是由一个专门建立的独立机构——马来西亚木材认证理事会来负责运作的国家体系。但由于准备获得森林认证体系认可计划(PEFC)对该体系的认可,目前正对体系进行修订以使国家认可机构(马来西亚标准局)介入对认证机构的认可。

应用范围

MTCC 木材认证体系适用于马来西亚的三个地区:沙巴、沙捞越和马来西亚半岛。森林经营标准——马来西亚森林经营认证的标准、指标、活动和绩效标准(MC&I),涵盖了国内3 个主要的森林类型:干旱内陆林、泥炭沼泽林和红树林。

创立时间和发展历史

马来西亚木材认证理事会(MTCC)成立于 1998 年 10 月,在马来西亚负责运作一个自愿性的国家木材认证体系。成立 MTCC 是政府部门、林业部门、研究机构、环境部门、大学、木材销售机构、标准机构、木材工业协会和环境非政府组织共同协商和讨论的结果,他们都认为马来西亚需要建立一个独立的新型机构来制定和运作国家木材认证体系。MTCC 一开始被称为马来西亚国家木材认证理事会(NTCC),依据 1965 年公司法,其被组建为一家受担保限制的公司。虽然 MTCC 于 1999 年就开始运作,但 MTCC 木材认证体系在 2001 年 10 月才开始实施。

结构和管理

由主席和 8 名成员组成的理事会作为 MTCC 的管理机构,负责决定 MTCC 的总体政策和行动方向。除了主席以外,理事会其他成员分别来自学术或研究机构、木材行业、非政府组织和政府机构,每个领域各 2 名代表(共 8 人),任期 2 年。理事会每年召开 4 次会议,依据少数服从多数的原则进行决策。

理事会建立了认证委员会并赋予其以下职责:

(1)根据独立评估人员提交的评估报告来决定是否接受森林经营或产销监管链认证的申请;

(2)决定是否接受独立评估人员的注册;

(3)对注册申请进行专家审核。

认证委员会由理事会中分别来自学术或研究机构、木材行业、非政府组织和政府机构的一位代表组成(共4名成员),而包括理事会另外4名成员的一个委员会将负责对认证委员会的决策进行仲裁。

由4人(1名主任、1名主管、1名经理和1名行政人员)负责管理MTCC的日常运作,主要是执行理事会做出的各种决策。

在进行有关利益相关者的决策时,理事会将与这些利益相关者直接进行沟通,另外也通过MTCC网站和其他方式来进行沟通,例如新闻报道。可以从MTCC网站上查询获得MTCC证书的森林经营单位和公司。

标准

MTCC认证体系的实施采用一种阶段式方法。目前用来评估森林经营单位内永久保留天然林的标准是:马来西亚森林经营认证的标准、指标、活动和业绩标准(MC&I,2001)。MC&I基于1998年国际热带木材组织(ITTO)的热带天然林可持续经营标准和指标,在1999年进行的区域和国家水平的利益相关群体咨询会上决定再增加针对马来西亚半岛、沙巴和沙捞越的相关绩效标准(SOPs)。参与这些咨询会的利益相关群体来自政府机构、研究机构、大学、工会、环境非政府组织、当地社区、木材工业协会、妇女组织和木材销售机构。

MTCC认证体系下一步将采用一个新的标准——马来西亚森林经营认证标准和指标(MC&I,2002)。该标准是以FSC的原则和标准作为框架来制定的,并且通过区域和国家水平的利益相关群体咨询会,于2002年10月被采纳。MTCC已经决定在2005年1月使用新标准(MC&I,2002),在投入使用后将每5年修订一次。

这两个标准都是针对森林经营单位评估,并且以绩效为基础的标准。所要求的绩效在MC&I(2001)中被表述为"绩效标准",而在MC&I(2002)中被表述为"验证因子"。

MTCC认证体系请参见图14。

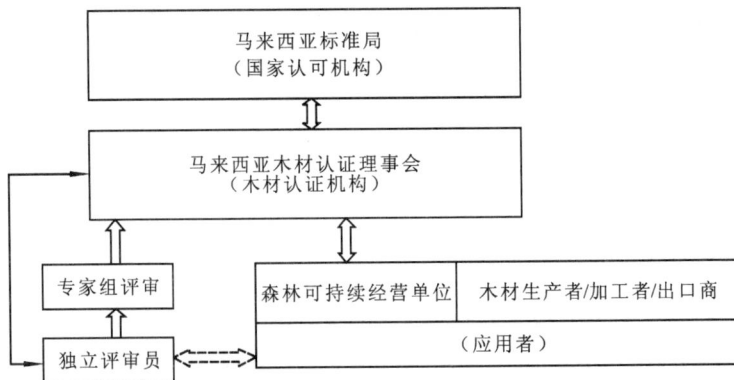

图14　MTCC木材认证体系

认证方式

依据图14所列的木材认证体系,MTCC作为木材认证机构,其职责是:接受并处理认证申请(对于森林经营认证,申请来自森林经营单位;对于产销监管链认证,申请来自木制品制造商或出口商）、安排由独立评估机构（经过注册）进行评估，并且依据评估机构的评估报告、客户的建议和同行评审报告（仅针对森林经营认证）准备相关的报告，该报告将提交给认证委员会，由其决定是否颁发给申请者认证证书。

1. 对独立评估机构的要求

希望在 MTCC 注册为独立评估机构的公司或组织必须符合 MTCC 的条件。森林经营认证要求审核小组至少包括 3 名合格且富有经验的审核员。具备专门知识和至少在森林经营领域具有 5 年实际经验的林业专业人士，或在森林经营相关领域（例如生态学、环境科学、生物学、社会学和林业经济）具备类似经验的非林业人士，才有资格作为森林经营认证的审核员。

对于产销监管链认证，至少需要 2 名已经接受必要的培训、具备评估所需的工作经历和审核经验的专业评估员。这些评估员也应熟悉当地的木材工业情况，以及当地与产销监管链相关的适用法规。

2. 同行评审

只有对森林经营认证评估报告进行评价时才需要进行同行评审。一般需要 2 名评审专家，由 MTCC 根据对森林经营单位的评估来指定。同行评审的基本目的是：对森林经营单位与认证标准相关要求的符合程度进行再次评判。

有意成为评审专家的个人必须满足注册标准，其包括：至少具有 5 年在林业或森林可持续经营相关领域（例如生态学、环境科学、生物学、社会学和林业经济）的工作经验；接受了必要的培训并且具有评估相关评估报告的经验；充分理解认证标准及其相关的评估程序。

磋商或公共信息的要求

独立评估机构依据森林经营标准的要求对森林经营单位进行评估。评估的范围限于森林经营单位永久保留林的森林经营体系和实践。其目的是评估目前的文档资料和森林经营的野外实践，评判其与标准要求的符合程度。

在对森林经营单位内各地点进行实地考察期间，审核员将咨询那些森林经营实践的参与者（例如森林经营者、林业工人和承包人），同时也咨询那些可能受森林经营活动影响的个人或群体（例如生活在林区内或周边的当地社区）。

因此，评估日程应包括这些咨询活动的时间。咨询的主要目的是获得有关森林经营实践、实际操作问题和这些实践结果的反馈信息。

经过认证的森林经营单位以及产品制造商和出口商的名单参见 MTCC 网站，同时该网站也提供那些已获认证证书的森林经营单位的评估报告概要。将这些信息公开除了确保 MTCC 体系的透明度之外，也是为了鼓励公众反馈相关森林经营单位的森林经营实践信息，并由此协助 MTCC 监督这些森林经营单位使其持续地符合标准的要求。

针对小规模林场主的规定

MTCC 体系并没有包括针对小林主的特殊规定，因为该认证标准针对天然林，而在马来西亚天然林由相应的国家政府机构拥有。

认可制度

目前，MTCC 同时也是一个认证机构，并且相关人士可以依据某些条件和条款注册成为 MTCC 的独立评估机构。今后，独立评估机构将承担认证机构的角色，并要得到马来西亚标准局的认可，届时 MTCC 将作为该体系的国家管理机构。

现状

到 2003 年末，马来西亚半岛的 7 个森林经营单位(共 410 万公顷的永久保留林)获得了森林经营认证证书；共有 38 个木材公司获得了产销监管链证书。

产销监管链

独立评估机构依据 MTCC 文件——产销监管链认证要求和评估程序要求，对产销监管链认证申请者进行评估。实地评估需要 2 名审核员，其中 1 名是审核组长。

在实地评估中，评估小组将进行以下活动：

(1)检查相关记录并汇总结果，包括对产品的现地检查；

(2)对鉴定、使用认证原材料、隔离认证和非认证产品的机制进行检查；

(3)根据实际操作程序核对文件记录。

那些希望符合产销监管链相关要求的申请者可以采用以下两种体系：物理性分离体系；最小平均百分比体系。

最小平均百分比体系允许申请者在生产过程中将认证和非认证材料混合，但需要确保投入认证木材的量达到最小平均百分比。采用这种方式，如果批次的认证材料投入量超过了规定的最小平均阈值，那么该批次的所有产品都可以标为认证产品。

标签和标识

产品上的 MTCC 标识确保了将其与那些由非 MTCC 认证原材料制造的产品区分开来。该标识具有版权并且已被注册成为商标，标识的使用必须符合 MTCC"证书持有者标识使用指南"中的规定和程序。

MTCC 的标识如图 15 所示。

图 15　MTCC 标识

只有证书持有者才被允许在产品上使用 MTCC 标识。MTCC 标识使用要求包括以下主要内容(图 16)：

(1)MTCC 的标识；

（2）MTCC 的版权声明；

（3）证书持有者的森林经营或产销监管链证书号码；

（4）经过认可的产品上或产品外的说明；

（5）产品原材料总量或批次制造过程中 MTCC 认证原材料的最小平均百分比（仅针对使用最小平均百分比体系的产品）。

政治环境和展望

MTCC 在实施其木材认证体系过程中所采用的阶段性方法已经得到了大多数利益相关者的支持。这一点体现在绝大多数组织都参加了由 MTCC 协调召开的地区和国家层次的咨询会议。

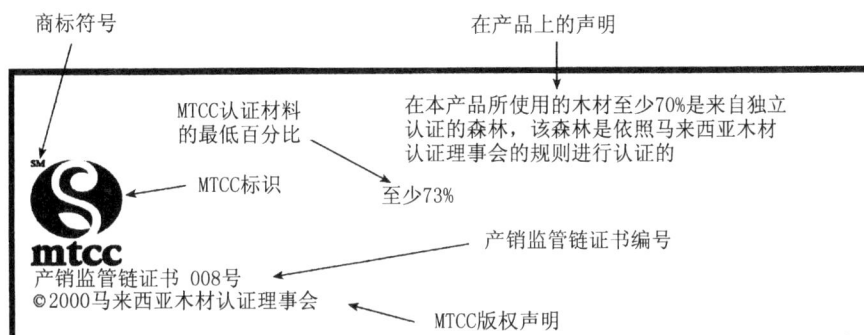

图 16　MTCC 标识上的标签包含的主要内容

但是，有几个环境和社会非政府组织并未参与标准的制定过程，因为 MTCC 并未满足这些组织的某些要求，原因是：

（1）有些"要求"需要对国家法律进行修订；

（2）尽管有些要求可以被包括在认证标准中，但作为标准制定过程的一部分，将其包括在内的程度和方式仍需要与其他利益相关者代表进行讨论和谈判。

总体来看，这些非政府组织反对 MTCC 体系及其森林认证的主要原因是：这些组织首先关注的是保护当地社区的传统权利。认证的一个关键性要求是确保森林权属的安全性，这一点通常通过在政府公报上公布这些森林为永久保留林来达到，但这些非政府组织将这种公布过程看做是剥夺了当地社区对这些森林的传统权利。

MTCC 体系已经得到了森林经营单位经营者和木材行业的大力支持，但仍有许多木制品制造商和出口商不愿意申请产销监管链认证，因为他们觉得尽管自己必须投入额外的精力和金钱来获得认证，海外购买者未必愿意支付更高的价钱来购买这些认证产品。

该体系的信息获取

如需了解更多有关 MTCC 体系的信息，请登录 MTCC 网站：www. mtcc. com. my。

联系方式：

19F，Level 19，Menara PGRM

8 Jalan Pudu Ulu

Cheras

56100 吉隆坡

马来西亚

电话：+60-392-005-008

电子邮箱：mtcc@tm.net.my

（陆文明 译校）

六、森林认证体系认可计划(PEFC)

体系类型

森林认证体系认可计划委员会(PEFC 委员会)是使国家或亚国家独立的森林认证体系相互承认的一个伞形组织。对于 PEFC 所认证的森林产品,PEFC 委员会将授予统一的 PEFC 标识。

应用范围

PEFC 委员会为全世界的森林认证体系提供相互承认机制,对森林认证体系所涵盖的森林类型不做限制。

创立时间和发展历史

1999 年 6 月 30 日,来自奥地利、比利时、捷克共和国、法国、芬兰、爱尔兰、挪威、葡萄牙、西班牙、瑞典和瑞士 11 个国家的代表团或森林认证体系制定机构在巴黎成立了 PEFC 委员会(当时称为"泛欧森林认证体系"委员会)。欧洲各林场主协会和森林工业协会作为特别成员加入了 PEFC 委员会。这个官方组织是在所有相关利益群体间、经过一年时间激烈讨论和一系列国际和国家级会议和研讨会之后成立的。

成立 1 年之后,2000 年 5 月,来自芬兰、瑞典和挪威的第一批森林认证体系得到 PEFC 委员会的认可,接下来是德国和奥地利的森林认证体系也于同年被认可。到 2000 年底,PEFC 认证森林的面积已经超过 2350 万公顷。

2001 年,首批非欧洲国家(美国和加拿大)对 PEFC 感兴趣并加入,成为该组织的成员国。这是 PEFC 计划委员会全球化和国家森林认证体系相互认可的世界框架发展的一个里程碑。

2001 年,捷克和瑞士森林认证体系得到认可,经过认证的森林总面积超过 4100 万公顷。

随着 PEFC 地理覆盖范围的扩大,PEFC 委员会于 2001 年开始对 PEFC 的整体结构和认可条件进行全面修订,全体成员国大会于 2002 年 11 月召开,通过了一系列新的 PEFC 标准文件。

2002 年和 2003 年,欧洲和欧洲之外的国家对 PEFC 的兴趣不断增加,又有 9 个国家加入了 PEFC 委员会。目前,PEFC 委员会的成员国已经包括来自五大洲的 27 个国家(澳大利亚、奥地利、比利时、巴西、加拿大、智利、捷克共和国、丹麦、爱沙尼亚、法国、芬兰、德国、爱尔兰、意大利、拉脱维亚、立陶宛、卢森堡公国、马来西亚、挪威、波兰、葡萄牙、斯洛伐克共和国、西班牙、瑞典、瑞士、英国和美国)。

2003 年 10 月召开的全体成员国大会将该组织的名称由"泛欧森林认证体系"改为"森林认证体系认可计划(PEFC)",而其缩写 PEFC 及其标识保持不变。

结构和管理

PEFC 委员会是在卢森堡(西欧国家)注册的国际非营利性成员组织。

1. 成员情况

PEFC 委员会有两种类型的成员:普通成员和特别成员。普通成员(PEFC 国家管理机构)是独立的法律实体,代表各国的国家级认证体系和亚国家级认证体系。PEFC 国家管理机构是多个团体构成的组织,拥有广泛的森林可持续经营利益相关群体的参与。

特别成员是支持 PEFC 委员会目标的其他国际组织。

2. 组织结构

最高决策机构是"成员大会"。PEFC 国家管理机构间表决权的分配依据是联合国欧洲经济委员会(ECE)/联合国粮农组织(FAO)官方统计资料中给出的这些国家的年度采伐类别,这是确定林业部门规模和重要性的客观手段。因而,成员大会的代表也体现了各国的国家森林认证体系、森林认证体系发展和管理过程中所涉及的广泛利益团体。成员大会根据少数服从多数的原则做出决议,对所做出的决议进行详细记录后提供给 PEFC 成员。其他相关人士也可索取这些决议。

PEFC 委员会的执行机构是理事会,在各届成员大会之间负责该组织的管理。理事会成员由成员大会任命,以便能够代表那些支持 PEFC 的主要利益团体,体现成员国的地理分布,体现年度采伐类别上的差异性,以及体现适当的性别平衡。理事会任命各种工作小组和专家小组,为理事会提供技术咨询和援助。

秘书长对理事会负责,开展秘书处工作。组织结构见图 17。

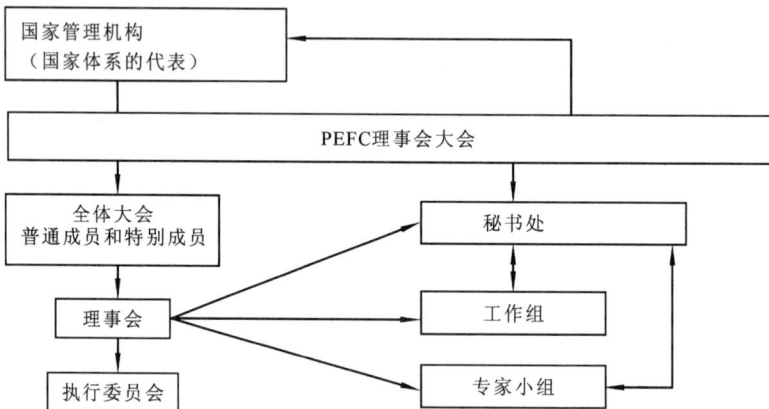

图 17　PEFC 委员会的组织

3. PEFC 委员会的要求

PEFC 的全部标准化条文和认可条件都公布于 PEFC 理事会的官方网页上。

标准

1. 森林认证体系的制定

根据 PEFC 委员会的要求,标准和森林认证体系必须以公开和透明的方式通过多利益相关群体参与的过程制定:

（1）建立一个论坛（委员会、理事会、工作组），邀请代表森林可持续经营不同方面的所有利益团体（如林场主、森林工业部门、环境和社会领域的非政府组织、贸易联盟、零售商以及国家级和亚国家级的其他相关组织）参与。

（2）对利益团体的参与情况以及它们的观点和意见，应该采取公开和透明的方式以书面形式加以记载，并给予认真考虑。

（3）通过多利益团体参与过程达成共识。

（4）在标准制定的初期阶段应该与公众交流。对标准制定过程中的信息应该加以发布和讨论，最终制订的标准草案应该分发给所有的利益团体，并进行讨论。

（5）最终标准草案应该通过正规的、全国性的咨询过程进行审议。对这些标准的执行要进行试验，采取适当的行动采纳建议，并对标准草案进行改进。

森林认证体系至少5年评估一次，以便将新的经验和科学知识融入到标准中。标准的修订过程应该采取参与、公正和透明的方式进行。

2. 森林可持续经营标准的内容

根据 PEFC 委员会的要求，森林经营的国家标准必须包含基于业绩的标准，以及基本经营系统要素（如规划），而且还必须：

（1）与当前泛欧操作准则（PEOLG）兼容和一致，任何偏差（如在某个具体问题上不一致）必须给出充分的理由。

（2）包含对森林经营和业绩的要求，这些要求必须既能适用森林经营单位水平，也能适用于任意群体和地区水平。

（3）遵循国家法律、纲要和政策；在森林认证体系文件的适当地方应该指出这种遵循关系（例如，当 PEOLG 的要求在认证标准中没有提及时，但体现在法规的规定中）。

（4）当一个国家已经认可国际劳工组织（ILO）公约，而这些公约的要求没有被纳入国家法律时，国家森林经营标准应该遵从国际劳工组织公约的核心内容。

认证方式

PEFC 委员会认可3种基本的森林认证方式：

（1）个别认证；

（2）联合认证；

（3）区域认证。

后两种方式使林场主能够组成一个群体（当这个群体是受地理区域限制时，则这种群体认证称为区域认证）并申请集体认证。林场主承诺遵守认证标准，他们遵守认证标准的情况通过定期的随机抽样方式加以检查。

独立的第三方认证具体内容如下：

对森林经营的认证和对产销监管链的认证必须由独立的、在技术方面能胜任的和公正的认证机构来完成。所有进行 PEFC 认证业务的认证机构必须满足国际标准组织（ISO）所确定的认证机构条件。国际标准组织的这些标准（ISO 准则 62, 65, 66）规定：

（1）认证机构的结构和它的外部关系；

（2）审核人员和技术专家的选择规则；

（3）认证程序，包括决策过程；

(4)抱怨、申诉和争议的规则。

审核员们将履行质量与环境管理体系审核员的一般标准，这些标准是 ISO 19011(质量与环境管理体系审核员准则)确定的，他们还要遵守各森林认证体系确定的针对特定部门的要求。

认证机构遵守这些要求的严格程度是要通过认可过程加以验证的。这个认可过程由与 PEFC 委员会和 PEFC 体系完全无关的国家认可机构完成，并遵守国际公认的 ISO(ISO 准则 61)确定的认可规则。所有可信的第三方认证，如 ISO 9001 和 ISO 14001 等，都是采用这样的程序进行认可的。

国际适用的认证和认可标准，以及国际认可论坛(IAF)或类似的国际组织促成的国家认可机构间的多边协定，使得不同国家颁布的认证证书具有同等效力。认证标准基本原则见图 18。

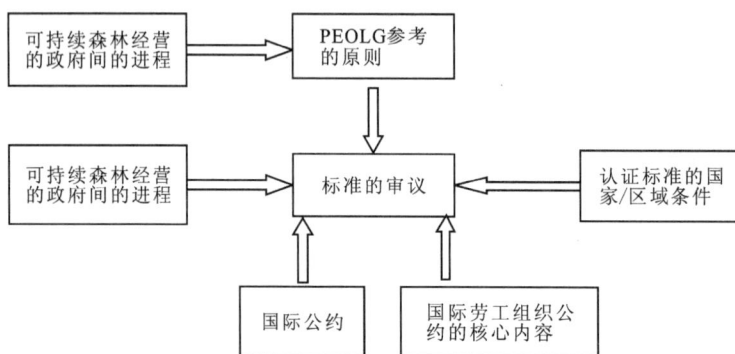

图18　森林认证标准的基本原则

磋商和公共信息的要求

1. 标准制定过程

(1)应该让所有的利益方都参与标准的制定过程。在开始制定标准时必须与公众进行交流，对不同观点要进行书面记载并给予认真考虑。

(2)最终草案要进行至少为期60天的公告，在全国范围内征求意见。

2. 认证过程

(1)所有认证条件都要由相关的 PEFC 国家管理机构在 PEFC 委员会官方网站上公布。认证程序可向认证机构索取。

(2)所有信息的发布应该符合国际公认的 ISO 准则 62，65 和 66 中提出的条件。

(3)被认证单位的信息应该可以从相关的认证机构和 PEFC 国家管理机构得到。PEFC 委员会负责所有 PEFC 证书持有人和 PEFC 标识用户的国际互联网注册。

3. 认可过程

(1)认可机构的所有程序和要求均应能够从认可机构获得。

(2)所有信息发布均应符合国际承认的 ISO 准则 61 的条件。

(3)被认可的认证机构的信息应该能够从相关的认可机构得到。

4. PEFC 认可过程

(1)各申请体系均在 PEFC 委员会网站上公布。

(2)所有利益群体和人士可以在 60 天的征求意见期内对提交的申请体系发表看法和意见。

针对小规模林场主的规定

联合认证和区域认证方式使最小的林场主也能够以具有成本有效和负责的方式获得森林认证。

认可制度

PEFC 委员会遵循的认可条件(ISO 准则 61)和认可机构设置(国家认可机构)与侧重于各种工商业活动的多数认证体系(例如，ISO 9001，ISO 14001，以及"欧盟生态管理和审计"计划(EMAS)是相同的。这种对认证体系的认可方式保证了成百上千的认证体系能够采用统一的认可程序，而不需要针对所有认证体系设立不同的认可机构。

这种认可方式意味着具有官方身份的国家认可机构要负责本国认证机构的评估，并为其颁发认可证书。

所有这些认可机构都要遵循国际承认的程序以及根据 ISO 准则 61 确定的认可条件。

国际认可论坛(IAF)和欧洲认可公司等国际伞形组织中的国家认可机构成员关系，以及它们之间的多边协定，保证了不同国家颁发的认可资格具有同等效力、兼容性和互相承认的特性。

现状

当前，PEFC 委员会已经认可了 13 个森林认证体系(奥地利、比利时、捷克共和国、丹麦、芬兰、法国、德国、拉脱维亚、挪威、西班牙、瑞典、瑞士和英国)。有 4 个森林认证体系正处于评估过程中(意大利、智利、澳大利亚和葡萄牙)。

2004 年 1 月，上述 13 个已被认可的国家森林认证体系所认证的森林总面积达 5250 万公顷，1204 多个产销监管链已经获得证书，1 万多个组织或个人已经获得 PEFC 标识的使用权。

产销监管链

PEFC 委员会框架还包括产销监管链认证规则，使得 PEFC 产销监管链认证证书持有人能够在产销监管链全过程(从森林这个最初环节到最终的消费者)对认证原料的含量加以验证。经独立第三方(认证机构)认证的产销监管链是一个公司使用 PEFC 标识作为产品标签的前提条件。

PEFC 委员会产销监管链规则分为下述两种方法：

(1)物理分离法；

(2)百分比法。

在物理分离法中，来自认证森林的原材料必须与未认证原材料物理分离。

百分比法允许公司对认证材料和非认证材料混合加工，但必须向消费者说明认证原料的含量。在使用认证原料百分比方法时，有以下两个选择：

(1)第一种选择是所谓的"最小平均百分比体系"，要求认证百分比必须用于得出这个百分比的整个生产批次；

（2）投入产出法允许认证百分比用于某生产批次的适当部分（例如，当认证百分比为20%时，那么该生产批次的20%的产品被看做是经过认证的）。

PEFC委员会还包括有关非认证木材的条件，并且要求生产过程不得使用有争议来源的木材（如非法采伐和来自保护区的木材）。

标签和标识

PEFC委员会提供它自己的标识，一个经过注册的商标。PEFC标识的使用必须以PEFC标识使用许可证为依据。PEFC标识使用许可证由PEFC委员会或代表PEFC委员会的各国家管理机构颁发。在使用PEFC标识时，必须与PEFC标识许可证号同时使用，这个PEFC许可证号对于PEFC标识使用者而言是唯一的，无论PEFC标识是在产品上使用还是在该产品的包装或宣传材料上使用。PEFC委员会具有所有PEFC标识用户的国际互联网数据库。

PEFC委员会具有以下4个PEFC标识用户群：

（1）国家管理机构A；

（2）林场主/森林经营者B；

（3）森林工业C；

（4）非商业用户D。

只有B类和C类用户可以将PEFC标识用做产品上的标签，而且只要他们拥有森林经营认证证书或产销监管链认证证书，就可以取得PEFC标识使用许可证。

根据产销监管链规则，只有当认证原料的含量超过70%时才可以在与产品相关的材料上使用PEFC标识。PEFC标识的使用由森林认证机构管理，作为其森林经营审核或产销监管链审核的一部分。

政治环境和展望

PEFC委员会所依据的原则是辅助性的，因此影响认证活动的基本决策是在地方或国家水平制定的。

PEFC委员会已经得到国家和国际范围广大林场主和森林工业部门的大力支持，也同样得到来自贸易领域和科研领域的支持。许多在PEFC框架下被认可的国家认证体系已经得到地方或国家的环境非政府组织（如法国、波兰、美国、加拿大、马来西亚和奥地利的环境非政府组织）的支持。

该体系的信息获取

PEFC委员会的信息请查看其官方网页www. pefc. org，该网页包含所有的PEFC标准文件、小册子（多语种）和PEFC认可计划。从该网页还可链接到各国的PEFC网站。

PEFC委员会的交互式国际互联网数据库中，可以查找到全部持有PEFC证书的PEFC标识用户的信息。

联系方式：17 Rue des Girondinds   L-1626 Luxembourg

电话：+353 – 2625 – 9059   E-mail：pefc@ pt. lu

（雷静品 译   王虹 校）

七、可持续森林倡议(SFI)

体系类型

SFI 是一个在北美多国范围内使用的可持续林业和认证项目,它的认证标准和认证程序的管理是由一个独立的专门成立的机构来运作的。

应用范围

SFI 的设计适合了北美的法律和文化背景。它适用于所有的森林生态系统类型,对于可持续的木材产品和其他林产品具有非常重要的意义。

创立的时间及发展历史

SFI 成立于 1994 年 10 月,1995 年开始执行。

两个重要事件推动了 SFI 的成立。第一个是 1987 年的 Brundtland 报告《我们共同的未来》(WCED,1987),该报告提出了关于全球可持续发展的理念;第二个是 1992 年在里约热内卢召开的地球峰会。这次会议使全球的注意力都聚焦到可持续林业上,最终讨论的结果是对可持续林业的定义达成全面共识,主要包含两个关键内容:

(1)Brundtland 报告:可持续发展既满足了当代人的需求,而又不损害后代人满足其需求的能力。

(2)森林经营一定是经济可行的、社会可接受的,同时又保护了环境。

1990 年,美国森林委员会代表美国纸业研究所和国家林产品协会,召开了一个"林业的未来"大会,开始了 SFI 建立的过程,这次大会促成了 1992 年通过的 10 项森林管理原则。1994 年,美国林产品和纸业协会(AF&PA,美国纸业研究所和国家林产品协会合并成一个机构)发起了一场关于"显著改善产业实践和报告成果"的运动,从而建立了最初的 SFI 原则和实施方针。1994 年 10 月 14 日,AF&PA 董事会开始采用可持续林业倡议的原则和实施方针,董事会允许会员公司在 1995 年 12 月 31 日前证明他们采取和遵从 SFI 原则和实施方针的情况。

SFI 于 1995 年启动时只是作为 AF&PA 成员的章程,并不是出于认证的目的,而是为工业企业在其自由拥有土地上改进的森林经营提供一个良好的依据,也有助于建立一套监督和报告程序,使投资人、顾客及大众了解森林可持续经营是业界的准则。1996 年,AF&PA 开除了 15 个会员公司,因为拒绝或没有达到 SFI 的要求。另外 10 家公司离开 AF&PA,因不愿承担标准遵从所需的费用。代表着 2100 万公顷森林的 199 家公司与 SFI 要求保持一致。

1998 年，SFI 的原则和执行方针发展成为 SFI 标准(SFIS)。

随着 SFI 的发展，外部人员也被邀请来对其内容、管理和业绩进行审核和批评，最初的专家审核小组由专业和学院以及公共机构中的环境、保护方面最顶尖的专家组成，成立于 1995 年。从 1997 年开始，这个小组就命名为外部审核小组，在独立的规章制度下进行运作。它可以选择自己的成员和活动日程，从其他机构中获得公众信息，并且为 SFI 提供质量控制的功能。现在该小组由 18 名成员组成，定期地对 SFI 的进展报告、标准和相关问题进行评估。

SFI 对于北美森林的影响始于 AF&PA 在私有林中应用 SFIS。1995 年这种林地在美国大约占 14%，约有 36% 的林产品出自这里。1998 年，非会员和公共机构都可以成为 SFI 执照持有者。到 2003 年 12 月，美国和加拿大的大约 89 个公共和私人机构通过许可对 SFI 作出承诺，使得超过 2600 万公顷的森林在 SFIS 要求下经营。

质量控制和可信度：评审小组的主要职责就是确保 SFI 提交的数据资料是经过准确分析的。在该项目实施的第一年，主要关注数据分析。AF&PA 会员完善了数据管理和分析的方法，可以确保准确性，还能维护私人公司的商业机密。小组花费大量时间对方法、结果及其结果的解释进行审核。当每年所有的报告都能确保精确和可靠时，该项目才能继续运行。

随着项目的进展，数据开始反映趋势，小组的注意力也转移到数据的来源上。1999 年，外部审核小组、AF&PA、Izaak Walton League、森林保护基金和 Rockefeller 兄弟基金合作成立了一个森林监测项目(FMP)。由 Izaak Walton League 和来自美国农业部门的森林学者主持。

FMP 在 3 年时间内进行了 50 余个实地审核，评估了实地操作如何有效地支持 SFI 的年度进展。这些考察和评估帮助在实地操作水平上找出问题并公开解决问题的示例。当参与者就某一绩效审核不知如何记录遵从情况时，FMP 会把问题带回外部审核小组和 AF&PA，供研究和调查。

在 FMP 结果的基础上，外部审核小组要保证 SFI 进展报告真实地反映森林管理的实际情况。现今，SFI 下的大多数土地已经获得了独立的第三方认证，FMP 也停止了，区域质量控制转而成为独立的认证机构的职责。

结构和管理

SFI 最初是在 AF&PA 成立和运行起来的。在 2001 年间，SFI 标准和认证程序的管理由 15 名会员组成的独立的可持续森林理事会(SFB)执行，这样可以促进该计划的高效性和可靠性。SFB 由 1/3 的环保组织、1/3 的学院专家和 1/3 的森林产业领导者构成。2002 年 1 月，SFB 完成了法律上从 AF&PA 的分离，这样就确保了 SFI 标准和认证程序的管理由独立的非利益团体执行。

标准

森林专家和科学家在与多数森林拥有者、伐木工人、保护专家和其他权益相关者的帮助下，制定了 SFI 最初的原则和执行方针。除此之外，AF&PA 举行了一场更为广泛的意见调查以确定对于公众、消费者、保护专家、工业评论家和林地管理者最重要的森林可持续发展问题。

自愿验证和认证开始于 1998 年，SFI 项目的参与者可以聘请独立的、第三方评估员来审核他们是否与 SFI 标准保持一致。这项制度发展得很快，到 1998 年，283000 公顷的森林已经得到了认证。2001 年，该认证进程的广泛使用促成了该标准的完善，并与国际标准化组织的程序和协议相协调。

2001 年间，新成立的 SFB 对 2001 SFI 标准寻求公众的审核和评论。在审核的基础上，SFB 对 SFIS 进行了重要改进，包括其中包括针对"森林的特殊保护价值"的改进。2002 ~ 2004 年，SFI 标准要求 SFI 参与者与 NatureServe 或其他类似的专业机构合作，为那些已处于危险边缘的物种和群落的区域制订保护计划（NatureServe 是一个非营利性的机构，通过与 Nature Conservancy 以及其他的科技网络合作，致力于为自然界的保护提供知识）。另外，还呼吁 SFI 项目的参与者制定一个采购政策，推动北美以外的热带雨林和生物多样性热点地区的保护，同时也为消除非法采伐作出贡献。

SFB 对 SFI 标准也采取 3 年一次的审核。2004 年，为制定未来的 2005 版的 SFIS 采用了正式的审核过程。

认证方式

SFIS 要求项目的参与者通过一定的政策、计划和程序与可持续森林发展的理念保持一致。包括通过有强制性指标的绩效测评来实现所有项目目标。由于项目的参与者来自环境、法律、经济、地理和文化方面，针对这种复杂性，SFI 把根据 SFIS 制订相应计划的责任加于项目参与者，参与者可以自愿地选择根据 SFIS 进行独立的第三方认证。

依照收录于 2002 ~ 2004 SFIS 一系列认证原则和程序，认证由具有资格的审核员进行。

审核小组根据审核的结果来决定该组织的业绩是否与 SFIS 相一致。业绩要遵照以下几个方面：操作程序的检查，与林业有关材料的研究，实地考察。同时，审核小组还要与雇员、承包商和其他团体（政府机构、社团、保护组织）进行适时的交流。当符合以下几种情况时，审核小组就可以颁发证书：

（1）没有与 SFIS 不一致的地方；

（2）次要的不符合项在审核员的指导下及时更正过来；

（3）主要的不符合项已经消除。

主要不符合项存在以下几种情况：

（1）一个或多个 SFI 目标/业绩措施未执行；

（2）几个与 SFIS 不相一致的问题加起来，使评估者认为 SFI 目标/业绩措施没有充分得到执行。

一旦申请者获得了证书，3 年后他们必须经受审核，以后每隔 5 年进行一次审核。

磋商和公众信息的要求

在 SFI 项目中，有多种水平的协商和公众信息。在项目的水平上，AF&PA，SFB 和外部审核小组的网站上都可以获得信息。这种信息的广泛公布，促使公众参与到 2004SFIS 的审核当中。SFB 也开通了审核员论坛与消费者论坛，这样可以帮助重要参与者的观点与该项目的持续发展理念相结合。

在 2002 ~ 2004 年，SFIS 采用了公众审核过程。2004 年，SFB 建立了一个更为广泛的审核程序，目标就是提高 2005 标准的质量。审核过程中，邀请 SFI 项目参与者和公众的广泛参加。2004 年 7 月，SFIS 的修改版提议公示 30 天，9 月，在各个公众研讨会上公布，10 月向公众简要说明这些意见后，12 月 SFB 将做出决定。

在参与者的水平上，SFI 项目要求已获得认证的申请者对于他们认证的报告和主要发现做出一份总结报告。申请者遵循联邦贸易委员会针对产品广告的方针，这样可以保证所有的声明都是正确的，并且与可适用的市场方针和政策相一致。正式的申诉程序对质疑 SFI 证书的个人和团体是开放的。如其指出的，如果任何公众提出参与者的不符合项，参与者要公开应对。

在执行的水平上，外部审核小组坚持"全国性不一致操作实践登录点"，任何个人可以对 SFI 项目申请者与 SFIS 不协调的行为进行申诉。对于匿名的申诉者给于严格的保护，ERP 与 SFI 执行委员会、项目申请者、外部专家一起对申诉进行审核，确保采取正确的措施和对申诉者进行回复。

SFI 执行委员会在当地水平上的工作主要是扩大森林可持续经营的范围和确保实地取得进展。SFI 项目参与者发挥了领先的作用，邀请更大范围内的权益相关者参与进来，如：私人土地所有者、独立的伐木工、咨询专家、政府土地的经营者、立法者、学院专家和保护专家。这些专业人员自愿投入大量的时间，可以确保国家 SFI 项目始终如一地执行，并且满足特殊地域的要求。国家和省级森林协会经常会成立执行委员会，目前已在美国的 38 个州和 5 个加拿大省设立。开展的主要活动包括：教育和培训、质量控制、信息交流和报告。执行委员会是基于州和省的，任何人都可以对非法的不符标准的行为提出申诉和质疑。对于申诉的渠道，还开通了热线电话和电子邮箱等。

其他公众和专家可以通过研讨会，SFI 每年公布的进展报告，热线电话和 SFI 网站获得更多信息。

针对小规模林场主的规定

美国 SFI 计划的申请者面对的形势是：大约 58% 的林地和超过 59% 的木材都来自于 1000 万公顷的私有林。在加拿大，这个数量是很少的，但是私人林地的重要性仍然不能忽视，特别是在其东部地区。在这些区域提高森林可持续经营是 SFI 的重要内容。

2000 年，SFI 和美国林场协会达成互认，以提高对于家庭林地的可持续管理。美国林场协会是世界上资格最老的可持续森林认证机构，目前包括有 60000 多名森林拥有者，占据着美国 1050 万公顷的森林。SFI 还在考虑与其他项目互认。目标的建立一个互认的程序，只要其他项目的可持续林业目标和认证过程与 SFIS 在同一水平上。

影响未参加任何认证的林地的管理是困难且复杂的。SFI 项目主要针对初级木材加工过程。SFI 项目的申请者大概占有至少美国林产品的 50% 和美国纸业的 87%。为了达到 SFIS 的要求，初级过程必须把 SFI 项目要求的所有方面都与职员、消费者和森林管理者、独立的伐木承包者、森林拥有者进行交流。因为大多数工厂购买的一半以上的木材依赖于私人土地所有者，而他们并没有权利规定其土地的使用和管理，这时的任务就在于交流、教育、推动和鼓励。

SFIS 要求每个 SFI 申请者制定一个书面的采购政策；但是在美国的法律下，采购政策的具体内容只能由公司决定。SFIS 最新规定所有项目的申请者要有可验证的审核或监督体系，来评价森林的营造。在木材的供给上，必须采用最好的管理措施（BMP）。如今，培训过的采伐工人生产的 92% 的木材提供给了 SFI 申请者，而在 1995 年只有 34%。SFI 以这种方式在参考者不直接拥有或不能控制的土地上给实地林业操作带来变化。

认可制度

在 2002~2004 的 SFI 标准下，SFB 制定了第三方审核资质要求。在注册认可董事会（RAB）、加拿大环境审核联合会（CEAA）或同等机构，SFI 项目主任审核员必须获得高级资格证书。除此之外，SFI 第三方主任审核员要经过适当的培训和教育，并具备一定经验，达到美国国家标准局（ANSI/RAB）或同水平的要求。

SFB 同样要求每个审核公司要接受实地同业审核，至少每年一个，被批准继续开展 SFI 认证。森林专家组成的解释委员会与 SFB 一起，对于收到的问题进行回复和解释，为那些申请者就是否达到 SFI 的实地要求提供信息服务。

现状

截止到 2003 年 12 月 31 日，已经有 206 名申请者加入 SFI 项目中，其中 118 名来自 AF&PA，还有 88 名来自州政府、当地政府、保护组织和其他土地拥有者中获许可的人。该项目中已包含了 5500 万公顷森林，4100 万公顷已获得了第三方认证。

产销监管链

美国木材供给的复杂性在于"从树桩到商店"的产销监管链追踪体系，在很多情况下难以做到。SFI 对于此难题采取了多种解决方法。已认证的 SFI 申请者期望产品上的 SFI 标志证明原材料 100% 来自于经过独立的第三方认证的合格森林，主要来源包括：

（1）符合 SFI 标准或其他可靠标准的森林区域；

（2）被认证符合 SFI 标准的采购体系；

（3）或者是以上两者结合，但来自其他认可来源的木材不能超过 2/3（重量上）。

希望三个二级标志中的一个二级生产者（直接来自林地的木材占 50% 以下）必须证明：产品中至少 2/3（重量）的木材或木纤维或生产组件来自独立第三方认证的来源或中性来源，如循环或再生的纤维。所有非美国和非加拿大的木材必须经过通过可接受的体系的认证，或来自其他中性或可靠的来源。

标志和标识

自 2002 年，SFI 项目的产品标签授予具有资格的 SFI 申请者。有四种可使用的标志（图 20）[1]：

（1）"认证的参与者"指那些在制造业中有 50% 或以上的原料来自林地或销售自产木材的供应商。

（2）"参与的制造商"为最终产品生产者。比如：板材、家具、窗户、门和壁橱。

（3）"参与的出版者"定义为杂志、出版物和目录的创办者。

（4）"参与的零售商"定义为那些木材和纸张的零售商。

以上每种类型都有自己的认证要求，包括获得 SFI 项目标志使用要求的文件。获得标志的使用权即为获得认证合格的申请者，举例来说：一家公司直接来源于森林的原材料必须经过关于2002—2004 SFI标准的、独立的第三方进行认证，同时必须满足SFI项目标签使用和许可办公室的附加要求。附加要求包括：

(1)所有初级来源必须来自独立第三方资源，但是来自其他可信来源的原材料不能超过2/3(重量)。

(2)根据SFI标准5.32小节规定：获得认可的采购体系包括来自那些中性来源的原材料，比如：木屑的再生产，也包括来自美国和加拿大以外的可靠来源，比如人造林或其他经营良好的森林，符合可持续森林发展的理念，不构成非法伐木。

初级生产者使用的标志表示由该家公司生产的产品完全符合SFI项目的原则。还进一步表示这家公司受到第三方的审核，这样可以确保他们所做出声明的可靠性。SFI不仅针对属于该公司的森林，还包括一系列明确的措施可以影响到其他不属于SFI或其他认证机构的伐木者、家庭森林拥有者和其他供给体系的拥有者。通过对林地拥有者的伐木培训和教育，以及对伐木行为的审核，SFI申请者影响到大范围内的森林管理、采收和造林。除他们直接拥有和管理的1亿英亩的森林，通过审核程序至少还影响到另外1亿~2亿英亩(4000万~80000万公顷)的林地。

在产品上使用SFI标识的参与者，必须接受定期的监督审核，以验证他们一直遵循SFI的标准。

图20　SFI图标

政治环境和展望

对于SFI项目，既有大范围的支持者，也有强烈的反对者。大概有30个私人保护和资源组织正式表示了对SFI的支持，另外19个州也已经通过了决议表示支持。这些组织机构的名单可以登录以下网站获得：www. aboutsfi. org。

支持的组织一般包括：自然资源机构(美国鸟类保护协会，美国森林和蝙蝠保护协会)，土地保护组织，专业组织(美国森林组织，野生动物组织)，劳工协会，政府机构(国务院、国家森林工作者联合会)。其中一些组织机构已经作为代表参加外部评审小组和可持续森林发展理事会，协助制定有效的计划来促进森林的可持续发展。

反对者主要来自于激进主义组织，他们批评SFI扎根于森林产业部门，控诉SFI缺少其他森林认证体系所具有的独立性、严格的环境体系和社会方面的要求。2002~2004年的SFI标准和目前SFB的管理工作都针对这些批评展开。

该项目的相关信息获取

关于SFI计划的信息可以从以下网站获得：

(1)www. aboutsfi. org;

（2）www. aboutsfb. org；

（3）www. abouterp. org；

（4）www. sfiprogram. info；

（5）www. afandpa. org。

联系方式：

1111 Nineteenth Street

NW，Suite 800

Washington，DC

20036 USA

注释：

1. 所有的 SFI 标志都注册为 AF&PA 的服务标记。

（刘再娥 译　凌林 校）

附件 2　信息来源

国际标准化组织(ISO)

　　国际标准化组织的网址：www. iso. org，可提供该组织的有关信息以及 ISO 的标准和指南(大多数材料需要购买)。

认证体系的网站

　　下面列举了一些主要认证体系的网站，大多数认证体系的网站都提供背景资料、相关的文件及认证机构、已认证的森林和产销监管链的信息。

国际体系

森林管理委员会(FSC)	www. fscoax. org, www. fsc-info. org
森林认证体系认可计划(PEFC)	www. pefc. org。该网站特别有用,它也提供所有参与国家的体系的链接

国家体系

澳大利亚:澳大利亚林业标准（AFS）	www. forestrystandard. org. au
智利：CertforChile	www. certfor. org
加拿大:加拿大标准联合会(CSA)	www. certifiedwood. csa. ca
印度尼西亚：Lembaga Ecolabel Indonesia（Indonesian Eco-labelling Foundation-LEI）	www. lei. or. id
马来西亚:马来西亚木材认证委员会（MTCC）	www. mtcc. com. my
美国:可持续林业倡议(SFI)	www. aboutsfi. org; www. aboutsfb. org; www. sfiprogram. info

政府间的标准和指标进程

　　各类网址对政府间的标准和指标进程提供了进一步的信息，最有用的信息之一是联合国粮农组织（FAO）的综述，介绍了各个进程及相关信息，参见 www. fao. org/forestry/site/16588/en。

　　关于每个具体的进程详见如下网址：

保护欧洲森林的部长级会议（泛欧进程）	www. mcpfe. org
蒙特利尔进程	www. mpci. org
国际热带木材组织（ITTO）	www. itto. or. jp
非洲木材组织（ATO）	www. focusintl. com/whos0008. htm
Lepaterique 进程	www. rds. org. hn/forestal/manejo/criterios_indicadores/zapata. shtml

对认证体系的批评意见

有关文献提供了对认证体系的批评，列举如下：

Counsell, S and Loraas, K T (2002) 'Trading in credibility: The myth and reality of the Forest Stewardship Council', Rainforest Foundation, London

Fern, (2001) 'Behind the logo: An environmental and social assessment of forest certification schemes', www. fern. org

Fern, (2004) 'Footprints in the forest: Current practice and future challenges in forest certification', www. fern. org

Freris, N and Laschefski, K (2001) 'Seeing the wood from the trees', The Ecologist, vol. 31 (6), www. theecologist. org

Greenpeace and Luonto-Liitto (2001) *Anything GoesReport on PEFC Certified Finnish Forestry* and *Anything GoesReport on PEFC Certified Finnish Forestry: Part Two*, 10 April 10 2001, www. pefcwatch. org/finreport2/index. html

Meridian Institute (2001) *Comparative Analysis of the Forest Stewardship Council and Sustainable Forestry Initiative Certification Programmes*, Meridian Institute, Washington, DC

AKU Germany and 46 other NGOs (2003) 'NGOs reject Malaysia's attempts to whitewash its timber practices', Joint NGO statement, 26 May 2003, www. fern. org

Tan, A (2003) *On the Ground: Green Stamp of Approval or Rubber Stamp of Destruction?* Forest Ethics, Greenpeace Canada and Sierra Club of Canada, British Columbia Chapter, Ottawa, Canada

Vallejo, N and Hauselmann, P (2001) 'PEFC: An analysis', WWF Discussion Paper, Pi Environmental Consulting, Pully

参与或报告森林认证的一些机构

下面列举了提供森林认证信息的其他网址。这些网址经常变化，但是，这些网址和其他相关网址联系密切，通过搜索能够直接找到更多的网址。

Greenpeace Canada and Sierra Club of Canada 加拿大绿色和平组织和加拿大塞拉俱乐部	www. sierraclub. ca
European Forest Institute 欧洲林业研究所	www. efi. fi
United Nations Food and Agriculture Organization 联合国粮农组织	www. fao. org/forestry
Fern 森林与欧盟资源网络(FAO)	www. fern. org
Forest Certification Watch 森林认证观察	www. certificationwatch. org
Forest Trends 森林趋势	www. foresttrends. org
World Wide Fund for Nature 世界自然基金会	www. panda. org/forestandtrade
Global Forest and Trade Network 全球森林贸易网络(GFTN)	
Deutsche Gesellschaft für Technische Zusammenarbeit 德国技术合作公司(GTZ)	www. gtz. de/forest_certification/english
The Forests Dialogue 森林对话	www. theforestsdialogue. org
Tropical Forest Trust 热带森林协会(TFT)	www. tropicalforesttrust. com
World Bank-WWF Forest Alliance 世界银行/WWF 森林联盟	www. forest-alliance. org

非法采伐

对于想了解非法采伐及抵制措施的人，英国的 Royal Institute for International Affairs（RIIA）管理的网址大概是最好的入手点，该网址 www. illegal-logging. info 为非法采伐的其他网址提供了较全面的链接。

执行采购政策方面的信息

Poynton, S（2003）*Good Wood Good Business：A practical industry-oriented guide to excluding illegal and other unwanted wood from your supply chain*, Tropical Forest Trust（TFT）, www. tropicalforesttrust. com

White, G and Sarshar, D（2004）*Responsible Purchasing of Forest Products*, WWF Global Forest and Trade Network, www. panda. org/forestandtrade

术语表

认可机构(Accreditation body)：向认证机构发出正式认可的权威性机构，证明认证机构有能力执行所规定的任务。

评估(Assessment)：按照要求评价森林及其管理遵从标准的情况。

评估员(Assessor)：经过培训，有能力和被批准从事评估工作的人员。

审核(Audit)：见评估，两个词的解释相同。

审核员(Auditor)：见评估员，两个词的解释相同。

认证机构(Certification body/Certifier)：被认可、专门从事认证标准遵从性审核的机构。

认证体系(Certification system/Scheme)：森林认证的一组规则，包括标准、认证、认证过程、认可、声明的规则，大多数认证体系是由专门的机构建立的。

产销监管链(Chain of custody)：追踪和跟踪被认证的材料，从其在森林中的起源到最终产品。

清除不遵从/差距(Closing-out non-compliances or gaps)：采取行动解决已识别的不遵从项目/差距的过程，确保完全遵从认证标准。

清除不符合项(Corrective action request, CAR)：要求采取行动，解决已识别的未遵从标准要求的内容。

标准(Criteria)：定义认证原则的一些关键要素。

森林经营单位(Forest management unit, FMU)：可以开展森林认证的明确区域(通常是森林经营方案所涵盖的区域)。

差距(Gaps)：是指目前的管理还不能满足标准要求的方面。

指标(Indicator)：森林生态系统或者管理体系的一个变量或组成部分，用于推断特定标准的状况。

国际标准化组织(International Organization for Standardization, ISO)：国际标准化组织制定了国际标准，包括认可机构、认证机构和标准设立的指南。

不遵从(Non-conformance)：不能够满足标准的需要。

不一致(Non-conformance)：和不遵从的意思一致，可以替换使用。

原则(Principle)：一套最基本的原理或法律，作为推理或者行动的基础，在森林可持续经营的框架下，原则可以作为可持续经营森林的基本框架，并为标准、指标和验证提供坚实的依据(源于 CIFOR, 1999)。

注册机构/注册员(Registration body/Registrar)：类似于认证机构一词，在北美使用较多。

利益相关者/权益相关者(Stakeholders)：个人或者机构在森林提供的产品或服务方面具有合法的利益，包括立法者、所有者、经营者、雇员、承包人、当地社区、原住居民、环境利益群体、投资者、保险业者、研究人员、消费者和公众。

标准(Standard)：是一套文件，它包含的技术参数或其他精确的标准参数(criteria)在规则、指南和具体特性定义中使用一致，以确保材料、产品、加工和服务能够满足其目的的一套文件。

监管(Surveillance)：对已认证的森林及其经营进行周期性的检查，以确保其始终遵从认证标准。

验证因子(Verifier)：将指标具体化，或简化指标评估的信息。

（王虹　韩峥 译校）

附件3 编译术语汇总

认可机构	Accreditation body
年度监督回访	Annual surveillance visit
年度采伐类别	Annual cutting categories
评估员	Assessor
审核员	Auditor
碳汇	Carbon sinks
认证机构	Certification body/certifier
认证过程	Certification process
产销监管链	Chains of custody(CoC)
(森林管理委员会(FSC))议事组	Chamber
声明	Claim
清理不符合项	Closing out gaps
兼容性	Compatibility
符合性评估	Conformity assessment
协商(磋商)或公众信息(通报)	Consultation or public information
清除不符合项	Corrective action requests (CARs)
主要不符合项/前提条件/先决条件	Main CARs
次要不符合项/条件	Minor CARs
可靠性/可信性/信任度	Credibility
(法律)的实施	Enforcement
公平性	Equity of access
森林经营体系	Forest management system
施政	Governance
联合认证/群体认证	Group certification

指南/指导方针	Guide/guideline
等级框架	Hierarchical framework
独立协调员	Independent facilitator
标识	Logo
标签	Labeling
市场准入	Market access
不符合项	Non-compliances
名义批次	Nominal batch
绩效标准/行为标准	Performance standard
政治环境和支持	Politics and perceptions
分阶段认证/阶段性认证	Phased certification
部分产出的百分比/投入 – 产出法/数量核算法	Percentage in-percentage out/in-output/volume accounting
体系/方案	Scheme
小规模林场主	Small forest enterprise
监督	Surveillance
森林可持续经营	Sustainable forest management

（王虹　韩峥 译校）

附件 4　简写词和缩写词

ACHIS（Chilean Safety Association）智利安全协会

AF&PA（American Forest and Paper Association）美国林纸协会

AFS（Australian Forestry Standard）澳大利亚林业标准

AHP（analytical hierarchy process）层次分析法

API（American Paper Institute）美国纸业协会

ANSI（American National Standards Institute）美国国家标准协会

ATFS（American Tree Farm System）美国林场体系/美国林场协会

ATO（African Timber Organization）非洲木材组织

BMP（best management practice）良好经营实践

C&I（criteria and indicators）标准和指标

CAR（corrective action request）改正行动要求

CB（certification body）认证机构

CBFM（sustainable community-based forest management）基于社区的森林可持续经营

CBO（constituent-based organization）以选举为基础的组织

CCFM（canadian council of forest Ministers）加拿大森林部长理事会

CCP（critical control point）关键控制点

CDM（Clean Development Mechanism）清洁发展机制

CEA（Canadian Environmental Auditing）加拿大环境审计

CEA（certified environmental auditor）被认可的环境审核员

CEAA（Canadian Environmental Auditing Association）加拿大环境审计协会

CEPI（Confederation of European Paper Industries）欧洲纸业联合会

CIFOR（Centre for International Forestry Research）国际林业研究中心

CoC（chain of custody）产销监管链

CODEFF［Concepción, Econativa（Chile）］智利

CONAF［Chilean Forest Service（Corporación Nacional Forestal）］智利林务局

CORFO［Chilean Development Corporation（Corporación de Fomento de la Producción）］智利发展
公司

CORMA［Corporación Chilena de la Madera（Chilean Forest Owners Association）］智利林主协会

CRC（Certification Review Council）认证评审委员会

CSA（Canadian Standards Association）加拿大标准协会

DFA（defined forest area）确定的森林面积

DIS（Draft International Standard）国际标准草案

DIY（do-it-yourself）自己动手做

DSM（Department of Standards Malaysia）马来西亚标准局

EA（European Co-operation for Accreditation）欧洲合作认可

ECF（Enabling Conditions Framework）法律政策框架

EFTA（European Free Trade Association）欧洲自由贸易协会

EMAS（The European Union's Eco-Management and Audit Scheme）欧盟的生态管理和审计体系

EMS（environmental management system）环境管理体系

ENGO（environmental non-governmental organization）环境非政府组织

EU（European Union）欧盟

FAO（United Nations Food and Agriculture Organization）联合国粮农组织

FDIS（Final Draft International Standard）国际最终标准草案

FFCS（Finnish Forest Certification Scheme）芬兰森林认证体系

FLEGT（EU Action Plan for Forest Law Enforcement, Governance and Trade）欧盟森林法执行、施政和贸易行动计划

FLO（Fairtrade Labelling Organization）公平贸易标签组织

FMP（Forest Monitoring Project）森林监测项目

FMU（forest management unit）森林管理单位

FoE（Friends of the Earth）地球之友

FSC（Forest Stewardship Council）森林管理委员会

FTC（US Federal Trade Commission）美国联邦贸易委员会

G8［Informal group of eight developed countries（Canada, France, Germany, Italy, Japan, Russia, the UK and the US）, which meets annually for a Summit］八个发达国家的非正式团组，简称八国集团（加拿大、法国、德国、意大利、日本、俄罗斯、英国和美国），每年开会一次

GEF（Global Environment Facility）全球环境基金

GFTN［Global Forest and Trade Network（of the WWF）］WWF 的全球森林贸易网络

GIS（geographical information systems）地理信息系统

GMO（genetically modified organism）遗传改良的生物

GPS（geographical positioning systems）全球定位系统

GTZ（Deutsche Gesellschaft für Technische Zusammenarbeit）德国技术合作公司

ha（hectares）公顷

HCVF（high conservation value forests）高保护价值森林

IAF（International Accreditation Forum）国际认可论坛

IFF（Intergovernmental Forum on Forests）政府间森林论坛

IFIR（International Forest Industries Round Table）国际森林工业圆桌会议

ILO（International Labour Organization/Office）国际劳工组织

INFOR［Chilean Forestry Institute（Instituto Forestal）］智利国家林业研究所

INN［Instituto Nacional de Normalización（National Standards Institute of Chile）］智利国家标准研究所

IPF（Intergovernmental Panel on Forests）政府间森林问题工作组

ISEAL（Social and Environmental Accreditation and Labelling Alliance）社会环境认可标签联盟

ISO（International Organization for Standardization）国际标准化组织

ITTO（International Tropical Timber Organization）国际热带木材组织

IUCN（World Conservation Union）世界自然保护联盟

IUFRO（International Union of Forest Research Organizations）国际森林研究机构联合会

JCP（joint certification programme）联合认证项目

LCA（life cycle analysis）生活周期分析

LEI［Lembaga Ekolabel Indonesia（Indonesian Eco-labelling Foundation）］印度尼西亚生态标签基金

LTM（Legitimacy Thresholds Model）合法性阈值模型

MAI（mean annual increment）平均年生长量

MC&I（Malaysian criteria and indicators）马来西亚标准和指标

MCPFE（Ministerial Conference on Protection of Forests in Europe）保护欧洲森林部长会议

MDF（medium density fibreboard）中密度纤维板

MIV（modular implementation and verification）模块的实施和验证

MTCC（Malaysian Timber Certification Council）马来西亚木材认证理事会

NFPA（National Forest Products Association）国家林产品协会

NGB（national governing body）国家管理机构

NGO（non-governmental organization）非政府组织

NTCC［National Timber Certification Council, Malaysia（now MTCC）］马来西亚国家木材认证理事会，现在是马来西亚木材认证理事会

OPIC（Overseas Private Investment Corporation）海外私人投资企业

OSB（oriented strand board）定向刨花板或定向结构板

P&C（principles and criteria）原则和标准

PCF（provincial communication forum）省级交流论坛

PEFC［Programme for the Endorsement of Forest Certification（formerly the Pan-European Forest Certification Scheme）］森林认证体系认可计划（PEFC）（过去的泛欧林业认证体系）

PEOLG（Pan-European Operational-level Guidelines）泛欧作业指南

PRB（personnel registration body）人员注册机构

PRF（permanent reserved forest）永久保护森林

RAB（US Registrar Accreditation Board）美国注册认可董事会

RAG（Rainforest Action Group）雨林行动集团

RIIA（Royal Institute for International Affairs）皇家国际事务研究所

RPF（registered professional forester）注册的专业森林工作者

SAG［Chilean Agriculture and Livestock Service（Servicio Agrícola y Ganadero）］智利农业畜牧局

SAI（Social Accountability International）国际社会责任组织

SCC（Standards Council of Canada）加拿大标准委员会

SCS（Scientific Certification Systems）科学认证体系

SES（Small Enterprise Scheme）小企业计划

SFB（Sustainable Forestry Board）可持续林业董事会

SFE（small forest enterprise）小规模森林企业

SFI（Sustainable Forestry Initiative）（美国林纸协会的）可持续林业倡议

SFIS（Sustainable Forestry Initiative Standard）可持续林业倡议标准

SFM（sustainable forest management）可持续森林经营

SFM TC（sustainable forest management technical committee）可持续森林经营技术委员会

SFPM（sustainable forest plantation management）可持续森林的人工林经营

SGS（Société Générale de Surveillance）通标标准公司

SIC（Sustainable Forestry Initiative implementation committee）可持续林业倡议执行委员会

SLIMF（small and low-intensity managed forest）小规模非集约经营林

SNPFM（sustainable natural production forest management）可持续天然林产品经营

SOP（standard of performance）业绩标准

SSC〔SvenskSkogsCertifiering（Swedish forest certification）〕瑞典森林认证

TBT（technical barrier to trade）贸易技术壁垒

TFT（Tropical Forest Trust）热带森林协会

UFMA（Union of Forest Management Associations）森林经营协会联盟

UK（United Kingdom）英国

UKAS（United Kingdom Accreditation Service）英国皇家认可服务局

UKWAS（UK Woodland Assurance Scheme）英国森林保护计划

UNCED（United Nations Conference on Environment and Development）联合国环境和发展大会

UNDP（United Nations Development Programme）联合国开发计划署

UNEP（United Nations Environment Programme）联合国环境规划署

UNFF（United Nations Forum on Forests）联合国森林论坛

US（United States）美国

USDA（US Department of Agriculture）美国农业部

VOIT（value, objective, indicator and target）价值、目标、指标和对象

WBCSD（World Business Council for Sustainable Development）世界可持续发展工商理事会

WTO（World Trade Organization）世界贸易组织

WWF（World Wide Fund for Nature）世界自然基金会

（王虹 韩峥 译校）